심리치료에서

대상관계와 자아기능

THE SELF AND THE EGO IN PSYCHOTHERAPY
by N. Gregory Hamilton

THE SELF AND THE EGO IN PSYCHOTHERAPY

심리치료에서

대상관계와 자아기능

N. Gregory Hamilton 저

김진숙 · 김창대 · 이지연 · 윤숙경 공역

학지사

역자 서문

지난해 봄 우리는 이해하기 쉬우면서 내용이 풍부한 대상관계 개론서를 소개하고자 이 책의 저자인 Gregory Hamilton의 책 『대상관계 이론과 실제: 자기와 타자(*Self and Others: Object Relations Theory in Practice*)』를 번역 출간하였다. 이 책에 대한 반응이 예상보다 뜨거워 그동안 있었던 번역작업의 고단함을 잊고 역자로서 보람을 느낄 수 있었다. 대상관계이론에 대한 국내 독자의 높은 관심을 확인할 수 있었던 계기도 되어 그 의의가 더 컸다. 그 열기가 식기 전에 대상관계 관점을 좀 더 발전시킨 유익한 접근법을 소개하고자 우리는 서둘러 Gregory Hamilton의 또 다른 책인 『심리치료에서 대상관계와 자아기능(*The Self and the Ego in Psychotherapy*)』의 번역작업에 착수하였고 첫 역서가 출간된 지 채 1년도 지나지 않은 지금 시기적절하게 이 책을 번역 출간하게 되어 대단히 기쁘다.

저자가 서문에서 밝히고 있듯이 이 책에 앞서 출간한 저서 『대상

관계 이론과 실제: 자기와 타자』에서는 주요 개념과 치료 접근법을 중심으로 기존의 대상관계이론을 최대한 이해하기 쉽고 명료하게 설명하는 데 중점을 두었다. 하지만 8년 뒤 저술한 이 책에서 저자는 기존의 대상관계이론에 자아심리학과 자기심리학의 사상을 접목시켜 대상관계이론 및 치료에 대한 새로운 접근법을 소개한다. 대상관계이론을 중심으로 현대정신분석이론 간의 소통과 통합을 위해 노력해 온 저자가 자신만의 통합적 접근법을 소개하는 것은 당연하고 의미 있는 시도라는 생각이 든다.

저자는 기존의 현대정신분석이론에서 자기에 대한 경험을 포함하는 대상관계라는 주관적이고 개인적인 면과 자아기능이라는 객관적인 면 어느 한쪽만을 강조하는 접근을 비판하고 이 둘을 결합시킨다. 그는 자아기능이 대상관계이론과 자기심리학에서 간과되어 왔던 부분이라고 지적하면서 대상관계이론의 관점에서 자아기능의 개념을 소개한다. 또한 자기에 대한 경험과 자아기능은 고정되어 있지 않고 순간순간 변동한다는 점을 부각시키면서, 치료자가 치료과정에서 드러나는 내담자의 관계패턴뿐만 아니라 변동하는 자아기능에도 주목할 것을 강조한다.

저자는 현대정신분석이론에 대한 폭넓은 지식과 풍부한 임상 및 교육경험에 힘입어 이런 새로운 접근법을 치료사례를 통해 상세하게 설명한다. 이 책의 두드러진 특징은 바로 여기에 있다. 저자는 자신의 접근법의 이론적 배경에 대한 설명은 마지막 장에 둘 정도로 실제 사례를 통해 새로운 접근법을 제시하는 데 비중을 둔다. 그는 내담자의 주관적 경험에 대한 공감에 더하여 특정한 대상관계에서 드러나는 자아기능의 강점과 약점에 대한 이해가 효과적인 치료를 위해 반드시 필요하다는 것을 다양한 사례를 통해 설명한다. 또한 길게 인용된 몇 개의 사례를 통해 치료 초기에서 종결에 이르기까지 새로운 치료접근법이 어떻게 내담자의 대상관계와 자아기능의 변화를 가져오는지를 구체적으로 보여 준다. 또한 인용 사례에 치료자와 내담자의 대화를 포함시키고 치료자와 내담자 반응에 대한 면밀한 분석을 곁들여 이론이 치료과정에 어떻게 적용되는지를 상세하게 설명한다.

또한 저자는 새로운 접근법이 장애가 심각한 내담자뿐만 아니라 좀 더 건강하고 적응수준이 높은 내담자에게도 유용하게 적용될 수 있음을 보여 주기 위해 다양한 사례를 소개한다. 임상집단에서 흔히 볼 수 있는 관계패턴을 경계선 성격장애 환자의 분열된 대상관계와 자기애적 성격장애 환자의 이상화되고 평가 절하된 대상관계, 외상 피해자의 피해자-가해자 대상관계 그리고 분열성 환자와 일부 강박증 환자의 참 자기-거짓 자기 대상관계로 나누어 사례와 함께 설명한다. 이뿐만 아니라 건강한 사람에게서 나타나는 대상관계의 문제와 치료과정도 소개하고 있다.

아무쪼록 대상관계와 자아기능을 함께 다루는 접근법의 필요성과 구체적인 방법을 전달하고자 하는 저자의 의도가 이 역서를 통해 잘 전해지기를 간절히 바란다. 이 책의 번역에는 『대상관계 이론과 실제: 자기와 타자』의 공동 역자인 김진숙(1, 2장), 김창대(5장), 이지

연(3장, 4장 일부) 교수가 뜻을 함께해 그대로 참여했고, 서울대학교 교육학과에서 박사과정을 수료한 윤숙경(4장 일부, 6장) 선생이 새롭게 참여했다. 용어 통일과 문체의 일관성을 위해 대표 역자인 김진숙이 전체 원고를 검토했다.

끝으로 이 책의 번역원고를 검토하고 수정하는 작업에서 성의를 다해 도와준 부산 외국어대학교 학생상담실의 이성원 선생에게 진심으로 감사의 마음을 전한다. 또한 이 책의 출간을 선뜻 맡아 주신 학지사 출판사 김진환 사장님과 꼼꼼한 윤문과 교정작업으로 좀 더 나은 글이 되도록 도와준 학지사 편집부에도 감사드린다.

2008년 1월

역자 대표 김진숙

저자 서문

치료자는 어떤 방법과 기술과 함께 자기 자신이 어떤 사람이며, 환자는 어떤 사람인지 또 어떤 사람이 될 수 있을지에 대한 감각을 갖고 치료에 임한다. 치료자가 사람들을 보고 생각하는 방식은 각각의 환자에게 다르게, 그리고 미묘하지만 깊게 영향을 미칠 수 있다. 한 임상가가 갖고 있는 개념은 개념 그 이상이다. 그 개념에는 다른 사람에 대한 개인적인 태도가 뒤섞여 있다. 사람들이 어떻게 자신의 관계를 내면화하고 외현화하는지에 대한 이해는 대상관계이론이라 불리게 되었는데, 이것은 이렇게 개념과 개인적인 태도가 혼합된 것이다.

이 책에서 나는 **자기**와 **자아**라는 두 개념에 관해 변화하고 있는 해석에 대한 논의를 통해 대상관계 이론 및 치료에 대한 새로운 접근을 소개하고자 한다. 자기와 자아라는 단어는 외연적으로 다를 뿐 아니라, 사람과 관계에 대한 차별적이면서 상보적인 태도를 내포하고 있다. 수많은 임상 사례를 통해 이 단어들이 사람과 그들의 문제 그리고 치료자가 그들을 돕는 방법과 어떻게 관련이 있는지를 구체적으로 보여 주고자 한다.

이전에 출간한 저서, 『대상관계 이론과 실제: 자기와 타자(*Self and Others*)』(Hamilton, 1988)에서 나는 그 당시 내가 할 수 있는 한 최대한 명료하게 대상관계이론을 설명하고자, 기존의 이론에 새로운 내용을 추가하지 않았고, 또한 사상을 새로운 말로 논의하면 어떤 변화가 불가피하다는 점을 제외하고는 뚜렷하게 어떤 내용을 바꾸지도 않았다. 하지만 『대상관계 이론과 실제: 자기와 타자』와 달리 이 책에서 나는 임상적인 이론을 의도적으로 변경시킨다. 이전 연구, 주로 Fairbairn(1954)의 이론을 중심으로 하고, Winnicott(1953, 1965)과 Bion(1962), Kohut(1971), Kernberg(1976), Grotstein(1981), Rinsley(1982), Ogden(1986), Horowitz(1991, 1992)와 그 외 다른 이론가의 저술을 바탕으로, 나는 이 새로운 접근법을 건전한 통로로 욕동을 발산하는 것을 강조하는 자아심리학과 대비시키고, 또한 양자 간의 공감적인 관계에 배타적으로 초점을 두는 자기심리학과도 대비시킨다. 이 책의 논의에서 자아심리학과 자기심리학의 몇 가지 단점에 대해 지적하지만, 동시에 이 두 이론이 갖는 풍성함을 채용하고 이들 이론에 속한 개념을 포함시키지 않을 수 없었다.

이 책에서 발전시킨 생각은 다음의 네 가지 측면에서 기존의 대상관계이론을 보완하고 변경시킨다.

1 이 책에서는 관계를 자아기능에 은밀하게 포함시키는 대신, 형식적인 자아기능을 관계에 재도입한다.
2 관계패턴을 설명하면서 어떤 숨겨진 원초적이거나 단일한 혹은 나누어진 존재 상태를 찾으려는 대신, 치료과정에서 드러나는 관계패턴들을 기술한다.
3 자기와 자아는 심지어 성숙한 사람의 경우에도 많은 사람이 인정하려는 수준보다 더 심한 정도로 순간순간 그리고 시간에 따라 변동한다고 제안한다.
4 자기와 자아는 평생 동안 지속적이고 유동적인 교류를 통해 발달해 나간다는 점을 인정한다.

역사적이고 철학적인 관점에서 볼 때, 원초아와 초자아 그리고 외부 현실의 힘의 균형을 잡고 구조화된 일련의 기능으로 자아를 보는 개념(Hartmann, 1964)은 논리적 실증주의와 과학적 환원주의의 종점을 나타내는데, 이 개념에서는 주관적인 인간 경험에 내재하는 인간적인 온기와 풍성함이 전적으로 비인격적이고 기계적인 힘의 산물이라고 설명되었다는 점에서 그러하다. 자아에 대한 이런 개념은 의지적이고 가치 있는 자기에 대해 약간의 통찰을 제공하지만, 주관성을 객관화하고 연구의 대상인 인간을 비인격화하는 결과를 초래했다.

이에 비해 대상관계이론, 특히 Fairbairn(1954)의 사상에 대한 Guntrip(1969)의 해석은 자기를 주관적이고 매우 개인적인 것으로 보는 개념을 유지하고 있다. 이런 사상을 극단적으로 확장한 자기심리학(Kohut, 1971)은 임상적 치료에 적용된 현대의 주관적 상대주의를 대변한다. 탐구방법으로서 공감은 개인적인 자기에 대한 연구에 적합하다. 하지만 감정적인 통로로 획득된 이해는 설득력 있고 강력한 힘이 있을 수 있지만, 동시에 치료 장면에서 치료자와 환자가 동일한 오류, 즉 "우리 두 사람이 그렇게 느끼기 때문에, 그건 사실이다."라고 주장하는 오류에 빠질 가능성이 있다.

이 책에서 제시하는 접근은 객관적인 면과 주관적이고 개인적인 면을 결합한다. 이런 접근은 임상 실제를 통해 이론을 설명하고, 개인적인 성장과 변화의 과정 안에서 추상적인 측면을 논의함으로써 너무 오랫동안 간과되었던 자아의 개념을 대상관계로 재도입하고자 한다. 사람은 관계 속에서만 비할 데 없이 인간적이고 가치 있는 존재가 되기 때문에, 나는 자기와 관계를 우선 순위에 두고, 자아기능이 다른 사람과의 관계 속에 있는 자기의 한 부분이고 자기의 목적을 위해 기능한다는 점에서만 그것을 중요하게 여긴다. 이 책에서 임상적인 논의[1)]가 초(超)심리학을 대신하는 것도 아마 비슷한 이유에서일지 모른다. 이론은 항상 논쟁거리이지만, 이 책에서는 마지막 장에서 어느 정도 다룰 것이다.

---

1) 환자와 동료의 사생활을 보호하기 위해 사례의 세부적인 내용을 변경하였다. 여러 사례 자료를 합하거나 또는 어떤 예시는 부분으로 나누어서 제시했다.

차 례

제1장 대상관계

모든 사람은 자기만의 언어로 자기 이야기를 한다. A씨는 사람들과의 관계에서 어려움을 겪게 되었다.

이 36세 철학과 교수는 동료와 친구, 아내에게서 소원함을 느낀다고 불만을 말했다. 집단에서 얘기할 때, 심지어 작은 규모의 일상적인 친구모임에서조차 그는 자기 자신을 지나치게 의식해서 때때로 생각의 흐름을 놓쳤다. 그는 평소 조리정연하게 말을 이어 갈 수 있었지만, 말을 통해 친밀하거나 의미 있는 방식으로 소통하기보다는 자신의 말을 통해 다른 사람이 자신을 이해할 수 없고, 다른 사람에게 감춰진 사람으로 자기 자신을 보았다. 지인들이 때로는 그를 지루하게 느끼는 것 같지만, 그가 실제로 얼마나 거리를 두고 있는지 그들이 알아차리지 못한다는 것이 이상하게 생각됐다.

그는 몽롱한 상태와 같은 묘한 단절감을 느꼈다. 비록 혼자 있을 때 떠오른 생각에 대해서는 자동적으로 보고할 수 있었지만, 다른 사람과 함께 있을 때는 생각하는 것이 어려웠다. 이런 패턴은 치료 초기에 반복됐다.

A씨는 자신이 다른 사람에게 완전히 감춰져 있고 알려져 있지 않은 이상하고 멀리 떨어져 있는 사람이라고 여겼다. 그는 겉보기에 정상적인 행동과 말이 진짜 자기 것이라고 여기지 않았고, 자신의 이런 말과 행동이 Winnicott(1965)이 거짓 자기(a false self)라고 불렀을 것에 의해 만들어진 것으로 여겼다. 그의 내적 세계에서 다른 사람은 그를 친밀하게 보지 않았고 그가 하는 말에 대해 약간의 관심만을 보일 뿐이었다. 소원함에 대한 묘한 불만족과 무감각이 이런 몽롱한 상태와 같은 중립성과 함께 나타났다.

1. 관계패턴

나는 경험(Symington, 1994)이나 패턴 혹은 구도라는 용어를 더 선호하지만 환자가 자신과 타인에 대해 어떻게 느끼는지를 앞의 예시에서와 같이 요약한 것을 이론적인 용어로 '대상관계단위(object relations unit)'(Kernberg, 1976; Rinsley, 1978)라 부를 수 있다. 단위라는 용어는 지나치게 고정되어 있고 비인격적이어서 사람보다 사물이나 추상적인 개념에만 적합한 말이다. 패턴으로서 대상관계는 관계를 내면화하고 외현화하는 것과 함께, 임상가가 정서적으로 조율된 방식으로 내담자를 이해하도록 돕는 데 있어 현대 이론에서 중요한 역할을 한다(Gabbard 1994; Grotstein & Rinsley, 1994; Hamilton, 1988, 1992a; Kernberg, 1984; Ogden, 1986; Scharff & Scharff, 1992; Sutherland, 1989). 대상관계이론가들은 인간을 관계 속에서 태어나고 관계를 맺고 유지하려는 욕구가 주된 동기인 존재로 생각한다(Fairbairn, 1954).

이런 생각은 Fairbairn(1954)의 리비도적 자아 혹은 흥분시키는 대상(Libidinal Ego-Exciting Object)과 반리비도적 자아 혹은 거부하는 대상(Antilibidinal Ego-Rejecting Object)의 개념에서 나온 것이다. Fairbairn은 자아-대상의 이런 쌍을 사용하여 아마도 그가 자기(self)라는 의미로 사용한(Sutherland, 1989) 자아(the ego)가 사랑하고 갈망하는 감정 상태나 혹은 거부당하고 사랑받지 못하는 상태를 통해 어떻게 대상과 관계 맺는지를 설명하였다. 미국에서는 Kernberg(1976), Masterson(1976), Rinsley(1978)가 Fairbairn의 개념을 자기와 정서-욕동 및 대상에 대한 개인내적 경험을 서로 연관된 구도로 설명하는 것으로 바꾸었다(〈표 1-1〉 참고).

〈표 1-1〉 대상관계

자기이미지	정서	대상이미지

A씨는 '몽롱한 상태와 묘한 단절감'과 함께 소원한 자기와 무관심한 대상과의 핵심적인 관계를 보여 주었다. 그러나 자신의 내적 삶에 대한 이 환자의 묘사는 대상관계 개념에는 포함되지 않는 자기와 타인에 대한 감정 이상의 어떤 것을 드러냈다. 그가 무엇을 생각하고 무엇을 느꼈는지가 치료에서 드러나면서 이런 감정을 그가 어떻게 생각하고 다루었는지 드러났다.

사람들이 어떻게 생각하고 감정을 처리하며 다른 사람을 대하는지는 전통적으로 자아기능(ego functioning)이라 불려 왔다. Hartmann(1964)은 지각과 인지, 충동 조절, 운동기능 영역에서 변별(differentiation)과 조합(synthesis), 통합(integration), 균형(balancing)을 조직화하는 자아능력을 강조했다. 그의 정의는 현재 신경심리학적 검사에서 좀 더 세밀하게 밝혀내고 있는 부분을 앞서 보여 준다. 비록 이런 검사에는 대체로 역동이론이 주는 생생한 설명이 덧붙여지지는 않지만 말이다.

A씨는 다른 사람과 함께 있을 때 손상된 자아기능을 보였다. 이런 때에 그는 자신의 말과 행동을 이전에 생각했거나 적어 두었거나 혹은 수행했던 어떤 것을 기계적으로 반복하는 것으로 제한했고, 창의적인 사고를 할 수 없었다. 그는 자기 자신에 대한 관찰이 극단적이고 왜곡될 때까지 지각을 내면으로 돌렸고, 오로지 소원한 상태에만 주목했으며 자신과 다른 사람들 간의 관계성의 다른 측면에 대해서는 주목하지 않았다. 임상적 자료가 A씨의 자기-대상관계뿐만 아니라 감정에 대해 그가 생각하고 다룬 것도 포함하므로, 〈표 1-2〉

와 같이 두 가지 자료 모두 그의 대상관계패턴(Hamilton, 1994, 1995)을 기술하는 데 사용할 수 있다.

〈표 1-2〉 소원한 대상관계

자기이미지	정서-감각	대상이미지
소원한	중립적인, 무감각한	무관심한
자아기능		
지각은 자기에 초점을 둠. 기억은 손상되지 않음. 인지기능은 기억에 제한됨. 정서는 소원함. 행동은 지나치게 억제됨. 자신에 대한 기대 조절이 미약하고 자기비난에 초점이 맞춰짐.		

이런 개념화는 Horowitz(1979, 1991, 1992)의 개념화와 유사하지만 동일한 것은 아니다. Horowitz의 개념화는 다소 더 인지적이고 정신상태와 사람 도식(person schema)에 대한 자아심리학적 설명을 포함한다. 이와는 대조적으로 원초아, 자아, 초자아의 구조모델을 적용한다면(Freud, 1923), A씨의 소원함은 원초아의 충동과 초자아의 비난이라는 받아들여질 수 없는 조합에 대한 자아의 방어로 볼 수 있다(A. Freud, 1936). 대상관계의 관점에서 볼 때, 소원함은 욕동에 대해 방어하는 것이 아니라 혼란에 맞서 내적 관계와 외적 관계를 방어하는 것이다.

다행스럽게도 A씨는 소원한 상태에서 고립된 채 남아 있지는 않았다.

마침내 그는 치료회기 동안에도 자신이 얼마나 혼자라고 느끼고 몽롱한 상태였는지 정신과의사에게 말하기 시작했다. 그는 자신이 진정으로 치료에 참여할 수 없었기 때문에 명료하게 생각할 수 없고 치료에서 도움을 받지 못할 것이라고 믿었다. 역설적이게도 치료자가 이런 그의 감정과 심리 상태를 이해하고 공감하자 환자는 더 이상 그렇게 고립되고 혼자라고 느끼지 않았다.

A씨는 의미 있게 자신을 이해해 주는 어떤 다른 사람을 통해 가치 있게 여겨진다고 느끼고 그 사람과 관계하는 새로운 대상관계를 서서히 발전시켜 나갔다. 생생하고 진솔한 정서가 드러났다. 치료시간에 그는 종종 고마움을 느꼈고, 때때로 화가 나거나 짜증을 느꼈으며, 가끔 갈망을 느꼈고, 자주 장난스럽고 익살스러운 기분을 느꼈다. (이럴 때 그의 자아기능은 창의적이고, 유연하고, 온전히 기능했다.) 이런 새로운 상호작용의 방식이 서서히 A씨 성격의 중심이 되어 갔다. 그는 부모님이 사시는 고립된 시골집을 다녀온 후 변화를 가장 분명하게 알아차렸다.

환　자: 돌아오니 이상해요. 다시 시작하려니 힘드네요. 선생님이 날 이해할지 모르겠어요. 내가 무슨 말을 하려는 건지 잘 모르겠어요.

치료자: 정말 좀 모호하고 멀게 떨어진 것처럼 보이는군요. 예전에 당신이 많은 경우 그랬던 것처럼요.

환　자: 내가 모호해져요. 부모님처럼요. 그분들과 함께 오래 있으면 마법에 걸려드는 것 같아요. 이제 다시 기분이 나아지네요. 더 단단해진 느낌이 들어요. 다시 돌아올 때마다 더 빠르게 극복해요. 내가 가족과 함께 있으면서도 다른 사람과 연결되어 있음을 여전히 알고, 또 어떤 감정의 황무지에서 길을 잃지 않는다면 내가 변했다는 걸 정말 알 수 있을 테죠.

치료자: 그것에 대한 당신의 느낌이 분명한 것처럼 들리네요.

환 자: 부모님이 너무 단절되어 있어 나를 진짜 사람으로 대해 줄 수 없었다는 게 화가 나요. 그게 그분들 잘못이 아니었다는 건 알아요. 왜냐하면 그분들에게는 자신들의 문제가 있었고 난 여전히 그분들을 아끼기 때문이죠. 하지만 그 때문에 내가 너무 많은 어려움을 겪었기 때문에 화가 나요.

그는 말을 하는 가운데 이전의 소원한 상태에서 좀 더 통합되고 온전한 대상관계로 옮겨 갔다(Mahler et al., 1975). 그는 자신이 그 자체로 중요한 사람이고, 또한 그가 아끼기는 하지만 그가 경험한 바로는 그들이 다른 식으로 할 수 있었든 없었든 간에 감정적으로 그를 홀대하거나 거부했던 부모님에 대해 약간 화가 나고 실재하는 한 사람처럼 자신을 느꼈다. 그는 또한 그 회기의 앞부분보다 치료자와의 관계에서 좀 더 이해와 수용을 받고 있다고 느꼈다. 그의 자아는 충분히 기능하는 상태로 되돌아왔다. 그는 자신이 생각하고 느끼는 바를 명확히 알았다.

A씨는 자아기능뿐만 아니라 자기와 대상의 관계에 관심을 두는 치료적 접근에 좋은 반응을 보였다. 치료자에게서 이해받는 느낌은 그가 다른 사람에 대해 느끼는 새로운 방식이었다.

2. 대상관계와 자아심리학

이런 대상관계접근법과 자아심리학에 근거를 둔 접근법을 대조해 보는 일은 유용할 수 있다. A씨의 치료 초기에 치료자는 욕동이론−자아심리학(Brenner, 1973)과 대상관계이론을 혼합했다. 자아심리학이론에서는 성적·공격적 충동과 욕동이 원초아에서 분출되는 것으로 여긴다. 자아는 초자아의 압력과 완화되지 않은 욕동의 방출을 흔히 용인하지 않는 외적 사회의 현실 및 생리적 현실에 대한 인식 때문에 방어와 방출을 위한 대안적 통로를 발달시킨다. 따라서 정교하지만 여전히 기계적인 이 모델은 밑에서부터 압력을 가하는 힘과 이 힘을 생산적이거나 부적응적인 결과로 이끄는 저항과 방어에 맞서는 힘에 초점을 둔다(Hamilton, 1989). 욕동과 정서를 의식적인 자아의 통제 아래 두려고 시도하는 이런 접근에서 방어는 자기인식의 목표를 거스르는 저항으로 여겨진다. 저항분석은 실제로 무의식을 의식화하고 원초아와 초자아를 자아로 대체하는 도구와 과정이 된다.

A씨 사례에서 치료자가 욕동에 대한 방어를 분석했을 때, 환자는 그런 언급에서 다소 도움을 얻었고 이해받았다고 느끼기 시작했으나, 또한 더욱 혼자라고 느꼈고 한 사람으로서 덜 중요하다고 느끼는 것 같았다. 그 이유는 아마도 치료자의 관점에 기계화와 비인격화가 내포되었기 때문이었을 것이다. 치료에서 다음 사건들은 이전

에 언급한 부모님 집 방문에 앞서 일어난 일들이다. 다음 대화는 때로 치료 초기에 사용되는 접근인 원초아와 자아 및 초자아의 구조에 기반을 둔 자아심리학적 접근과 이와 대조를 이루는 대상관계접근을 함께 보여 준다.

환　자: 주말 내내 또 서재에서 작업했어요. 금요일에 난 영화를 보러 가고 싶었는데, 줄리는 집에 있고 싶어 했어요. 난 고집을 부리지 않고 금요일 밤에 보려고 영화를 빌렸어요. 아내는 내가 빌려온 영화를 좋아하지 않아서 자기 친구하고 전화통화를 했어요. 토요일과 일요일에 난 논문작업을 해야 했어요. 그런데 아내는 내가 주말 내내 자기를 무시했다고 일요일 밤에 화를 내더군요. 그때 내가 특별히 기분이 나빴다는 생각은 안 들어요.

치료자: 금요일 저녁에 아내 뜻에 따른 것에 대해서는 느낌이 어땠나요?

아내와 함께 있으려는 소망(리비도적 욕동에서 일어난)의 좌절에 대한 반응으로 약간의 분노(공격 충동에서 기인한)가 있을 수 있다는 가정하에 치료자는 환자가 자신의 정서에 초점을 두도록 요구했다.

환　자: 잘 모르겠어요. 어쨌든 난 피곤했고 그다음 날 작업을 해야만 했어요. 그것에 대해 어떤 특별한 감정이 있었는지는 모르겠네요.

치료자: 어쩌면 당신의 감정을 의심하는 것이 감정과 거리를 두는 하나의 방식인지도 모르죠. 아마 당신은 어떤 느낌이었는지에 대해 어느 정도 알고 있지만, 자신을 의심할 필요가 있나 봐요.

치료자는 여기서 자아와 방어 모델을 사용했다. 정서에 대한 직접적인 탐색의 결과가 생산적이지 못한 것으로 보이자, 그는 감정을 격리시키는 방식으로 의심의 방어를 지적했다. 치료자는 A씨가 사랑하는 사람에 대해 느꼈을 가능성이 있는 분노나 공격적인 성적 소망이라는 원초아의 내용을 다루기에 앞서 방어를 다루었던 것이다.

환 자: (적절한 감정이 무엇인가에 대한 치료자의 가정에 대해 추측하는 듯 보임) 내가 화났을 수도 있었겠군요. 이 말은 이론적인 것처럼 들리네요. 잘 모르겠어요. 마음이 냉담해지는군요.

환자는 자신의 감정을 의심하는 방어를 지적당했을 때 좀 더 확신하는 것처럼 보이지 않았다. 그는 '잘 모르겠어요.' 라고 말하면서 동일한 방어를 반복했다. 언뜻 보기에 환자는 분명히 불확실성을 저항으로 사용함으로써 자신을 방어했다. 원초아와 자아, 초자아의 구조모델에 기초하여 욕동의 의식적인 표출인 원치 않은 정서에 대한 자각을 자아가 방어한다는 개념은 환자가 그 순간 처해 있는 관계의 본질을 완전히 간과할 수 있다.

이 책에 제시된 대상관계의 관점에서 본다면, 치료자가 그 순간의 관계를 고려했을 때 환자에게 '이론적' 으로 들렸던 것이 그가 화났을 수도 있었다는 A씨 자신의 가설이었는지 아니면 환자가 자기 감정을 의심으로 방어한다는 치료자의 암묵적인 가설이었는지는 분명하지 않았다. 관계를 고려하면 아마도 의심은 욕동에 대한 자아의 방어가 아니라 자기의 애착과 의미와 소통이 갖는 취약하고 불확실한 특성에 대한 자기의 정확한 묘사인지 모른다.

비록 치료자는 그 본질을 예상하지 않았지만, 환자는 끝에 가서 그 회기에 자신의 현재 정서와 감각에 대한 분명한 표현을 제시했다. 그는 "마음이 냉담해지는군요."라고 말했던 것이다.

치료자: (방어 분석에서 현재 감정으로 초점을 옮기려고 결정하면서) 냉담하다는 느낌에 대해 좀 더 말해 주세요.

환 자: 그건 옛날에 느꼈던 것과 똑같은 감정이에요. 부모님이 '시골 저택'이라 부르는 집의 거실에 앉아 정면의 창문 밖으로 습지를 보면서 느꼈던 냉담하고, 무감각하고, 아무것도 느끼지 못하는 상태. 그 집에선 오리건 습지가 보였어요. 안개 낀 모습이 가장 자주 기억나요. 11월의 안개. 아무것도 없죠. 안개. 모든 게 똑같고.

치료자는 이 시점에서 자아심리학의 욕동-저항 모델을 계속 사용했을 수도 있었다. 그는 아무것도 없고, 단조로운 똑같음이라고 환자가 묘사한 것을 좀 더 활기차고, 압력을 가하는 어떤 것에 대한 방어로 볼 수 있었다. 그런데 치료자는 그 대신 현재 대상관계와 정서에 주목하면서 지금-여기에서 일어나고 있는 전이와 역전이를 다루기로 선택했다.

치료자: 화났을 수도 있다는 가능성이 '이론적'인 것 같다고 했을 때 그

게 내 이론이라는 뜻인가요? 아니면 당신의 이론이라는 뜻인가요?

환 자: 사실은 선생님의 이론일지 모르는 것에 대한 내 이론이죠. 때로는 선생님이 질문할 때 거기엔 어떤 답이 함축되어 있고 난 선생님의 이론이 무엇인지 추측할 수 있어요. 왜냐하면 선생님이 질문을 표현하는 양식으로 알 수 있고, 또 내가 많은 책을 읽었고 많은 검사를 받았기 때문이죠.

치료자: 이번엔 내 이론에 대해 어떤 결론을 내렸나요?

환 자: 확실치는 않았지만 아내가 나와 함께 시간을 보내지 않았다는 것 때문에 내가 아내에게 화가 났고 그래서 내가 그녀와 함께 시간을 보내지 않고 또 선생님에게는 내 감정을 명확하게 말하지 않음으로써 내가 '수동공격적' 이라고 선생님이 가정하는 것 같았어요. 그러나 선생님이 나를 완전히 놓쳤다는 느낌이 들었어요. 마치 내가 어떤 상태인지 전혀 모르는 것처럼 말이죠. 그때 안개 속에서 길을 잃은 느낌이 들었어요.

치료자: 이론을 통해 당신을 보는 것 같다고 느끼면 아주 조금이라도 그런 느낌이 들면, 그건 당신에게 안개를 떠올리게 하는 것 같네요. 만약 내가 내 생각이 정말 당신에게 맞지 않는데도 당신에게 좋은 것이라고 여긴다면, 그것은 마치 당신 부모님이 습지 농장이 아이가 자라기에 유익한 장소라고 우기는 것과 같을 거예요. 두 분은 모두 도시에서 일했고 당신은 수 마일 내에 같이 놀 사람이 한 명도 없었고 외로웠고 그곳을 몹시 싫어했는데도 말이죠.

환 자: 그곳을 몹시 싫어하지는 않았어요. 어쨌든 만약 그랬다고 해도 난 그걸 몰랐어요. 난 혐오감을 느끼지 않았어요. 그 나머지는

맞는 말씀이에요.

치료자: 당신이 느꼈던 것은 뭔가요?

여기서 치료자는 '저항'에 도전하지 않으면서 좀 더 정확한 정보를 진술하게 요구했다. 그러지 않았더라면 환자는 또다시 오해받는다고 느꼈을지 모른다.

환　자: 냉담하고, 무감각하고, 아마 외로웠겠죠.

치료자: 아, 네. 당신이 그렇게 말했었죠. 그럼 내가 당신이 하는 말을 명확히 듣지 않고 내 말을 보태면, 예를 들어 당신은 '냉담하고 무감각'하게 느낄 때 내가 '혐오'라는 말을 하면, 어떤 느낌이 드나요?

환　자: 글쎄요. 잘 모르겠어요. 그저 접촉이 끊어졌다고 할까요.

치료자와 환자는 이 시점에서 생산적이고 서로에게 활기를 주는 상호작용을 하고 있는 것 같았다. 그들은 환자의 정서적 삶과 그들 간의 상호작용을 이해하고 이를 말로 표현하려고 시도하면서 에너지와 쾌감을 느끼며 함께 작업했다.

환　자: (계속해서) 네. 그리고 약간 두렵기도 해요. 만약 선생님이 날 이해할 수 없으면 안개 속에서 빠져 나오는 길을 내가 도저히 찾을 수 없을까 봐 두려워져요. 그러면 남은 인생 동안 난 혼자겠죠. (침묵, 그러고 나서) 선생님이 가정하고 있을지도 모른다고 내가 가정한 것처럼 내가 불확실함으로 분노를 감추고 있다는 생각은 안 들어요. (자신의 정교한 표현과 반성적인 사고에 혼자 웃으며) 정말이지, 난 내가 뭘 느꼈는지 알았던 적이 없었다고 생각해요. 왜냐하면 우리 가족은 아무도 감정에 대해 말하지 않았거든요. 내가 어떻게 알 수 있었겠어요? 난 그 말이 무슨 뜻인지조차도 몰랐어요.

치료자: 네, 이해가 되네요.

치료자는 자신의 욕동과 자아 방어 모델이 환자의 소원한 심리상태를 극복하는 데 실패했을 뿐만 아니라 실제로 그런 상태를 악화시켰다고 결론지었다. 그는 A씨의 말을 원초아에서 비롯된 '진짜' 무의식적 감정에 대한 방어로 보는 것에서 초점을 옮겨 그 순간 다른 사람과 관계하는 A씨의 상태를 정확하게 묘사하는 것에 주목했다. 만약 치료자가 계속 욕동과 방어모델을 사용했다면, A씨가 치료자의 설명이 자기인식에 도움이 되지 않는다고 받아들이는 것이, 그가 감정을 격리시키고 소원함을 통해 거리를 유지하며, 어쩌면 무의식적으로 진술하고 사실에 맞는 설명을 피상적이고 무의미한 것으로 만드는 기제를 통해 치료를 파괴함으로써 적개심을 행동화하는 것에 대한 추가적인 증거라고 치료자는 생각했을지도 모른다. 아무리 기술적으로 그리고 인내심을 갖고 치료자가 이런 내용을 드러내려고 기다렸더라도, 그는 자기 이론에 빠져 환자와 감정적인 접촉을 놓침으로써 대인관계에서 환자의 고립을 지속시키는 데 기여했을 것이다. 이런 접근은 환자의 내적 고립을 심화시켰을 수 있다. 왜냐

●● 〈표 1-3〉 소원한 치료관계

자기	정서-감각	대상
소원함 오해받고 있음	무감각한, 냉담한	환자보다 자신의 이론이나 관점에 더 관심이 있음

자아기능
지각이 내부로 향함. 정서를 제외하고 기억이 온전함. 인지는 제한됨. 감정은 격리됨. 행동은 억제되어 있음. 자기 기대의 조절이 미약하고 자기 비난에 초점을 두고 있음.

하면 〈표 1-3〉에서 제시된 외적 치료관계가 〈표 1-2〉에 제시된 이전에 소원했던 환자의 대상관계를 거의 똑같이 반복했을 것이기 때문이다.

하지만 치료자는 그 대신 내담자의 감정적 경험을 타당한 것으로 받아 주었다. A씨가 방어적 의심과 정서의 격리가 '이론적' 인 것 같다고 언급했을 때, 치료자는 환자가 자신의 내적 세계를 정확히 묘사했을 뿐만 아니라 외적 대상으로서 치료자를 정확하게 지각했다고 가정하고 반응했다. 환자에 대한 그의 이해가 너무 추상적이었고 그래서 빗나갔던 것이었다. 치료자가 이런 지금-여기의 현실을 받아들였을 때, 치료관계는 그가 자신의 추상적인 개념보다 환자의 내적 현실에 더 가치를 둘 수 있는 쪽으로 옮겨 갔다. 이것이 환자의 정서와 대상관계가 〈표 1-4〉에 제시된 것처럼 통합된 혹은 온전한 관계로 나아가도록 허용한 것으로 보인다.

●● 〈표 1-4〉 온전한 대상관계

자기	정서-감각	대상
타인과 적극적으로 협력함 자신감을 갖고 배우고 나아지고 있음	안전한, 단단한 자신 있는, 애쓰고 있는	적극적으로 협력함 환자의 자기를 믿어 줌 이론보다 환자를 더 중시함

자아기능
지각이 정확함. 기억이 분명함. 인지는 적극적이고 분별력 있음. 감정이 드러남. 행동은 조용히 애쓰고 있음으로 나타남. 양심의 조절이 양호하고 창의적인 노력을 인정함.

여기에 제시된 접근에서는 치료자가 환자를 보고 이해하고 환자와 함께 작업하는 방식이 치료가 환자에게 영향을 미치는 방식의 핵심을 이룬다. 사람들은 관계와 전이 그리고 역전이를 통해 의미 있는 방식으로 변화하지만, 방어와 욕동의 파생물에 대한 통찰을 다시 배열하는 작업을 통해 변하는 것은 아니다. 자기-정서 및 감각-대상-자아기능의 구조적 모델은 환자를 타인과의 관계 속에서 존재하고 느끼고 기능하는 사람으로 이해하는 데 중심이 된다.

A씨와의 작업은 이 시점 이후 잘 진행되었음에도 불구하고 그는 특정한 감정, 특히 분노에 대해 지나치게 불편해하는 듯 보였다. 만일 치료자가 이 주제를 다루지 않으면, 환자가 분노를 부인하는 것에 치료자가 동조하고 있음을 나타낼 수 있었고, 친밀함의 공격적인 측면에 대한 진솔한 의사소통에 장애가 될 수도 있었다. 아마도 결

과적으로 Langs(1980)이 도발적으로 거짓말 치료(lie therapy, p. 415)라 불렀던 상태가 되었을 것이다. 또 다른 측면에서 보면, 환자의 분노를 치료자가 무시하는 것은 실제로는 치료를 위장한 것이지만, 전적으로 좋고 모든 것을 이해해 주는 치료관계에 대한 환상을 조장하려는 두 사람 모두의 시도를 나타내는 것일 수도 있었다.

치료자가 이론보다 환자의 경험을 우선시해야 한다는 제안을 따르면 치료자와 환자 둘 다 갈등을 피하고 공격적인 감정을 부인할 위험이 있다. 특히 환자의 '경험'이 의식적이고 인정된 것만으로 여겨진다면 더욱 그렇다. 그러나 대상관계접근은 부인된 갈등을 살펴보고 다루는 것을 피할 필요가 없다. 비록 이 예에서 환자가 처음부터 감정에 대한 단어가 하나도 없을 수 있음을 치료자가 인정했지만, 환자는 감정 단어를 알게 된 후에도 그 단어들이 분노나 심지어 짜증을 표현하는 것이면 그런 단어를 사용하기를 여전히 주저했다. 특정한 감정에 대한 단어를 갖고 있지 않다는 것이 이차적인 방어적 기능으로 발전했다. 대상관계의 관점에서 보면, 환자는 공격적 욕동에 대해 방어하는 것이 아니라, 필요한 관계를 포기하거나 그런 관계를 양가적인 것으로 경험하여 의구심을 갖게 될 가능성에 대해 방어하는 것이다. 즉, 자기 인식에 대한 저항이 아니라 의례적인 관계의 상실에 대한 저항이 치료에서 나타나고 있었던 것이다(Fairbairn, 1958; Ogden, 1994). 이런 주제는 치료 후반부, 즉 환자와 치료자 사이에서 더 굳건한 작업동맹이 형성된 후에 좀 더 관심이 필요한 부분이다.

3. 변동하는 자아기능

이런 대상관계의 관점에 따르면 자아는 고정된 구조적 요소, 원초아와 초자아의 힘으로부터 공격받는 부동의 요새가 아니다. 그보다 자아는 내적 관계와 외적 관계의 변화에 따라 달라지는 일련의 잠재적 기능의 유동적인 집합이다. 비록 이런 변동이 성격장애자나 외상을 겪은 사람에게서 가장 쉽게 관찰되기는 하지만, 성숙한 사람조차도 생각하고 감정을 조절하는 능력은 기분과 상황에 따라 달라진다.

B씨는 20대 중반의 지적이고 교양 있는 여성으로, 부모에게서 심각한 정서적 박탈과 가족이 아닌 사람에게서 성적 학대를 당한 주관적인 개인사를 보고했다. 10대 후반과 20대 초반에 이 여성은 자신과 유사한 배경을 가진 사람에 대한 저서를 폭넓게 읽었는데, 책에서 읽은 사람 가운데 몇몇은 심리치료를 통해 마침내 그들의 삶을 향상시켰다. 자기 분석 작업을 한 후 그녀는 두 차례의 단기인지치료를 받았다. 그리고 임상심리분야에서 학위를 받기 위해 필요한 학점을 따는 데 성공했다. 하지만 환자를 보기 시작했을 때 그녀는 심하게 불안해져서 세 번째 치료자를 찾았다.

B씨는 이 치료자가 존경받는 사람이고 '기술적으로 정확한' 사람이라고 여겼기 때문에 그를 선택했다. 첫 만남에서 그녀는 설득력 있게 자신의 '자기애적 방어'와 그것이 어떻게 일어나는지를 개략적으로 설명하면서 자신의 개인사와 역동에 대해 말했다. 그녀는 심지어 자기 문제가 치료에서 어떻게 극복될지에 대해서도 제안했다. 그녀는 경직된 자

세로 의자에 앉아 있었고 너무 불안해서 말하는 것을 멈출 수 없었다.

치료 초반부의 회기에서 표면적으로 드러난 B씨의 대상관계는 〈표 1-5〉와 같이 요약할 수 있다.

●● 〈표 1-5〉 초기의 관계패턴

자기	감정-감각	대상
사려 깊고 지적임. 그러나 그 이면의 뿌리 깊은 결함과 성격적 취약함에 대한 도움을 얻고자 함	불안한, 안절부절못하는	기술적으로 관심을 보임, 지나치게 마음 쓰지 않으면서 잠재적으로 도움을 줄 수 있는 치료자

자아기능

지각은 치료환경의 우호적이고 인습적인 측면과 주지화된 자기지각에 초점을 둠. 기억은 온전하지만 인지적으로 정리되고 이론적으로 정확한 부분에 초점이 맞추어짐. 인지는 정돈되어 있고 피상적인 모순을 처리할 수 있음. 감정에 대한 방어가 불충분하고 강렬한 정서와 갑작스럽게 뚫고 나오는 불안을 부인함. 행동 조절이 부적절하고 자세가 억제되고 경직되어 있으며 충동적이고 강박적으로 말함. 자기기대의 조절이 주지화되고 비효과적임.

B씨의 확연한 불안은 또한 더 깊은 차원에서 그녀가 피하려고 하는, 위협적이거나 유기(遺棄)하는 관계를 암시했다.

과거에 아무도 도와주는 사람 없이 혼자 해낼 수 없을까 봐 불안해하고 두려워하면서 B씨가 정서적으로 스스로를 키운 것과 같은 방식으로 치료 장면에서도 그녀는 스스로 치료를 수행하고 있는 것 같다고 치료자가 지적했다.

"맞아요." 그녀가 말했다. "그런데 선생님이 날 도울 것이라는 걸 내가 어떻게 알 수 있죠? 단 한 번도 그런 경험이 없는데요."

몇 달 후 B씨는 때때로 치료자가 자신을 이해하고 수용하도록 돕는다고 느끼기 시작했는데, 이와 마찬가지로 다른 사람에게서도 이해와 수용을 받는다는 느낌을 갖기 시작했다.

다른 사람에게서 이해받고 그 사람과 가깝게 느끼는 것은 물론 어떤 위험을 내포하는데, 그것은 아마 알지 못하는 혹은 알 수 없었던 어떤 것이 존재하게 되고 가깝게 될 것이라는 위험, 사랑하게 될 것을 잃게 될 것이라는 두려움일 것이다. 이 시점까지 치료에서 B씨에게 지속적인 불안을 야기한 것이 무엇인지는 여전히 불분명했지만, 가까움과 거리에 관련된 무언가로 보였다. B씨의 불안과 경직성은 취약한 자아기능에서 나온 것이었는데, 이것은 또한 이런 취약한 자아기능을 덮어서 가리고 있었다.

B씨는 자신이 평가절하되는 느낌에 대한 '자기애적 방어'와 다른 사람들을 비인격체로 대하는 '정신분열형 방어'를 묘사하는 데 점차 능숙해졌다. 그녀는 자신의 사랑이 수용될 수 없거나 심지어 해를 끼치는 것으로 드러날 경우 느낄 수 있는 고통을 피하기 위해 내적 환상이나 인기 있는 이론에 사로잡히게 되는 상태에 대해 말했다. 그녀는 그런 이론적 설명을 혼자 만들어 낼 수 있었고, 좀 더 정확히 말하면 그녀가 읽은 정신분석 서적과 관련해서 만들 수 있었다. 그녀가 혼자 할 수 없

었고, 존재하는 실제의 치료자와 함께해야만 할 수 있었던 것은 다른 사람에게 이해받는다고 느끼는 것이라고 그녀는 말했다. 그녀가 치료자에게 더 가깝다고 느낄수록 그녀는 훨씬 더 불안해 보였다.

이런 불안은 치료에서 성애적이거나 공격적인 감정의 분출이 임박하여 자아를 압도할 것처럼 위협한다는 징후로 여겨질 수도 있었다. 대상관계이론가들과 욕동이론 및 자아심리학을 따르는 이론가들은 성적 감정과 공격적 감정에 대해 논의하는 것이 중요할 수 있다는 데 동의한다. 그러나 여기서 제시된 해석에서 욕동의 분출 그 자체가 B씨를 불안하게 했다는 생각은 핵심적인 부분이 아니다. 이 해석에서 문제시되는 부분으로 강조되는 것은 특정 감정과 자아상태와 연관된 관계의 붕괴다.

B씨는 기대하는 마음으로 치료시간에 왔다. 어느 상쾌한 봄날 치료실이 있는 건물 안으로 그녀가 경쾌하게 걸어 들어오는데, 잘생기고 다소 머리가 벗겨진 의대생이 건물 안으로 들어오는 그녀를 머리부터 발끝까지 훑어보며 그녀에게 미소 지었다. 그 회기 동안 그녀는 초조하고 어색한 듯 보였고, 자신의 짧은 치마를 잡아끌어 당기거나 딱딱한 자세로 얼어붙은 듯 앉아 있기를 번갈아했다. 그녀는 무슨 얘기를 해야 할지 집중하지 못했다.

치료자가 직접 그녀의 확연한 불안에 대해 언급했는데, 그녀 스스로 언급할 수 없을 것처럼 보였기 때문이었다. 그녀는 의대생에 대해 말하기 시작했다. "난 그를 알지도 못해요. 그가 날 훑어본 건지 아닌지 정말 상관하지 않았어요. 사실 그는 귀여운 편이었어요. 내 치료자가

> 극장에서 날 보고 윙크했는데, 그건 부적절했어요. 그는 좋은 사람이었죠. 그렇지만 나한테 윙크해선 안 되죠. 사라는 이해하지 못했어요. 그녀는 강한 도덕주의자였어요. 그녀는 계속해서 그 일에 대해 말했고 날더러 그 남자를 신고하라고 했죠. 그렇지만 그는 아무 짓도 하지 않았어요. 날 괴롭힌 건 섹스가 아니었다는 걸 그녀는 이해하지 못했죠. 그건 내가 사람이 아니라 하나의 사물처럼 취급당하는 것이었어요. 그땐 그게 내가 신체적으로 다른 사람과 친밀할 수 있는 유일한 방법이었어요. 난 접촉에 대한 갈망이 있었어요. 난 너무 약했어요. 난 가치가 없었어요. 하지만 그는 정신이상자였어요. 그리고 그건 이상했어요. 하지만 난 너무 외로웠던 것 같아요. 문제는 그에게 사물처럼 취급받은 것이었어요, 섹스가 아니라. 난 철저하게 이용당했다고 느꼈어요. 어, 이제 비밀이 드러났네요. 선생님이 어떤 반응을 보일지 모르겠어요.

B씨의 대상관계와 정서가 달라졌을 때, 그녀의 자아기능은 이전의 질서 있고 추상적이고 통합된 양식에서 대상이미지들이 서로 흘러들어가 뒤죽박죽된 상태로 갑작스럽게 바뀌었다. 그녀는 마치 치료자가 자신의 말뜻을 정확히 알고 있는 것처럼 충동적이고 두서없이 말했다. 사실 그는 혼란스러웠고, 그녀가 정신이상이 있는 치료자와 성적 관계를 가졌는지, 혹은 다른 어떤 일이 있었는지 이해할 수 없었다. 사실은 치료자가 알 수 없는데도, 현재 치료자가 자신이 하는 말의 의미를 알고 있다고 그녀가 가정한 것은 자기-대상 혼돈과 동시에 대상이미지들의 융합을 암시했다.

이런 순간이 지속되는 동안 B씨의 대상관계는 달라졌는데, 이는

〈표 1-6〉 균열된 대상관계

자기	감정-지각	대상
오해받은 혼란스러운 접촉을 갈망함 상처입기 쉬운 이용당한 무가치한	불안한, 공허한 무가치한, 상처받은	성적으로 착취하는 도덕주의적이고 민감하지 못한 그녀의 생각을 알 수 있는

자아기능
기억과 지각이 뒤죽박죽되어 있음. 인지는 초점이 없고 혼란스러움. 정서 조절이 불충분함. 행동은 충동적이거나 억제된 상태로 번갈아 나타남. 자기 기대의 조절이 미약하고 가혹한 자기비난과 비효과적인 합리화를 동반함.

〈표 1-6〉에 제시된 바와 같다.

이 책에서 제시된 관점에서 보면, B씨의 성애적이고 공격적인 욕동은 양호한 자아기능을 압도하지 않았다. 이보다는 특정 관계와 정서를 재경험하는 것이 일련의 내면화된 관계패턴과 연합된 이전의 역기능적 양상으로 자아기능이 달라지게 했다. 여기서 자아는 원초아의 내용물에 의해 압도될 수 있는 고정되고 안정된 구조가 아니라 여러 내적 · 외적 상황과 다양한 기분에서 가용할 수 있도록 남아 있는 능력에 따라 달라지는 일련의 기능으로 간주된다. 관계와 정서-감각 그리고 자아기능은 모두 같이 변한다. 아마도 치료에서 B씨가 좀 더 편안하고 친밀하고 더 개방적으로 느끼기 시작한 것이 이런 혼동되고 혼란스러운 관계와 무질서한 자아기능이 활성화될 정도로 그녀를 취약하게 만들었는지도 모른다.

감정과 혼란의 이런 소용돌이 속에서 치료자는 자신을 진정시키고 환자가 질서정연한 감각을 어느 정도 되찾도록 돕기 위해 그 자신의 온전한 자아기능을 활용할 필요성을 느꼈다. 환자가 잠재적으로 양호한 자신의 자아기능을 다시 사용할 수 있도록 돕기 위해 그는 자기 안에서 안전함을 느낄 필요가 있었다.

치료자: 당신은 여기서 좀 더 편안하고 개방적으로 느끼기 시작하고 있었다고 생각됩니다. 그때 그 학생이 당신을 훑어본 것이 당신에게 어떤 불편한 것을 떠올리게 했던 게 분명해요. 하지만 난 사건의 순서를 잘 따라갈 수 없었어요. 좀 더 천천히 다시 살펴봐요. 그래도 괜찮나요?

환 자: 그럼요, 그러니까… (그러고 나서 그녀는 좀 더 빠르고 따라가기 힘든 속도로 말을 하기 시작한다.)

만약 치료자가 억압된 기억과 이와 연관된 욕동이 B씨의 이전의 들뜬 행동과 불안으로 이어졌고, 그런 억압을 단순히 제거하는 것이 해소를 가져올 것이라고 믿었다면, 그는 그녀가 계속 말하도록 내버려 두었을지도 모른다. 그러나 치료자는 여기서 제시된 모델을 사용하면서, 애초에 일어났던 일이 무엇이었든 간에 그녀가 그것을 감당할 수 없었던 것처럼, 그녀의 기억과 연관된 자아기능이 당시 일어났던 일을 어떤 유익한 방식으로 처리할 수 없었다고 결론 내렸다. 따라서 치료자는 B씨가 속도를 늦추고 온전한 자아기능을 회복하도록 도왔다.

치료자: 말씀 도중에 잠시 끊을게요. 내가 지금까지 이해한 것을 당신에게 말하고 몇 가지 질문을 해도 될까요?

환 자: 좋아요. (의자에 앉은 자세에서 뒤로 물러나 앉는다.)

치료자: 자, 이제 봅시다. 당신은 그 학생이 당신을 훑어본 걸 정말 개의치 않았어요. 그러나 그건 당신의 첫 번째 치료를 떠올리게 했어요. 당신의 이전 치료자가 극장에서 당신이 느끼기에 유혹하듯이 당신에게 윙크를 했나요?

환 자: 네, 그리고 난 그게 옳지 않다는 걸 알았고 그래서 그날로 그만뒀어요. 그리곤 다시 돌아가지 않았어요.

치료자: 당신은 내가 당신을 유혹하고 있다거나 당신이 이 치료에서 벗어나야 할지도 모른다고 느끼나요?

아주 조심스럽게 치료자는 B씨가 자신의 자기-대상 경계를 구별하고, 현재의 지각에서 자신의 기억을 가려내도록 도왔다. 그는 여러 사건에 대해 조리정연하게 이야기하도록 잠재적으로 양호한 그녀의 자아기능을 지원했는데, 이런 기능은 치료 초기에 명확히 보였던 좀 더 성숙하고 온전한 대상관계 기능에 부합하는 것이었다.

환 자: 아뇨. 여기에서 겁이 나지만 선생님은 상당히 치료에 충실해요. 선생님은 괜찮다고 생각해요.

치료자: 그럼 사라는 누구죠?

환 자: 두 번째 치료자였죠. 그런데 그분은 첫 번째 치료자였던 톰에

대해 너무도 분개했어요. 그녀는 경계에 대해 민감한 면을 가지고 있었어요. 그녀는 내가 그를 자격관리위원회에 보고해야 한다고 생각했죠. 하지만 그는 정말 윙크한 것 외에는 아무 짓도 하지 않았어요. 그를 보고하는 건 그녀의 문제였지 내 문제는 아니었어요.

치료자: 그리고 당신은 내가 나 자신의 문제가 아니라 당신과 당신의 문제에 주의를 기울일 수 있을는지 의아해하고요. 그런가요?

환 자: 맞아요.

치료자: 정신병자 같은 그 남자에 대해 나한테 말하고 싶은 마음이 있나요?

이런 식으로 작업해 나가는 동안 치료자는 자아 방어를 제거하지도 않았고, 원초아와 초자아의 내용물에 대항하는 방어를 강화한다는 의미에서 지지적인 치료를 하지도 않았다. 그는 B씨가 자신을 압도하는 관계를 반복하고 있었고 대상관계와 자아기능에서 변동을 경험했다고 생각했다. 이런 경험은 의식에서 분열되어 있고, 치료의 이 시점까지 그녀가 완강하게 붙잡고 있던 좀 더 통합되고 성숙한 자기에게서 분리된 채 남아 있었던 것 같았다. 치료자가 B씨 스스로 다시 그렇게 할 수 있을 때까지 회기를 구조화시킴으로써 그녀를 위해 자아기능을 대신해 주었다는 점에서 치료는 지지적이었다. 자신을 혼란스럽게 하는 기억에 대해 그녀가 말하고 싶은지를 물어봄으로써 치료자는 그녀의 잠재적인 자율성과 통제를 인정했다.

B씨가 실제로 좀 더 성숙한 심리 상태에 있고 자신의 자율성을 존중하는 유익한 관계의 안전함 속에 있는 동안 좀 더 성숙한 자기와 자아기능으로부터 분열시키고 분리했던 것을 기억하고 말할 수 있다면, 그녀는 아마도 이 혼돈스럽고 내적이며 기억에 떠오른 경험을 자신의 온전한 대상관계로 통합할 수 있을 것이다. 이전에 두려워했던, 경험의 재현이었던 것이 더 성숙하고 유능한 관점에서 보면 과거의 어떤 일에 대한 기억이 될 것이다.

환　자: 이 남자는 옆집에 살고 있었어요. 부모님이 왜 내가 거기 가도록 허락했는지 그 이유를 모르겠어요. 난 그저 어린애였죠. 그건 괴상한 일이었어요. 그걸 떠올릴 때마다 이런 이상한 느낌이 들어요. 난 아주 외로운 작은 어린애였어요. 나에게 좀 유혹적인 면이 있었나 봐요. 그게 내가 관심을 얻는 유일한 방식이었어요. 지금은 정말 그것에 대해 더 이상 얘기하고 싶지 않아요.

치료자: 그것을 약간 얘기한 것에 대해서는 어떤 느낌이 드나요?

환　자: 괜찮아요. 그저 과거에 일어났던 일 가운데 하나일 뿐이에요. 그것에 대해 내가 어떻게 말하는지 조심할 필요가 있다는 생각이 드네요. 내가 완전히 뒤죽박죽된 것 같아요.

치료자: 맞아요, 그렇게 되죠. 하지만 약간의 도움만 받으면 당신은 그 상태에서 빠져나오는군요. 당신이 원한다면, 그것에 대해 우리는 나중에 좀 더 이야기할 수 있어요.

여기에 사용된 구조적 모델이 시사하는 바는 다양한 대상관계가 여러 시점에서 개인에게 가용할 수 있게 되고, 또한 이런 관계는 다양한 자아기능과 연합되어 있어서 이런 현상은 최소한 좀 더 취약한 사람에게 나타나고 어쩌면 누구에게나 어느 정도는 나타난다는 것이다. 이런 자기-타인, 정서-감각, 자아기능의 구도는 상대적으로 독립적인 역동적 패턴을 형성한다. B씨와 같은 사람은 때때로 역기능적이고 스트레스를 초래하는 대상관계 경험에 빠져든다. 그리고 그들은 스스로 빠져나올 수 없는 어떤 심리적인 나락으로 빠진다. B씨가 좀 더 성숙한 관계성과 자아기능을 되찾도록 치료자가 도왔을 때 그는 그녀를 나락에서 끌어냈는데, 그녀가 원초아를 자아로 대체하도록 원조한 것이 아니라 자신의 내적 관계의 성격과 다른 사람과의 관계 속에서 자신에 대해 생각하는 능력을 바꾸도록 도와줌으로써 가능하게 했다.

4. 논 의

Fairbairn의 대상관계이론과 미국의 자기심리학은 모두 임상적인 목적에 비추어 볼 때 지나치게 비인격적이고 기계적인 욕동이론-자아심리학에 대한 반동이었다. 그러나 대상관계이론가들과 자기심리학자들은 개인적이고 의지적인 정서적 삶에 주목하는 반면 구조적인 자아기능이 존재하지 않거나 중요하지 않은 것처럼 무시했다. 여기서 제시된 접근은 자아기능을 대상관계에 재도입한 것이다.

Kernberg(1976), Masterson(1976), Rinsley(1978)가 대상관계단위를

자아심리학에 포함시켰을 때, 이들은 자기와 정서-욕동, 대상을 단위의 구성요소에 넣었다. 그들은 체제로서의 자아(the system ego)를 무시하지 않았지만, 이것을 다른 영역에서 다루는 경향이 있었다. 세 학자 가운데 Kernberg만이 일관되게 자아와 자기의 관계를 논의했다. Kernberg(1982)와 달리, 그리고 그에 앞서 Jacobson(1964)은 내적 · 외적 관계를 자아에 도입시키려고 시도했으나, 여기에 제시된 접근은 역방향으로 자아기능을 관계로 가져온다.

자아기능을 대상관계에 통합하는 것이 자아와 자기가 한 개인의 서로 다른 부분을 구성한다는 뜻으로 받아들일 필요는 없지만, 자아와 자기는 같은 것, 즉 한 개인, 다른 사람에게 중요하고 의미 있는 온전한 사람의 다른 측면 혹은 그에 대해 생각하는 다른 방식을 말한다. 다소 어색하기는 하지만, 자아는 자기나 한 사람의 자아기능이라고 말할 수 있다. 더 건강한 사람이나, 심지어 모든 사람에게는 의식적으로나 무의식적으로 모든 잠재적인 자기-대상 관계의 관계성을 자각하는 초자기(a supraordinate Self)(Horowitz, 1991; Horowitz & Zilberg, 1983)도 존재할 수 있다. 그러나 지금으로서는 자아기능을 대상관계에 추가하고 관계를 정신적인 삶에서 가장 주된 요소로 고려함으로써 기존의 이론에 덧붙여 나가는 것으로 충분하다.

이런 이론적 설명은 자기 경험과 정서-감각, 대상 및 자아기능을 어떤 한 시점에서 관계 속에 있는 한 개인의 상태에서 볼 수 있는 다양한 측면으로 다룬다. 이 설명에서는 한 가지 측면이 달라지면 모든 측면이 하나의 역동적인 전체로 함께 달라진다고 가정한다. 이 모델은 자아와 자기 간의 불필요한 하나의 양극성을 제거하지만 또 다른 양극성을 만들어 낸다. 대상관계이론이 체제로서의 자아를 포함하면 이 이론은 하나의 완전히 구조적인 모델이 되지만, 자아심리학의 원초아, 자아, 초자아의 구조와는 양립할 수 없다. 동시에 이것은 Freud가 1923년에 제시한 위대한 구조이론이 한때는 유용했으나 더 이상은 그렇지 않으므로 이를 버려야 한다는 Fairbairn(1963; Modell, 1994; Rubens, 1994)의 제안을 되살아나게 한다. 널리 수용되었고 한때 임상적으로 유용했던 이론을 폐기하는 일은 가볍게 그리고 숙고와 논쟁 없이 해서는 안 된다. 모든 임상 이론은 치료를 위한 유용성에 따라 부흥하기도 하고 추락하기도 하므로 임상 실제에서 대상관계에 이 접근을 적용하는 예를 제2장에서 좀 더 소개하고자 한다.

제2장 대상관계이론과 자기심리학

대상관계이론뿐만 아니라 자기심리학이론에 따르면 사람은 심리적으로 성장하면서 관계 속에서 존재하고 관계를 내면화한다. 양육자는 공감적인 조율을 통해 유아의 과대적 욕구와 이상화 욕구 및 반영 욕구(grandiose, idealizing, and mirroring needs)를 이해하고 적절히 반응할 수 있다(Kohut, 1971, 1977). 자기-대상(self-object) 기능이 적절하게 충족되면 아동은 자기 내면과 대인관계의 환경 내에서 응집감을 발달시키게 된다. Kohut(1971; Tolpin, 1971)은 이런 과정을 **변형적 내면화**(transmuting internalization)라고 불렀다. 사람은 일생 동안 자신을 유지시켜 줄 자기-대상들을 계속해서 필요로 한다. 정신병리는 공감의 실패가 자기응집을 저해할 때 나타난다.

1. 뇌손상과 자아

자기심리학은 그 이론에서 자아를 고려 대상에서 배제하고 치료자의 활동을 자기-대상 반응과 공감적 조율로 분명하게 제한한다. 아래 예에서 치료자는 처음에는 그런 접근을 채택했다.

39세의 회계사인 C씨는 1년 전 심각한 자동차 사고를 당한 이후로 분노폭발을 더 자주 일으킨다고 불평했다. 그 사고에서 그의 아들은 다리 부상을 입었는데 잘 낫지 않고 있었다. 그의 아내는 이전에는 이해심이 많고 지지적이었으나 이제는 사고에 대한 책임을 그에게 돌렸다. 비록 양쪽 보험사가 상대 운전자에게 잘못이 있었다고 했음에도 말이다. 부부 갈등이 심해지면서 그는 직장에서 집중할 수 없었다. 반복되는 악몽으로 수면장애도 있었다. 그는 사고를 기억하지 못했지만, 신경과 전문의는 남아 있는 뇌손상이 없다고 안심시켜 주었다. 뇌에 대한 MRI 결과도 정상으로 나왔다.

첫 회기에서 치료자는 환자의 상실감과 자신이 여러 갈래로 나누어진 듯한 느낌에 대해 공감했다. 그가 응집성의 상실을 경험한다는 것은 충분히 이해가 가능한 경험으로 보였다.

자기심리학 이론에 기초한 치료자의 가정은 임상자료와 잘 맞아떨어졌다. 환자의 아들, 환자 자신의 중요한 측면을 나타내기도 했을 그의 아들이 다쳤다. 그의 결혼생활과 일이 점차 무너지고 있었다. 한때 그가 버티게 해 주는 자기-대상 기능을 제공해 줬던 배우자와 상사는 점차 그를 봐줄 수 없었다. 그들은 더 이상 그를 이해하지 못했다. 그의 차의 물리적 구조물이 산산조각 나고 파괴되는 꿈 이미지가 되풀이되는 것은 그가 입은 신체적 외상 자체뿐 아니라 그의 상실에 대한 상징이었을 수 있다. 아마 그의 분노폭발은 응집감을 되찾기 위한 퇴행적이고 과대한 시도였을지도 모른다.

> 몇 회기에 걸쳐 환자는 아동기의 유사한 파편화 경험을 되짚어 보았는데, 그때 그의 부모는 그들의 이혼에 너무 몰두하여 그에게 관심을 갖지 못했다. 치료자는 환자의 감정 상태를 정확히 공감해 줌으로써 그가 직접 환자를 위해 계속해서 버티게 해 주는 자기-대상 기능을 제공하면, 응집성과 타인과 관계하는 한 사람으로서 가치에 대한 감각이 C씨 안에서 되살아날 것이라고 가정했다.
>
> 이런 접근으로 치료자가 많은 환자를 돕는 데 성공했었음에도 불구하고 이 환자는 점점 더 불안해하고 짜증스러워했다. 어쩌면 공감이 주는 감정적인 친밀함이 어떻게든 그에게 위협감을 줄지도 모른다는 생각에서 치료자는 전략적으로 감정적인 면에서 약간 뒤로 물러났다.
>
> 이에 대한 반응으로 환자는 치료자가 도움을 주지 않는다고 격분했다. 공감에서 벗어난 것이 그의 분노를 자극했던 것 같았기 때문에 치료자는 환자와 감정적으로 접촉하기 위해 그의 격한 분노에 공감했다.

자기심리학 문헌에서는 부정적 전이 혹은 치료자에 대한 분노는 공감의 실패에서 비롯되며 치료자는 반드시 그 실수를 바로잡아야 한다는 점을 강조한다(Adler, 1992).

그러나 C씨는 치료자가 분노에 공감했을 때 여전히 더 화가 난 상태가 되어 사무실을 뛰쳐나갈 지경에 이르렀다. 이후 몇 회기에서 환자의 분노에 대한 치료자의 공감은 늘 분노를 더 키웠고, 분노는 거의 위험한 수준에까지 이르렀다. C씨는 치료자의 이해를 통해 진정되거나 안도감을 느끼지 못하였다. 공감이 불에 기름을 부은 격이었다.

치료자는 이런 식의 접근으로 자신이 할 수 있는 만큼 했다는 것을 깨닫고, 다행히 그의 상식의 중재로 자신이 선호하는 기법에서 벗어났다.

어느 한 회기에 환자가 마구 고함을 지르자, 치료자가 자연스럽게 말했다. "C씨, 잠시만 진정해 보세요. 상황이 나아지도록 우리가 할 수 있는 게 뭔지 같이 생각해 봐요. 우리가 할 수 있는 게 몇 가지 있어요. 몇 번 심호흡을 하고 진정하고 그런 다음 이것에 대해 생각해 봐요."

환자는 곧바로 진정됐다.

치료자는 자문을 구한 후 환자가 이전에 받았던 정신상태검사와 운동 및 감각 기능에 대한 신경학적 검사 그리고 MRI보다 더 정밀하게 자아기능을 점검하기 위해 환자가 신경심리학적 검사를 받도록 의뢰했다. 환자는 최근의 기억을 사용하고 복잡한 자극에 집중하고 그런 자극을 추상화하고 처리하는 데에서 눈에 띄는 어려움을 보였다. 이전의 학업과 직업수행에 비춰 봤을 때 이런 결함은 새로운 것이고 아마 자동차 사고로 인한 것으로 보였다.

자아기능을 관계에 포함시킨 C씨의 대상관계패턴은 이제 〈표 2-

●● 〈표 2-1〉 위협을 느끼고 분개하는 대상관계

자기	감정–감각	대상
손상된	분개한, 긴장감	위협적인
자아기능		
지각은 과도하게 깨어 있는 상태. 장기적 사건에 대한 기억은 온전하나 최근 사건과 사고 시점에 대한 기억은 손상됨. 인지는 구체적이고 복잡한 자극을 처리하거나 상반되는 것을 마음속에 동시에 보유할 수 없음. 정서 조절이 미약함. 행동은 충동적이고 조절이 안 됨. 자기기대의 조절이 손상되어 기대 조절이 되거나 안 되거나 둘 중 하나임.		

1〉과 같이 제시될 수 있다.

대상과의 관계 속에서 느껴지는 감정 경험에 초점을 두는 자기심리학은 대체로 대상관계 접근과 양립할 수 있다. C씨의 치료자는 앞서 제1장에서 제시한 A씨의 치료자의 접근과 유사한 조치를 취했다. 그러나 A씨와 달리 C씨는 유기적으로 손상된 통합적 자아기능을 갖고 있었는데, 그의 치료자는 자기심리학 내에서 이런 상태를 개념화할 수 없었다. 다행히도 그 치료자는 직관적으로 접근을 바꾸었고 자문을 구했다.

A씨는 이 환자와 달리 통합하고 변별하는 복잡한 정신 과정을 수행할 수 있었다. 기계론적 이론의 렌즈를 통해 그가 비춰지는 데 대해 실망한 것에 관해 정신과의사가 공감했을 때, 그는 상반되는 것을 마음속에 동시에 유지할 수 있었고, 그를 잘못 이해했던 사람에게 이해받는다고 느낄 수 있었다. 일단 이해받았다고 느끼자 잠재

적으로 양호한 그의 자아기능이 자동적으로 잠재력을 완전히 회복했다. 그러나 C씨는 더 이상 복잡한 자극을 처리하거나 추상화하거나 감정을 조절할 수 없었다. 화가 났을 때 그는 치료자가 자신이 환자를 잘못 이해했었다는 것을 이제 깨달았다는 것을 느끼지 못해 치료자의 공감에 반응할 수 없었다. 만약 치료자가 그의 분노에 공감함으로써 그 감정의 타당성을 인정하면 C씨는 그런 타당화를 구체적인 수준에서 반응하여 자신이 더 분노할 수 있는 정당성으로 받아들였다. 그는 자기감정을 반추하지도 자신을 진정시키지도 못했다. 치료자가 분노와 파편화 경험에 대해 공감했을 때 그는 치료자가 자기와 함께 그런 감정에 압도당해서 자기를 도와줄 수 있는 게 아무것도 없다고 느꼈다. 그래서 그는 더 불안해졌다.

만약 치료자가 이 치료에서 공감하는 데 실패했다면, 그것은 정보를 다루고 감정을 조절하는 것이 이 환자에게 얼마나 좌절을 안겨다주었는지를 알아차리지 못한 데서 비롯됐을 것이다. 그러나 자기심리학은 공감이 유일한 합법적인 관찰 도구이고, 공감은 지각-운동-인지기능이 아닌 오로지 정서와 자기 경험만을 다루어야 한다고 주장한다. 자아기능에 대한 어떤 용어도 갖고 있지 않기 때문에 자기심리학은 뇌의 병리로 인한 결과를 다루는 데 심각한 한계가 있다. C씨 사례에서 치료자가 오로지 환자의 자기 경험만을 고려하는 동안 환자는 악화됐다. 치료자는 자신의 이론에서 벗어나 환자의 손상된 자아기능을 평가하고 환자를 위해 이런 기능의 일부를 수행해야 했다. 즉, 그는 환자의 현재 주관성 밖으로 나와 다른 어떤 것,

즉 외부 관점에서 침착하게 숙고하는 기능을 도입해야 했다. 치료자가 환자를 대신해 이런 자아기능을 수행했을 때, 환자는 비록 스스로 유연하게 생각할 수는 없었지만, 즉각적으로 진정되었고 충고를 받아들일 수 있었다.

> 치료자는 마침내 C씨의 아내에게 그의 뇌손상에 대해 말했고, 남편을 위해 그녀가 자아기능을 수행하고, 그녀 자신을 진정시킴으로써 남편을 진정시키고, 분명한 지시와 칭찬을 하며, 구체적이고 성취 가능한 과업을 제시하는 방법에 대해 논의했다. 그는 결국 C씨의 아내를 다른 치료자에게 의뢰했는데, 이 치료자는 그녀의 상실과 그녀가 남편을 너무도 배려하면서 자기 자신을 통제해야 한다는 것에 대한 감정에 공감할 수 있었다. 이런 문제를 다루면서 그녀는 남편을 탓하는 자신의 성향을 극복했고, 그녀 자신의 애도를 시작할 수 있었다. 그러나 그녀의 남편은 자신의 상실을 결코 애도할 수 없었다.

Klein과 Riviere(1964)가 언급했듯이, 애도(grieving)는 감정적으로 상반된 것을 동시에 마음에 두는 능력, 즉 사람과 사물을 현재 모습이나 과거의 모습대로 소중히 여기지만 여전히 그들의 현재 결점이나 부재로 인해 실망하거나 상처받은 상태로 남아 있을 것을 요구한다. C씨는 그 사고나 아들과 그 자신의 건강 및 그의 이전의 직업적 능력의 상실에 대해 슬픔을 느끼거나 수용할 수 없었다. 이런 주제는 그가 논의할 수 있는 것이 아니었다. 그는 단지 화만 낼 수 있을 뿐이었다. 그는 비록 장기기억 속에서 과거의 온전한 대상관계를 기억할 수 있었지만, 더 이상 상반된 것을 동시에 마음에 보유할 수 있는 자아 능력이 없었다.

> C씨의 치료자는 도움을 줄 수 있는 능력의 한계에 대해 그 자신의 애도 과정을 거쳐야 했다. 그렇게 함으로써, 즉 실망에 대처하려고 그 자신의 자아기능을 활용함으로써 그는 조금이나마 환자를 도울 수 있었고, 결과적으로 이것이 환자와 그의 가족에게 의미 있는 실질적 가치가 있었다.

구조적인 뇌손상이 있고 그로 인한 신경심리학적 결함이 있는 사람은 자기-대상관계를 고려할 때 자아기능에 주의를 기울여야 함을 보여 주는 분명한 예시를 제공한다. 자기심리학의 자기와 자기-대상의 이중구조, 혹은 심지어 대상관계이론의 자기-정서-대상이라는 개념조차도 자아 개념이 추가되지 않는다면 이런 임상적 상황을 개선하기에 충분치 않다.

2. 거짓 자기와 자아

뇌손상 환자뿐만 아니라 다른 경우에도 다양한 대상관계 속에 내재된 자아기능을 고려하는 것이 치료자에게 도움이 될 수 있다.

48세 법인 변호사인 D씨는 이혼 후 심한 우울증에 빠졌다. 낙담이 너무 심해져 그는 일을 포기했다. 친구들은 그를 위로할 수 없었다. 그는 자신의 상실과 우울을 공감해 주는 치료자와 처음에는 주 2회로 치료를 시작했고 그 후 주 3회씩 치료를 받았다.

D씨가 어렸을 때 그의 어머니는 우울에 압도되어 대부분의 시간 동안 그를 정서적으로 고립된 상태로 내버려 두었다. 그의 아버지는 1930년대의 경제 불황과 제2차 세계대전이 가져온 박탈을 경험했는데, 가난을 가장 파괴적인 힘으로 여겨 두려워했다. 그의 아버지는 과도하게 일을 했고 D씨를 사립기숙학교에 보내기에 충분한 돈을 벌었다. 이것은 한편으로는 부모 어느 쪽도 어린 소년을 돌볼 수 없었기 때문이었고, 또 한편으로는 부모 둘 다 인간적인 애착보다 교육과 지위를 더 중요하게 여겼기 때문이었다. D씨는 학생으로서, 학생회 리더로서 그리고 급우를 돌보는 사람으로 성공했다.

자기심리학적 관점에서 보면, 이 환자의 부모는 그의 취약성과 외로움, 부모의 지지에 대한 욕구를 공감해 줄 수 없었다. 그들은 이런 감정은 그와 전혀 상관없는 것으로 여겼다. 어머니의 우울증과 아버지의 부재는 또한 부모를 이상화하려는 그의 욕구에 걸림돌이 됐다. 대신 그는 늘 성공하고, 늘 자족하고, 늘 다른 사람을 돌봄으로써 자기 자신의 이상화된 자기-대상이 되려고 시도했다.

이런 해석은 Winnicott(1965)의 거짓 자기(the false self) 개념과 일치한다. 비록 많은 저자가 Winnicott을 대상관계의 중도학파 이론가로 여기지만, 그는 메타심리학이론을 발전시키지는 않았다. 임상가들은 그의 생각을 여러 상황에 쉽사리 적용하고, 풍요 속의 정서적 박탈에서 비롯된 자기애를 설명하기 위해 종종 거짓 자기 개념을 자기심리학의 개념과 결합시킨다. Winnicott은 부모가 아동의 감정에 충분히 주의를 기울이지 못하면서 과도한 순응을 요구할 때, 아동은 진정한 친밀함에 대해 단념하고 가까워지기 위한 유일한 방법으로 순응적인 거짓 자기를 발달시킨다고 주장한다. 그래서 그 아이는 꾸며 낸 모습에 만족하는 대가로 애착을 얻는다. 화나고 외로운 진짜 자기(the true self)는 내면으로, 무의식으로 물러난다. 다른 사람에게서 인정받은 적이 없는 이런 진짜 자기의 측면은 사람들과의 접촉에서 분리된 채 존재하고, 영원히 버림받는다. Winnicott의 영향을 받은 자기심리학자들은 '진짜 자기'에 대한 공감적 조율을 적절한 치료로 제안한다. D씨의 치료자는 이런 접근을 채택했다.

어릴 적에 D씨는 교사의 학업적, 사회적 기대에 순응하는 법을 배웠고, 이후에는 상사에게 같은 방식으로 반응했다. 그는 마침내 전문가로서 성공을 이루었다. 그는 아내와 아이들이 그의 노력을 고마워하고, 그가 아주 열심히 일하고 자주 멀리 나가 있음으로써 그들을 위해 자신을 희생한다는 것을 인정해 주기를 기대했다. 그러나 아내가 다른 남자와 사랑에 빠져 자신과 이혼하게 되자 그는 무너져 버렸다.

치료에서 그는 전 생애에 걸쳐 자신이 얼마나 불행하고 우울했는지를 처음으로 다른 누군가와 얘기할 수 있다고 느꼈다. 일을 할 수 없었기 때문에 그는 치료비를 대기 위해 얼마 남지 않은 재산을 처분하고 비용이 저렴한 숙소로 거처를 옮겼다. D씨의 치료자는 그녀가 '진짜

> 자기' 라고 부르는 것에 적응해 나가는 데 대해 그가 헌신하는 것을 높이 평가했다. 그녀는 계속해서 그의 절망감에 공감했고 급기야 그녀 자신이 거의 우울한 상태에 빠질 지경에 이르렀다. 그녀는 '거짓 자기' 기능의 타당성을 인정하게 될까 두려워 그에게 약물을 권유하거나 그가 좀 더 적극적으로 되라든가 혹은 사회활동을 하라고 격려하기를 꺼렸다.

이 시점에서 D씨의 치료자는 치료에서 환자의 두드러진 대상관계를 〈표 2-2〉와 같이 개략적으로 나타낼 수 있었을 것이다.

●● 〈표 2-2〉 진짜 자기-대상관계

자기	감정-감각	대상
우울한, 진짜 자기	슬픈, 공허한	우울한 어머니 부재한 아버지, 아내, 아이들 공감하는(슬픈) 치료자

치료 전 관계 구도는 또한 〈표 2-3〉과 같이 개략적으로 나타낼 수 있었을 것이다.

●● 〈표 2-3〉 가짜 자기-대상관계

자기	감정-감각	대상
완벽한, 순응하는, 순종적인 자기	피상적으로 행복한, 고통이 없는	칭찬하는 타인들

이 예에서 치료자는 환자의 적응적인 자아기능을 무시했고 적응적 자아를 거짓 자기와 동일하게 취급했던 것 같다. 환자가 치료자가 말하는 우울한 진짜 자기-대상상태를 경험했을 때, 그는 부팅이 안 되는 컴퓨터 프로그램처럼, 말하자면 중립상태나 예비상태에 있는 좀 더 적응적인 자아의 능력에 접근할 수 없었다. 치료자가 환자의 대상관계를 이해하는 데 자아기능을 포함시켰다면, 치료에서 현재 두드러진 대상관계를 〈표 2-4〉와 같이 나타냈을지 모른다.

〈표 2-4〉 우울한 상태의 대상관계

자기	감정-감각	대상
우울한 자기	슬픈, 공허한	우울한 어머니 부재한 아버지, 아내, 아이들 공감적인(슬픈) 치료자

자아기능

지각은 우울한 정서로 채색됨. 기억은 실망만을 선택적으로 떠올림. 인지는 절망상태를 입증하는 데 제한되어 있음. 행동은 억제되고 비효율적임. 자기 기대의 조절이 미약하고 가혹한 자기 비난이 우세함.

D씨가 자살할 지경에 이르러 입원이 필요했을 때 치료자는 비로소 접근법을 바꾸었다.

> 병원복도에서 환자의 담당 의사와 이야기를 나누면서 치료자는 "그의 자아는 어디 있죠?" 라고 불평했다.

(그녀는 여기서 '자아' 라는 단어를 일상적인 뜻으로 사용했다.)

"그 환자가 아무것도 안 한다고요? 그저 멍청이처럼 거기 앉아서 우울한 것에 대해서 불평만 한다고요? 그 사람 뇌에 무슨 문제가 있나요?"

"뇌는 괜찮아요. 그저 자신이 유능하게 할 수 있는 어떤 일을 하길 두려워하죠." 젊은 의사는 반사망치를 빙빙 돌리면서 정신과 응급실 병동의 극적인 상황 때문에 그곳에서 일하기를 선택한 젊은 의사들이 갖는 거만한 확신감을 보이며 그의 동료를 놀리면서 이렇게 말했다. "그 환자가 효율적인 어떤 일을 하는 순간, 당신은 그가 가짜라고 생각하고 더 이상 그를 사랑하지 않을 거예요." 그는 마치 순식간에 권총을 가죽 케이스에 집어넣는 묘기를 보여 주는 공연가처럼 반사망치를 휙 돌려서 흰 가운 주머니에 넣고, 뒤꿈치로 빙그르 몸을 돌리고 복도를 따라 미끄러지듯 나아가며, 어깨 너머로 장난스럽게 그녀를 돌아보았다.

그녀는 미소 지었고 머리를 흔들면서 "저 몹쓸 인간" 이라고 말했다.

이 치료자는 병원에서 좌절을 표현할 때까지 이 환자를 자기-대상 관점에서만 생각했었고, 환자의 적응적 자아기능이 그녀가 관여하기를 바라지 않았던 거짓 자기와 같다고 생각했었던 것 같았다. 자기와 자아를 동의어로 쓰거나 자아 개념을 비인격적이거나 지나치게 추상적인 것으로 여기고 완전히 버리는 것이 이런 잘못된 인식을 조장한다. 입원환자 담당 의사가 치료자는 적응적 자아기능을 '가짜' 로 여길 것이라고 말하며 그녀를 놀렸을 때 그는 그녀의 잘못된 귀인을 직관적으로 인식했던 것이다.

어린아이로서 D씨는 유능성을 거짓된 혹은 비현실적 자기감과 연관시켜 개발해 왔을 수도 있다. 그러나 거짓 자기와 유능한 자아 기능을 동일시하는 것은 환자가 여전히 정말 불행한 상태에서도 자신의 적응적 능력을 사용하도록 도와줄 수 있는 치료자의 능력을 방해하는 것 같았다. 그러나 입원환자 병동의 의료진이 이 과정에서 환자를 도울 수 있었고, 치료자는 이들과 협력할 수 있었다.

며칠 후 D씨는 치료자에게 "기분이 훨씬 좋아요. 바구니 짜기 때문이라고 생각해요."라고 말했다. 흡족한 듯한 그의 미소는 세련된 전문가의 미소로 치료자가 이전에 보지 못했던 그의 일면이었다. "여러 가지 활동이 있었는데 난 뭔가를 해야만 했어요. 그러지 않으면 그들이 약물을 처방할 테니까요. 작업 치료는 썩 내키지 않았지만 그 젊은 의사는 선생님처럼 너그럽게 놔두지 않아요. 그래서 난 바구니 짜기를 택했어요. 왜냐하면 그건 정말 웃기는 일이잖아요. 전형적인 정신병원 활동. 하지만 사실은 난 그걸 좋아해요. 옛날에 낚싯줄로 팔찌를 짰던 여름 캠프를 생각나게 해요. 난 멋진 바구니를 몇 개 만들었어요. 물론 보여 줄 사람은 아무도 없지만."

"그걸 누군가에게 보여 주고 싶나요?"

그는 잠시 주저하다가 말했다. "내가 그걸 누군가에게 보여 주면 그게 더 이상 내 것이 아닌 게 될까 봐 두려운가 봐요. 마치 그들이 그걸 좋아할지 안 할지 혹은 다 큰 남자가 바구니를 짜야 할지 말아야 할지가 유일하게 중요한 게 될 것처럼 말이죠." 그는 약간 당황스러웠는지 어깨를 으쓱했다.

몇 가지 점에서 미흡하지만, 자기심리학적 접근은 이 치료자와 환자에게 아마도 도움이 되었을 것이다. 병원 의료진이 환자가 자신의 적응적 기능을 다시 사용하도록 지원하자, 치료자와 환자는 다시 궤도로 돌아온 듯했다.

치료자: 뭐가 당황스러운가요?

환 자: 바구니 만들기는 정말 단순한 일이에요. 빈민촌 같은 숙소에 있으면서 벽만 뚫어지게 쳐다보며 자살 생각을 하는 것보단 적어도 낫죠. (침묵한 후) 내가 자기 연민에 빠져 있었던 것 같아요. 그 정신과의사는 나더러 가만히 앉아 있지 말고 뭔가를 해야 한다고 해요. 그분에게 내가 치료자를 바꾸어야 할지 물어봤어요. 왜냐하면 선생님은 너무 친절하고 내가 어떤 걸 하도록 만들지 않기 때문이죠.

치료자 : 그분이 뭐라고 하던가요?

환 자: 그분은 우리가 때때로 생각하는 것보다 더 전형적인 정신과의사예요. 물론 그는 내 생각이 어떤지 물었어요. 그러고 나서 그는 내가 선생님을 좋아하는지 물었죠. 물론 선생님을 좋아한다고 했죠. 그리고 그분은 선생님이 나를 이해해 준다고 생각하는지 물었고, 나는 물론 선생님이 나를 이해한다고 말했죠. 그렇지만 때로 선생님이 너무 좋은 사람이라 내가 자기 연민에 빠진다고 했어요. 그러고 나서 그는 말했죠. "만약 당신이 치료자를 좋아하고 치료자에게서 이해받는다고 느낀다면 왜 바꾸려고 하나요? 자기 연민에 빠지지 않게 주의하기만 하세요. 그게 사람 잡는 거죠." 그분은 좀 센 사람이에요.

여기까지의 대화에서 환자는 작은 일이라 해도 건설적인 어떤 것을 할 수 있는 능력과, 만약 누군가가 자신의 취약한 부분을 이해해 주면 역기능적이 될 것, 즉 '자기 연민에 빠지게' 될 것이라는 두려움에 대해 묘사했다. 이 시점에서 치료자는 환자의 유능성을 '거짓 자기'와는 구별된 것으로 생각하기 시작했기 때문에, 그녀는 이제 유능성이 상처입고 취약한 존재라는 환자의 자기이미지에 통합된 것으로 볼 수 있었다. 그런 다음 치료자는 통합적 해석을 했다.

치료자: 당신이 얼마나 상처받고 또 혼자라는 느낌을 갖는지 내가 간과할까 봐 두려워서 자신이 얼마나 똑똑하고 유능할 수 있는지를 때때로 숨기지 않았나 하는 생각이 들어요.

환 자: 네. 그것도 그렇고, 난 정말이지 유능한 것에 지쳤어요. 난 질렸고 상처받았고 또 때로는 정말이지 전혀 관심도 가지 않아요. 그런데 바구니 짜기는 정말 즐거웠어요.

치료자의 동의하에 병원 의사가 환자가 건설적인 어떤 일을 하도록 요구함으로써 환자의 잠재된 자아능력을 이끌어 냈을 때, 그 경험은 또한 유능성에 대한 환자의 자기이미지를 활성화한 것처럼 보였다. 치료자는 환자가 상처받고 슬퍼하는 모습으로 자신을 보는 것과 또한 유능하고 적극적인 모습으로 자신을 보는 것이 공존할 수 있음을 인정함으로써 그가 통합을 향해 한 걸음 나아가도록 도왔다. 이런 통합은 D씨가 활용할 수 있는 새로운 대상관계를 형성한다(〈표 2-5〉 참고).

●● 〈표 2-5〉 통합된 대상관계

자기	정서-감각	대상
약점에도 불구하고 대처하고 극복할 수 있는	화나고 상처 받았지만 결심이 굳은-적절한 근육의 긴장	둘 다 격려하고 이해하는
자아기능		
지각이 예리함. 기억이 균형 잡혀 있음. 인지는 적극적이고 통합적이며 유머가 있음. 정서는 복합적이고 조절되어 있음. 행동은 건설적이기 시작함. 자기 기대의 조절이 섬세하게 조정되어 있음.		

상처받았다고 느끼면서도 유능하게 기능할 수 있는 이런 능력은 D씨에게는 새로운 대상관계 양식이었다. 치료자가 그의 유능성을 그의 한 부분으로 보기 시작하고 그러면서도 여전히 그가 슬프고 몇 가지 면에서 취약하게 느낀다는 것을 알게 되자, 그는 자기 자신과 다른 사람을 새로운 방식으로 보았다. 그는 우울한 어머니와 따분한 이야기를 나누고, 아버지에게 버림받은 슬프고 우울하고 조용한 어린 소년이 아니었다. 또한 그가 다녔던 기숙학교의 교사와 이후 직장 상사 그리고 심지어 아내와 아이들이 알고 있었던 유능한 학생, 운동선수, 직장인만도 아니었다. 그는 자신이 활용할 수 있었던 유일한 대처 기술이 듣지 않아서 심각한 질병을 얻게 되었지만, 잠재적으로 유능한 남성이었다. 그리고 그의 곁에는 바구니 짜기는 단지 하나의 시작점이고, 그가 계속해서 성공할 수 있다고 확신하는 치료자가 있었다. 감정을 부인했던 지나치게 유능한 아버지와 감정에

압도당했던 어머니와 함께한 생애 초기의 경험과는 달리, 그의 치료자와 병동 의사는 서로 다르기는 했지만 그의 유익을 위해 서로 통찰을 나누고 함께 작업할 수 있었다. 이런 팀워크 또한 그가 내면화하여 궁극적으로 자신의 일부로 만들 수 있었던 새로운 외적인 대상관계를 형성했다(Gabbard, 1989).

3. 자아와 자조상담

자아개념은 공식적인 심리치료뿐 아니라 일반 정신의학에서도 잘 활용될 수 있다. 모든 환자와 의사관계에는 지지적인 심리치료의 측면이 있다.

> 역동적 접근과 생리적 접근뿐 아니라 정신 질환에 대한 Adolph Meyer의 실용적 접근에 영향 받은 메닝거 클리닉의 한 정신과의사는 우울에 관해 심리치료, 약물요법, 자기조력의 위험과 유익 그리고 대안에 대해 환자와 일상적으로 논의했다. 그는 종종 우울을 치료하는 자조적 접근에 대해 2분이나 3분가량의 심리교육적인 내용을 설명해 주었다.
>
> "우울은 약물이나 공식적인 심리치료가 행해지기 이미 오래 전부터 있어 왔습니다. 18세기와 19세기에 어떤 사람은 자신이 우울을 어떻게 극복했는지에 대해 책을 쓰기도 했습니다. 그들이 도움이 됐다고 생각했던 것은 규칙적인 일정을 지키고, 배가 고프지 않더라도 때가 되면

조금이라도 먹고, 잠을 잘 자지 못해도 같은 시간에 잠자리에 들고 일어나며, 뒷마당을 걷는 정도라도 매일 운동을 하고, 그리고 집중이 잘 되지 않더라도 일을 하는 것입니다. 기도와 종교활동에 공식적으로 참여하는 일, 피상적인 사회적 접촉, 예술 활동, 다른 사람을 돕는 일 모두 일부 사람에게 도움이 됐습니다. 다른 사람을 돕는 것이 어떻게 해서 우리 자신에게 도움이 되는지는 알지 못하지만, 도움이 된다는 것을 보여주는 좋은 연구들이 있습니다."라고 그 의사는 말하곤 했다.

어느 정도 논의한 후에 그는 이렇게 덧붙이곤 했다. "이런 것은 하나같이 당신이 우울할 때 하고 싶지 않은 일이라는 걸 압니다. 당신이 이걸 해야 한다고 말하려는 건 아닙니다. 내가 말씀드리려는 건 만약 당신이 이런 것 가운데 몇 가지를 스스로 하도록 만들 수 있다면, 우리가 결국 사용하게 될 치료가 어떤 것이든 그것과 함께 당신에게 도움이 될 것이라는 것입니다."

대상관계의 관점에서 보면, 이런 행동적이고 심리교육적 접근은 적응적 자아기능을 자극할 수 있다. 이런 접근은 자기심리학과 완전히 대비되는데, 자기심리학은 격려를 공감적이지 않고 응집된 자기를 무력하게 만드는 것으로 여길지 모른다. 그러나 무조건 따를 것을 요구하지 않고 이런 활동이 우울한 사람에게는 얼마나 어렵게 느껴질지를 이해해 줌으로써 이 정신과의사는 환자를 무력한 존재로 생각하지 않고, 또 도움이 되고 사려 깊은 사람으로 자신을 보여주면서 환자의 무력화된 자기 경험과 낙담한 정서를 공감적으로 인정해 주었다. 이런 협력적인 접근은 적응적 기능을 격려하면서 동시에 환자가 자신을 유능하고 힘을 가진 존재로 경험할 기회를 제공한다. 물론 이런 접근의 결점은 이 경험이 교사와 학생 관계 혹은 부모와 자녀 관계를 연상시킬 수 있다는 점인데, 이런 관계가 특정한 환자에게 유용한 함축된 의미가 있을 수도 있고 없을 수도 있다.

4. 결 론

환자를 형성된 습관의 비인격적인 집합체로, 욕동과 방어 및 자아기제의 기계적 구도로, 혹은 생리적 피드백 고리의 체계로 축소시켜 보는 것은 환자가 자신이 가치 있고, 가치 있다고 여겨지며, 독특한 존재라고 스스로를 경험하는 데 해를 끼칠 수 있다. 반면에 공감하는 대상과 관계하는 주관적인 자기로만 환자를 여기는 것 또한 환자의 복잡성과 시간의 흐름에 따른 가변성, 어려움을 극복할 능력 그리고 인지적-지각적-운동적인 강점과 약점을 부인함으로써 환자에게 해를 끼칠 수 있다. 환자에 대해 통합적이면서도 다양하고 변별적인 방식으로 생각하고 느끼는 방식, 즉 환자와 함께하는 치료작업과 관계를 인격화하고 동시에 객관화하는 방식이 필요하다고 나는 믿고 있다.

어떤 이론도 어느 정도 비인격적인 추상적 개념을 끌어들여야 한다. 유기적으로 연결되어 있는 마음의 상태 또는 관계 속에 존재하는 방식을 형성하는 자기와 정서-감각, 대상 및 자아기능이라는 이론적 구성개념 또한 멀게 느껴지는 그런 용어를 사용할 수밖에 없다. 그러나 이 이론의 이점은 그것이 인격적인 속성을 가지면서도 자아기능을 평가할 수 있는 가능성과 심지어 정서적으로 가까운 관점과 정서적으로 거리를 둔 관점 둘 다에서 자기-대상관계를 기술할 수 있는 가능성을 희생시키지 않는다는 점이다(Hamilton et al., 1994). 이것은 환자의 현재 주관적인 감정의 온전성을 해치지 않으면서 이런 감정 이외의 주제를 다룰 수 있는 가능성을 치료자에게 제공한다. 여기에서 제시된 이론은 영국 대상관계이론에서 인격적인 관계를 강조하는 것과 자기심리학의 상호주관성(the intersubjectivity, Stolorow et al., 1992)을 유지하면서, 많은 연구가 중 Hartmann(1964)이 가정했던 몸과 마음의 연결을 인정하기 위해 자아기능에 대한 논의 가능성을 다시 소개한다. 정서-감각의 개념은 욕동에 초점을 두는 것을 대체할 수 있고 욕동과 같이 몸과 마음을 연결하는 또 다른 개념을 제공한다.

이에 대한 대안, 즉 어떠한 이론도 사용하지 않는 것은 비록 많은 재능 있는 치료자의 직관적인 본성에 비추어 볼 때 끌리는 대안이지만 복잡한 사례와 강력한 역전이가 환자와 치료자 그리고 환자와 관계하는 치료자에 대한 분명한 사고를 요구할 때 종종 혼란을 일으키고 무너지고 만다. 인간에 대한 이론은 인간을 이해하는 조직화되고 복잡한 방식이다. 그리고 치료자가 환자를 어떻게 생각하는가는 좋든 나쁘든 환자에게 강력한 영향을 미친다. 사람을 돕는 일을 직업으로 삼은 이들은 자신의 개념이 환자에게 어떤 영향을 미치는지

많은 생각을 해 보아야 한다. 사람들을 개개인으로 기술할 정도로 충분히 융통성이 있고, 환자를 공정히 대할 수 있고 새로운 통찰로 치료자를 놀라게 할 만큼 충분히 복잡한 것으로 입증된 이론은 치료자가 환자를 어떻게 생각하고, 어떤 감정을 느끼고, 그들과 어떻게 관계 맺는지를 검토하는 데 매우 유용하다.

제3장 관계패턴

Kernberg(1975)와 Masterson(1976) 그리고 Rinsley(1978)는 경계선 환자에게 나타나는 전적으로 좋고 전적으로 나쁜 것으로 분열되어 있는 정신 상태를 설명했다. 그러나 정신 상태나 관계패턴의 변동이 단지 경계선 장애를 가진 사람에게서만 나타나는 것은 아니다. 자기와 정서-감각, 대상 그리고 자아기능의 무수한 조합과 변형은 개인의 특성과 경험에 따라 모든 사람에게서 나타날 수 있다.

흔히 볼 수 있는 대상관계의 몇 가지 패턴은 정신병 환자의 파편화된-융합된 대상관계, 경계선 환자의 분열된 대상관계, 자기애적 환자의 이상화된-평가 절하된 대상관계, 외상 피해자의 외상을 입은-외상을 입힌 혹은 피해자-가해자 대상관계, 분열성 환자와 일부 강박증 환자의 참자기 대 거짓 자기의 대상관계, 그리고 좀 더 건강한 사람의 비교적 잘 통합된-분화된 대상관계다. 좀 더 면밀히 검토해 보면, 개인은 각자만의 독특한 관계를 보여 준다. Horowitz(1979, 1991, 1992)는 다소 다른 관점에서 정신 상태와 개인의 도식을 유연하게 설명하고, Stern(1985)은 '일반화된 상호작용의 표상' 으로 설명한다. 여기서 또한 대상관계 접근은 임상상황이 요구하는 대로 유연하게 사용될 수 있다.

1. 분열과 분열된 대상관계

분열(splitting)은 모순된 경험을 분리된 상태로 두는 정신 활동과 때로는 대인(對人) 간의 활동을 일컫는다. Klein(1946)의 본래 정의와 Fairbairn(1954)의 분리된 자아-대상 구도에 대한 설명에 기초하여 미국의 정신과의사들은 비록 모든 사람에게 어느 정도 나타나긴 하지만 극단적 분열이 경계선 성격의 뚜렷한 특성이라고 생각한다(Gabbard, 1994; Kernberg, 1975). 대상관계의 발달을 기술한 Mahler(Mahler et al., 1975)의 분리-개별화 도식에서 분열은 재접근 단계 유아가 보이는 '전적으로 좋은' 것과 '전적으로 나쁜' 것 사이를 오가며 변동하는 상태에 상응한다. Kohut(1971)과 Stern(1985)은 이런 자기-분할(self-division)을 자기 응집성의 상실을 가져오는 부적절한 자기-대상 기능으로 인한 장애의 산물로 간주한다. 그러나 연구자가 분열의 발달적 순서를 어떻게 인식하는가와 상관없이 임상가는 이것을 쉽게 관찰할 수 있다. 이 장에서는 초기 발달에 대한 어떤 특정한 이론에 근거하지 않고 성인에게 나타나는 분열에 대해 논의하고자 한다.

> 32세의 여교사인 E씨가 처음 치료자에게 전화했을 때 그녀는 자신에게 경계선 '성격장애' 가 있고 그 분야에 경험이 있는 누군가에게 치료를 받아야 한다고 말했다. 첫 회기에서 그녀는 학교 매뉴얼에서 읽어 봤던 진단에 따라 자신의 특징을 간결하게 설명했다. 솔직하면서도 차분하고 정연한 방식으로 자신이 혼돈스럽고 충동적이며 혼자 있는 것을 견디지 못하고 강렬하며 불안전한 관계를 맺는 경향이 있다고 묘사했다. 그녀는 처음에는 멋지다고 생각했지만 나중에 형편없다고 여겨지는 남자들과 반복적으로 사랑에 빠졌다.
>
> 초기 회기에서 그녀는 마치 치료자가 어떤 학생을 놓고 자신과 의논하는 동료인 것처럼 그에게 말했다. 그녀는 자신이 이전 치료자를 처음에는 이상화했으나 곧 그에 대해 심각하게 실망했었다는 사실을 치료자에게 상기시켰다. 그녀는 새 치료자에게도 똑같은 일이 일어날 수 있다고 경고했다. 그래서 그녀는 그렇게 될 가능성을 다루어야 한다고 제안했다. 사고과정은 명료했지만 그녀는 몹시 불안해 보였다.

제1장에서 언급한 B씨와 유사하게 이 환자는 면담 순간에는 자신의 내적 세계를 분열시키지 않았고 온전한 대상관계를 보여 주었다. 균형 잡힌 방식으로 그녀는 부모와 남자친구 그리고 이전 치료자와의 관계를 전적으로 좋은 자기-대상경험과 전적으로 나쁜 자

기-대상경험으로 고려했다. 그녀의 자아기능은 온전해 보였다. 그녀는 과거와 미래를 논의하는 동안 마음속에서 정서적인 양극단을 인지적으로 함께 유지할 수 있었다. 그러나 B씨의 경우와 유사하게 치료자에 대한 그녀의 불안과 그를 집중적으로 살피는 행동은 안전한 관계에서조차 드러나는 그녀의 손상된 자아기능을 나타냈다. 그녀는 불안을 성공적으로 조절할 수 없었고, 그녀의 정서적 균형은 위태로워 보였다.

그녀가 환자라기보다는 마치 동료처럼 치료자와 말하기를 고집하는 것은 어쩌면 의존하게 될 것에 대한 두려움과 관련된 것이었는지도 모른다. 그녀에게 불안이 일어났던 이유는 그녀가 다른 사람에게 의존한다고 느꼈을 때 이와 연관된 정서와 감각이 분출하여 자아기능을 압도해 버릴 수 있기 때문이었는지 모른다. 이런 추정에 대한 증거는 미묘하고 확인되지 않은 상태로 남아 있었다.

> 초기 기억에서 그녀는 아버지가 자신을 싫어하고 학대했다고 느꼈다. 그는 그녀에게 능력에 부치는 허드렛일을 시켰고, 그가 만족할 정도로 일을 해내지 못하면 호되게 꾸짖었으며 자주 그리고 심하게 매질을 했지만, 언니에게는 애정을 쏟아부으며 편애했다. 어머니는 그녀를 구해 주지 않았고 그녀와 아버지 사이의 이런 힘든 상황에 무심한 것 같이 보였다.
>
> 환자는 어머니가 다른 남자와의 불륜으로 자신을 임신했다는 사실로 어머니와 아버지가 말다툼을 하고 어머니가 홧김에 이를 인정했던 것을 기억했다. 당시 5세였던 그녀는 이런 사실에 충격을 받기보다 자신

에게 다른 아버지가 있다는 사실에 기쁨과 희망을 느꼈다. "그게 모든 걸 설명해 줬죠." 그녀가 말했다. "그는 진짜 아버지가 아니었어요. 진짜 아버지는 좋은 사람이고, 날 사랑해 주고 보호해 줬을 거예요. 난 매일 매일 그분을 생각했고, 커서 그를 찾을 거라고 맹세했죠."

그녀는 어머니 때문에 아버지에게 희생당했다고 느꼈고, 어머니가 자기를 돕고 보호하지 않았던 것은 남편의 질투 어린 분노를 피하고 술과 불륜을 계속하고자 하는 욕망에서 비롯된 것이라고 믿었다.

비록 그 회기 동안 E씨는 전적으로 좋거나 전적으로 나쁜 상태를 느끼지는 않았지만, 그녀는 분열되었던 과거의 대상관계를 묘사했다. 그녀는 자신을 아끼고 보살피지 않거나 미워하는 부모와의 관계에서 종종 자신이 무가치하고 버림받고 희생당한 사람으로 느꼈다. 그러나 또한 그녀는 마음속으로 비밀리에 자신을 구해 주는 좋은 환상의 아버지, 즉 그녀의 '진짜' 아버지와의 관계에서는 멋지고 가치 있는 소녀로 자신을 느꼈다. 기억 속에서 그녀는 이런 두 개의 분열된 관계 구도 간의 감정적인 통합을 거의 보이지 않았다. 하지만 분열은 지금-여기의 치료 장면에서 드러나지 않았고, 그녀는 여전히 분열의 양쪽 측면을 따로따로 묘사했다.

두 달 후 그녀는 청소년기에 어머니가 남몰래 자신의 생부를 계속 만나고 있다는 사실을 알게 됐을 때, 그녀의 마음속에 희망이 솟아올랐다는 사실을 털어놓았다. 그녀는 생부를 만나고 싶었고, 그녀의 부모가 자신에게 어떻게 했는지를 그가 알게 되면 자기를 도와줄 것이라고 확신했다. 그녀는 어머니에게 직면했고, 자신을 '진짜' 아버지에게 소개해 달라고 고집했다. 이에 대해 어머니는 그 관계를 끊어 버리고 딸에게 아버지의 이름이나 그에 관한 어떤 정보도 알려 주기를 거부했다.

그녀가 이런 이야기를 하는 동안 치료자가 그녀의 감정에 대해 묻거나 공감해 주자 그녀의 불안이 고조됐다. 그녀는 인지적인 이해에 집중함으로써 치료자가 다가오는 것을 막았다. 그녀는 "이제 선생님은 내 세계가 얼마나 분열되었는지 알 수 있겠죠. 내가 그걸 합칠 수 있도록 선생님이 도와주세요."라고 말했다.

그녀의 더 깊은 심리세계는 정말 분열된 듯이 보였다. 지적인 수준에서만 극단적인 두 마음이 자각되는 듯했다. 하지만 그녀가 너무도 분별력 있게 보였기에, 치료자는 여전히 그녀가 강박적인 사람인지, 우울한 사람인지, 혹은 낮은 자존감과 죄책감 때문에 실제보다 훨씬 더 혼란스러운 상태로 자신을 묘사하는 불안장애가 있는 사람인지 판단할 수 없었다. 그녀는 마치 대차대조표의 양쪽을 재정 전문가에게 보여 주는 것처럼 자신의 내적 세계를 묘사했다.

그녀는 자신이 걱정하고 두려워하는 것이 다름 아니라 위태롭게 균형 맞춰진 그녀의 온전한 대상관계가 그녀가 강한 감정을 경험하는 바로 그 순간에 심각하게 제한된 자아기능과 함께 지옥과 천국 간의 분열 상태로 떨어질 것이라는 점을 곧 보여 주었다.

몇 회기 후 치료자는 "당신은 불안해 보여요. 아마 당신은 내가 당신을 이해하고 당신의 이야기를 들어주길 원하지만, 그것이 또한 당신을 초조하게 만드는 것 같아요."라고 말했다. 그는 이것을 개방이나 친밀성에 대한 그녀의 불안을 암시하는 부드럽고 공감적인 발언이라고 생각했다. 치료자는 그가 거의 말을 하지 않으면 그녀가 무시당하고 버려졌다고 느낄까 봐 두려웠다.

"도대체 뭘 기대하는 거죠!" 그녀는 버럭 화를 냈다. "선생님이 나한테 원하는 게 뭐죠? 내가 가슴을 찢어 열어서 내 속을 볼 수 있도록 해주길 원해요?"

치료자는 순간적으로 몹시 놀라 잠시 중단했지만 곧 안정을 되찾았다. "전혀 그렇지 않아요."라고 그가 말했다. "난 우리가 천천히 진행해 가야 한다고 생각해요. 하지만 내가 당신에게 자신을 찢어서 열어 보여 달라고 요구할 수도 있다고 당신이 느낀다면 불안해지는 게 당연하죠."

그러나 서서히 진행한다는 대안은 오랫동안 다시 기회가 주어지지 않았다. 환자는 개인적인 감정을 논의할 때마다 커다란 혼란에 빠졌다. 치료자는 일상의 임무와 학교의 구조가 다음 회기까지 그녀를 지탱시켜 주기를 희망하면서 회기가 끝날 무렵 그녀가 자신을 재정비하도록 도와주곤 했다.

그녀는 치료자의 자동응답기에 그가 이해가 부족하다고 호되게 꾸짖는 메시지를 남기기 시작했다. 이렇게 질책하는 동안 그녀의 사고 과정은 악화됐다. 그녀는 대명사를 혼동했는데, '당신', '나' 그리고 '그들(them)'을 혼란스럽게 사용했다. 때때로 그녀는 의미보다 단어의 소리에 더 중요성을 부여하는 의성어 연상을 만들어 냈다. 예컨대, "당신은 내가 가까워지는(near) 것을 두려워한다고 생각하는군요, 친애하는 이여(Dear). 난 어젯밤 길에서 거의(nearly) 사슴(a deer)을 칠 뻔 했는데, 대신 브레이크를 세게 밟았죠."라고 했다.

그녀는 더 이상 분열된 관계를 기억하는 것이 아니라 그런 관계를 경험하고 있었다. 그녀는 공격받고 파편화된다고 느꼈고, 치료자는 위협적이고 도움이 안 되는 것처럼 보였다. 또한 주된 감정은 분노와 격분이었고, 자아기능은 나빠졌다. 짧은 기간 동안 그녀는 자기 자신과 자기의 일차적 대상을 동등하게 그리고 상호 파괴적으로 보면서 자기이미지와 대상이미지를 분별하는 능력을 상실했다. 자아능력의 결함이 크게 확산되어 그녀는 적절한 대명사를 사용하지 못했고, 뜻은 다르지만 음이 유사한 단어도 서로 구별하지 못했다. 그녀의 연상에는 개인적인 의미가 있었지만, 그녀 스스로는 할 수 없었기 때문에 치료자가 그 의미를 가려 내어 정리해 주어야 했다.

누군가와 감정적으로 가까워진다는 느낌, 아주 조금이라도 이해받는다는 느낌이 주는 위협이 너무나 커서, 그녀는 자신이 마치 도로에서 비인격적인 기계에 부딪혀 짓뭉개지게 될 사슴처럼 느꼈을 수도 있다. 그러나 사슴이 그녀 자신이나 치료자를 표상하는지 혹은 그녀가 봤을지도 모르는 실제 동물을 표상하는지는 분명하지 않았다. 전이와 치료자와의 동일시에서 그녀가 브레이크를 세게 밟은 것은 치료의 속도를 늦추려고 했던 치료자의 시도를 나타냈던 것인가 혹은 그녀 자신이나 치료자를 온전하게 지키려는 그녀의 시도를 나타냈던 것인가, 아니면 전혀 다른 어떤 것을 나타냈던 것인가? 그녀의 자기-대상 측면은 무너졌지만 그녀의 지각은 온전한 상태로 남아 있었다. 즉, 그녀는 환각이나 다른 왜곡을 발달시키지는 않았다. 그녀는 고착된 망상을 보이지도 않았고, 구조화된 상황에서 일상적인 행위를 수행하는 능력을 상실하지도 않았다.

> 사슴에 대한 메시지를 남긴 후 이어진 회기에서 그녀는 어머니가 자신의 생부를 떠나보냈다는 사실을 알았을 때 얼마나 절망했었는지를 이야기했다. 그녀는 조리정연하고 상당히 감정을 실어서 그때 어떤 파티에서 자신이 또래 고등학생들과 함께 어떻게 술에 취하게 됐는지 말했다. 밤늦게 파티에서 돌아오면서 그녀는 구불구불한 산길에서 일부러 과속으로 달렸고, 급기야 몰고 있던 어머니의 차를 제어하지 못하고 거대한 전나무에 부딪쳤다. 응급실에서 의식을 차리고서야 그녀는 자동차의 운전대가 자기 가슴을 찢어 놓았다는 사실을 알게 됐다.
>
> "이번엔 당신이 브레이크를 밟을 수 있어서 천만다행이네요."라고 치료자는 자기도 모르게 말했다.
>
> 그녀는 안도하고 차분해지는 것처럼 보였다. "네, 천만다행이죠."라고 말했다.

이 예에서 분열된 전적으로 나쁜 대상관계는 그녀가 치료자에 대해 강한 감정을 느끼도록 자신에게 허용했을 때 처음으로 분출했다. 이런 감정은 자동차 사고의 외상뿐만 아니라 부모와의 관계와 연관된 것이었는가? 이것은 아동기에 맞았던 기억과 어떤 관계가 있었는가? 그녀는 초기 유아기부터 정서적 친밀성에 늘 그렇게 강렬하게 반응해 왔었는가? 그녀가 지금 보이는 관계에 대한 미약한 감정 조절 능력은 자동차 사고에서 입은 뇌손상의 결과였을까? 분열의 원인은 이 시점에서 불분명한 상태로 남아 있었다. 그러나 분열이 존재한다는 증거는 더 이상 그저 그녀의 기억과 주지화된 묘사에만 있지 않았다. 이제 치료장면에서 그 모습이 드러났다.

의사가 자기도 모르게 "이번엔 당신이 브레이크를 밟을 수 있어서 천만다행이네요."라고 내뱉었을 때, 그녀는 그가 자신에 대해 염려하고 있다는 것을 깨닫는 것 같았다. 그녀는 자신이 이전의 재앙을 반복하지 않았다는 것에 그가 안도하는 것을 볼 수 있었고, 동일하게 치명적인 결과를 가져올 가능성이 있는 이상화되고 전적으로 좋은 대상관계로 갑자기 옮겨 갔다.

> 잠시 후 그녀는 치료자에게 사랑받고 보살핌을 받는 느낌이 들었다고 털어놓았다. 이후 몇 회기에서 그녀는 이런 감정에 빠져 행복해했다. 그러나 회기와 회기 사이에 그녀는 자신의 외로움과 갈망을 견딜 수 없었다. 그녀는 유명한 나이트클럽 몇 군데를 자주 드나들기 시작했다. 그녀는 그곳에서 맨 처음 만나게 되는 남자와 집에 가는 데 동의했을 뿐 아니라 그 남자의 비위를 맞추고 그를 우상화했다. 그녀는 무작위로 그런 남자를 택하는 듯이 보였다. 그들 중 몇몇은 비교적 호의적으로 처신했으나 어떤 이들은 그렇지 않았다.
>
> 어느 날 밤 그녀는 확실한 직업이 없고 무기와 호출기를 소지하고 있는 차림새가 위협적이고 시선을 회피하는 한 남자를 만났다. 그러나 이런 불미스러운 특성이 그녀에게는 보이지 않았다. 그녀는 그와 더없이 행복한 일체감을 느끼며 그가 요구하는 어떤 것도 다 할 것처럼 자신의 의지를 완전히 그에게 넘겼다. "정말 큰일 날 뻔 했어요."라고 그녀는 말했다. "그 사람은 마약중개상이었을 수도 있어요. 난 체포됐을 수도 있고, 직장과 직업을 잃었을 수도 있어요. 아니면 총에 맞았을지도 모

르죠! 그렇지만 다음 날 아침까지 난 이런 것을 전혀 생각해 보지 않았어요. 그제야 생각했죠. '대체 내가 뭘 한 거지?'"

치료자와 환자는 다음 회기에 이 사태에 대해 정리해 보았고, 그녀가 무의식적으로 그리고 피학적으로 파괴적인 관계를 추구하는 것 같지는 않다는 것을 알게 되었다. 그녀는 자신의 갈망을 행동화해서 치료자가 곁에 없는 동안 그의 대체물로 맨 처음 만나는 남자를 찾았던 것처럼 보였다. 그녀는 집회에 참석하려고 시내로 온 잘 차려입고 매너 좋은 사업가와 함께했어도 똑같이 행복했을 것이라고 말했다. 그녀는 그저 우연히 불미스러운 인물과 만나게 된 것뿐이었다.

"그건 마치 어떤 환상과 같았죠. 마치 이 저질 인간이 멋진 왕자님이거나 진짜 아버지거나 혹은 다른 대단한 존재인 것처럼요. 이 남자는 마치 여름날의 한 점 구름과 같았고 난 그에게 내가 원하는 건 뭐든지 다 있다고 봤어요."

그녀는 전적으로 좋은 분열된 자기-대상상태를 묘사했고, 실제로 치료에서 그런 상태를 드러냈다. 그녀의 자기이미지는 완벽하고 사랑받는 것이 됐고, 그녀의 정서는 유쾌하고 성애적인 감각으로 사랑하는 것이었고, 그녀의 대상은 완벽하고 사랑해 주는 남자(상상 속의 아버지-치료자-연인)였고, 그녀의 자아기능에서는 상반된 경험을 기억하는 능력이 손상되고, 지각보다 환상을 선호하며, 감정 조절이 미약하고, 충동적인 행동이 나타났다. 이전의 몇 회기 동안에 나타났던 전적으로 나쁜 대상관계와 연합된 이런 전적으로 좋은 대상관계는 전형적인 분열의 예시다.

비록 방금 기술한 회기에서 그녀가 '제정신을 찾았고', 온전한 대상 통합으로 되돌아온 듯 보였지만, 여전히 환상 속에서 이번에는 치료자와의 관계에서 전적으로 좋은 자기-대상 상태에 있을 가능성이 남아 있었다. 그녀는 전날 밤 경험의 좋은 면과 그리 좋지 않은 면을 결합시키지 않았고, 이제는 그 경험을 전적으로 나쁜 것으로만 보았다. 전날 밤 사건의 외적 현실이 실제로 끔찍했을 수 있기 때문에 치료적 작업이 복잡해졌다. 그럼에도 불구하고 사건에 대한 그녀의 묘사에는 동화 같은 특성이 주를 이루었다. 그녀의 마음속에서는 매력적인 왕자가 악의적이고 위험한 마약중개상으로 변했던 것이다. 그 어떤 치료자라도 환자의 현재 평가에 동의하고, 도시의 위험한 밤의 생활과는 대조적으로 치료는 좋고 안전하고 거의 완벽하며, 치료자는 이제 그녀를 구해 준 매력적인 왕자님이거나 동화 속 대모(代母)라는 생각에 동조하고 싶은 유혹을 느꼈을 것이다. 그러나 치료자는 전날 저녁에 일어났던 일에 대한 아무런 실제적인 증거를 갖고 있지 않았다. 다른 사람에게서 환자 자신의 현재 내적 세계와 일치하는 정서와 심지어 그런 지각을 이끌어 내는 경향은 투사적 동일시를 통해 일어나는 것으로 여겨지는데(Gabbard, 1989; Hamilton, 1994), 투사적 동일시는 흔히 분열된 대상관계의 대표적인 속성이다. 이런 대인 간 분열은 자신의 어떤 측면을 다른 사람에게 전가하고 동시에 그 사람 안에서 그런 부인된 측면과 재동일시하는 것으로 정의된다.

다행스럽게도 환자는 때때로 통합되고 온전한 대상관계를 유지했다. 이렇게 남아 있는 능력은 그녀가 선천적으로 양호한 자아기능을 가졌음을 시사했고, 그녀의 통합적 기능의 쇠퇴가 자동차 사고에서 비롯된 뇌손상 때문은 아니라는 증거를 제공했다. 학교교육과 교사와의 관계가 그녀가 가진 기능의 이런 측면을 기르는 데 도움이 되었는지도 모른다. 여하튼 치료자는 그녀의 분열된 경험을 통합하기 위해 그녀의 인지능력에 의존하기로 결정했다.

> "이런 일이 내 진로와 또 미래에 내가 낳을 아이들의 삶을 망치기 전에 이 문제에 대해 도움을 얻고 있다는 게 정말 다행이에요."라고 그녀가 말했다.
>
> 치료자는 더 이상의 비극을 막을 수 있을 만큼 그가 충분히 빨리 그녀를 도울 수 있을지에 대해 그녀보다 확신이 적었다. 그녀의 희망과 그의 희망 사이의 이런 차이는 그녀가 여전히 치료자를 전적으로 좋은 대상으로 이상화하고 있다는 단서를 제공했다.
>
> "당신은 몇 주 전에 비해 치료에 대해 그리고 나에 대해 훨씬 더 좋게 느끼는 것 같군요."라고 그가 말했다.

치료자의 이 말은 치료에서 좋은 대상과 나쁜 대상을 병렬적으로 나란히 놓는 것이다(Hamilton, 1988). 치료 관계의 두 개의 분열되고 정서적으로 강력한 측면을 함께 가져옴으로써 이 말은 통합적 기능을 수행했다. 즉, 이것은 좋고 이해해 주는 치료자의 이미지와 침해적이고 위험하고 자신을 버리는 치료자의 이미지를 한데 모았다. 그러나 치료자의 이 말은 환자에게 힘과 즉시성을 발휘하지 못했다.

환 자: 네. (그가 말을 계속 하기를 기다린다.)

치료자: 그거 잘됐군요. 하지만 당신이 나를 의지하기 시작했기 때문에, 이런 위험한 충동에서 당신을 보호할 수 있을 만큼 내가 곁에 있어 주지 못해 적어도 조금은 실망스럽겠죠.

환 자: 그게 무슨 뜻이에요?

치료자: 그러니깐, 당신에게 문제를 일으키는 사람이 그저 어떤 위험한 남자만은 아니라는 거죠. 당신은 치료를 시작하기 전 몇 달 동안 낯선 사람과 관계를 갖지 않았어요. 그러나 치료 회기와 회기 사이에 당신은 외로움을 견딜 수 없었고, 그게 당신이 다른 누군가를 찾아 나서게 만든 거죠. 왜냐하면 내가 거기에 없었기 때문이에요.

환 자: 네, 그렇지만 선생님이 항상 함께 있을 수는 없잖아요. 선생님을 탓하진 않아요. 하지만 … 선생님이 함께하지 않는 게 좀 마음에 걸리긴 해요. 선생님은 내가 내 감정을 느끼게 해 놓고 나와 함께 있지는 못하시죠.

치료자는 여기에서 모든 관계에 내재하는 양가성에 대한 자각을 알려주려고 조심스럽게 시도했다. 그러나 전적으로 좋은 관계성과 전적으로 나쁜 관계성 사이를 왔다 갔다 하는 환자의 경향으로 인해 이런 시도는 어렵고 더디게 진행되었다.

치료자: 그렇죠. 그건 때때로 당신에게 어려운 일이죠.

환 자: (손가락으로 딱 소리를 내며) 그렇다면 내가 어떻게 해야 하는 거죠? 치료를 그만둬야 하나요? 그거 잘됐네요! 그럼 난 가망이

없겠군요.

그녀는 이전에 자신이 가슴을 찢어 열기를 치료자가 바란다고 느꼈을 때와 같이 전적으로 나쁜 상태로 되돌아갔다.

치료자: 아뇨. 난 우리가 잘하고 있다고 생각해요. 난 그저 좋은 면만 아니라 어려운 점도 보고 싶을 뿐이에요.

환 자: (평상시처럼 갑작스럽게, 다시 다른 상태로 바뀐다.) 그래서 그게 분열이군요. 치료가 완벽하거나, 아니면 선생님이 나보고 그만두라고 말한다고 내가 생각한다는 거죠.

치료자: 내가 보기엔 그래요.

환 자: 그래서 그것에 대해 우리가 뭘 해야 하죠? 내가 회기와 회기 사이에 사고 치지 않게 말이죠?

치료자: 그것에 대해 같이 생각해 봐요.

E씨는 이전에 치료경험이 있는 매우 지적이고 박식한 여성이었다. 치료자의 정신역동적 어휘와 어느 정도 수준이 걸맞은 내담자의 어휘는 치료 작업에 도움이 되기도 했고 걸림돌이 되기도 했다. 이 시점에서 그녀는 온전한 대상 관계성을 회복한데다 자아기능이 꽤 양호한 상태에서 치료가 진행됨에 따라 자신의 절박한 행동화를 막을 수 있도록 치료자와 함께 계획하는 작업을 할 수 있었다. 그럼에도 불구하고 그녀는 오랫동안 분열된 대상관계에서 계속해서 기능했다. 이후 마침내 그녀는 이런 경향을 대부분 극복했다.

2. 이상화된 자기, 평가 절하된 타인

이상화된 자기와 평가 절하된 타인으로 이루어진 대상관계패턴은 대부분의 사람에게서 이따금씩 나타나며, 반드시 병리를 나타내지는 않는다. 그러나 심각한 정신병리가 있는 사람들의 예시는 이런 패턴을 아주 분명하게 보여 준다. 다수의 치료자를 만나 실패경험을 한 F씨는 이런 유형의 존재와 관계 방식이 어떤 식으로 엄청난 성공과 개인적인 비극 둘 다를 가져올 수 있는지를 보여 준다.

> 46세의 매우 영향력 있는 중역인 F씨는 평가를 받으러 왔는데, 그의 주된 의도는 자신을 정당화하려는 것이었다. 그는 경계선 성격장애 배우자와 살아가는 방법에 관해 여러 권의 책을 읽었다. 그는 치료자가 자기 아내를 검진하고 그녀의 성격장애를 확인해서, 그들 관계의 모든 문제가 그녀 때문에 생긴 것임을 확증해 주기를 원했다.
>
> 이 부부와 자녀에 대해서는 상당 기간에 걸쳐 축적된 방대한 양의 임상 정보가 있었다. 대부분의 임상가는 F씨 부인이 아마도 경계선 성격장애를 갖고 있고 남편에게 매우 도발적이었을 수 있다고 믿었다. 아이들에 대해서 그녀는 지나치게 응석을 받아 주거나 소홀히 대하기를 번갈아 반복했다. 이전에 그를 상담했던 부부치료자와 심리치료자는 F씨가 경직되고 통제하는 자기애적이고 강박적인 사람인지, 혹은 자존감이 다소 취약하지만 가정의 불가능한 상황에 대처하려고 애쓰고 있는 사람인지에 대해 서로 다른 의견을 표명했다.
>
> 그는 마치 기숙학교를 운영하는 것처럼 아내와 아이들의 생활을 틀

에 맞추려 시도했는데, 어떤 인간적인 관여와 인내심을 갖고 그렇게 하지는 않았다. 대신 그는 모든 것이 어떤 식으로 되어야 하는지를 공표했다. 즉, 모든 것은 그가 자신의 상당한 명성과 부를 늘리기 위해 관심을 집중할 수 있도록 그의 편의에 맞춰져야 했다. 그가 보기에 아내가 자신의 노력을 깎아내리면, 그는 때때로 격하게 화를 냈고, 때로는 그가 '병든 경계선 환자'로 여긴 이 여성에 대해 고압적인 자세로 혐오감에 빠지기도 했다.

이 환자는 때에 따라 자기와 대상을 전적으로 좋거나 전적으로 나쁜 것으로 분열시키고 그렇게 경험하기보다는, 자신을 이상화하고 다른 사람을 평가 절하하는 것 같았다.

그는 아들로서 중간이었고, 여러 차례 이혼과 재혼을 통해 결합된 가정에서 친동생 한 명과 의붓 형제자매 두 명 그리고 이복동생 두 명과 함께 자랐다. "소년 시절 난 문제해결사였고 중재자였어요. 계부는 괜찮은 분이었죠. 그분은 나와 친구처럼 지냈고, 우린 사이가 괜찮았어요. 엄마도 좋은 어머니였지만 나이 많은 아이들을 전혀 통제하지 못했고, 그래서 내가 그들과 협상해야 했어요."라고 그가 말했다.

"그들이란 의붓 형제자매를 말하는 건가요?"라고 치료자가 물었다.

"네. 그리고 엄마가 전혀 통제를 못했기 때문에 우리는 모든 것에 대해 거래를 해야 했죠. 난 처음부터 협상가였어요."

눈에 보이는 환자의 자긍심을 알아 주고 어쩌면 공감하기 위해 치료자는 "당신은 이런 능력을 가진 자신이 자랑스럽겠군요."라고 말했다.

"네, 그래요. 그렇다고 해서 이런 능력을 갖기 위해 실제로 애쓴 적은 결코 없어요. 그냥 내가 가진 하나의 재능이죠. 그게 많은 돈을 벌게 해줬죠."

"아마도 이런 기술을 그렇게 어린 나이에 사용해야 했고 큰 도움 없이 이런 복잡한 관계와 타협해야 했던 건 좀 힘들었겠죠. 압도된다고 느낀 적은 단 한 번도 없었나요?"

"아뇨, 진짜 없었어요. 그건 전혀 문제가 되지 않았어요."

치료자는 약간 퇴짜 맞는 느낌을 받았다. 그는 환자의 강점을 알아주면서 동시에 그의 좀 더 취약한 감정을 공감하려고 시도했었는데, 환자가 이것을 조금도 받아들이려 하지 않았던 것이다.

퇴짜 맞았다는 치료자의 감정이 치료자 자신의 경쟁심과 자기애적 취약성에 기인한 것인지, 교묘히 깎아내리는 환자의 태도에 대한 반응에 기인한 것인지는 이 하나의 예시만으로는 분명히 밝히기 힘들다. 아마 환자는 실제로 치료자를 깎아내리기 위한 행동을 했을 것이고, 그리고 치료자도 자긍심과 경쟁의 주제에 다소 민감했을 가능성이 높다. 이런 질문에 대한 명확한 해답은 보통 잘 찾을 수 없지만, 그럼에도 불구하고 이런 질문을 제기하는 것은 흔히 유익한 일이다. 이후 회기에서 치료자는 이 주제를 다시 다루었다.

치료자: 어린 시절과 현재 하고 있는 일에서 당신은 아주 숙련된 협상가인데, 당신의 가정에 좀 더 안정감을 제공할 수 있는 방식으로 아내와 협상할 수 없어서 실망스럽겠군요.

환　자: 난 할 수 있어요. 우리는 타협을 잘 하고 어떤 합의에 도달하죠. 그러다가 아내가 느닷없이 엉뚱한 쪽으로 가서 자기 머릿속에서 떠오르는 대로 행동해요. 심지어 아주 단순한 것 갖고도 그래요. 바로 지난주에 우리는 아이들의 취침시간을 정해야 한다는 데 동의했어요. 그녀는 10시라고 했고 난 9시라고 했어요. 그래서 우리는 9시 30분으로 합의했고 아무 문제가 없었어요. 모든 게 괜찮았어요. 그러다가 어젯밤 내가 회의를 마치고 10시 30분에 집에 왔을 때, 애들 모두가 침대에서 아내와 함께 느긋하고 편안하게 누워서 영화를 보며 밀크셰이크를 소리 내어 마시고 버터를 바른 팝콘을 온 침대시트에 흘려 놓고 있었어요. 그 상황에서 내가 애들을 자러 가게 만들면 졸지에 나쁜 사람이 되죠. 성인군자라도 뚜껑이 열렸을 거예요. 그래서 내가 할 수 있는 한 최대한 침착하게 말했죠. "자, 애들아. 잘 시간이 지났다." 물론 애들은 그 영화가 끝날 때까지 보게 해 달라고 졸랐어요. 내가 다시 한 번 말했을 때 목소리를 그저 조금 높였는데, 그 정도가 정말 적절했어요. 그런데 아내가 흐느껴 울기 시작하면서 애들을 자기한테로 끌어안더군요. "내 애기들 때리지 말아요! 내 애기들 때리지 말아요!" 난 애들을 때릴 의도가 전혀 없었어요! 그리고 걔들은 더 이상 애기가 아니에요. 걔들은 12세와 14세예요. 아내가 나를 학대하는 사람의 전형처럼 보이게 만들면 그건 참을 수가 없죠. 이전에는 내가 다른 사람을 때리고 싶은 마음이 전혀 없었는데, 그때는 정말 그녀를 후려치고 싶더라고요.

치료자: 그렇게 하셨나요?

환　자: 물론 아니죠. 그 여자는 병자예요. 내 말은 그렇게 병든 인간을 누가 때리고 싶겠어요?

치료자: 당신은 병자라고 여기는 어떤 사람을 때리고 싶다고 느끼는 것

조차 혐오스럽다고 믿는데, 실제로 '그녀를 후려치고' 싶다고 느낀다면 힘들겠어요.

환 자: 누구라도 그렇게 느낄 거예요. 선생님이 전문가잖아요. 그게 사실이 아닌가요? 그게 정상이지 않나요?

치료자는 순간적으로 무력감을 느꼈다.

환자의 반응이 이해할 수 있는 인간적인 감정이든 아니든 간에, 그는 관계 속에서 자기만의 특징적인 방식을 반복했다. 그는 자기 자신은 이상화되고, 완벽하게 분별이 있고, 책임감 있고, 정상이라고 보았고, 그의 아내는 완전히 병들었다고 보았다. 이런 자기-대상 패턴은 치료자와의 관계에서도 나타났는데, 치료자는 환자가 선호하는 자신에 대한 관점에 동의하고 확인해 주며 불가능한 상황의 문제를 해결해 주거나, 아니면 환자의 마음속에서 병들고 무능력하게 보이는 그의 아내와 합세하는 것 이 둘 중 하나를 선택해야만 했다. 이런 자기-타인 상태에서 나타나는 환자의 정서는 분개하는 것이었다. 그의 자아기능은 반대 의견과 관점을 제압하고 자신의 상당한 격분을 표현하는 데 쏠려 있었다. 그가 대안적인 관점을 고려할 수 없었다는 점에서 그의 자아기능은 손상되어 있었다. 심지어 치료자의 공감조차도 자신을 완벽하게 보는 그의 관점을 위협하는 것 같았다.

"당신과 같은 상황에서는 많은 사람이 덫에 걸린 것 같고 무력하게 느낄 거예요."라고 치료자는 계속해서 말했다. "그렇지만 그런 감정은 당신에게는 견디기 힘들죠."

"모든 사람이 다 그렇지 않나요?"라고 환자가 분개하며 답했다.

"물론이죠. 네, 그럴 거라고 생각해요."라며 치료자는 동의했다. 그는 슬픔을 느꼈고 단념했다. 그는 F씨가 약하거나 무력하거나 슬프거나 혹은 취약한 감정을 견딜 수 없다고 생각했고 환자가 이런 감정을 치료자인 그에게 끌어내기 위해 그런 식으로 행동했다는 가설을 세웠다. 그러나 그는 확신할 수 없었다. 어쩌면 그가 너무 퉁명스럽거나 인내심이 부족했거나 혹은 적절한 접근법을 찾지 못했는지도 몰랐다.

환자는 치료자가 환자의 무력감을 도와주려고 애쓰기보다 치료자 자신의 무력한 감정을 견디기로 결정했을 때 상당히 진정이 됐다.

F씨는 그가 느꼈을지도 모르는 모든 약함이나 무력감을 치료자와 아내에게 전가하는 것처럼 보였다. 그는 아내를 비난하고 호되게 나무라거나 혹은 아내에게 지도와 구조를 제공함으로써 스스로 부인한 자신의 어떤 측면을 아내에게 있다고 보고 그것을 통제하려고 애썼다. 그는 자신이 느꼈을지 모르는 덫에 걸린 것 같고 무력한 감정을 치료자에게서 끌어내려고 행동했다. 이런 투사적 동일시(Gabbard, 1989; Grotstein, 1981; Hamilton, 1988; Kernberg, 1975; Klein, 1946; Ogden, 1982; Scharff & Scharff, 1992)의 과정은 다양한 대상관계에서 자기와 타인을 바꾸고 가르는 수단이다. 따라서 이상화와 평가절하는 자기와 타인 간에 일어날 뿐 아니라 자기와 자기 그리고 대상과 대상 사이에서도 일어날 수 있다. 이런 관점에서 보면 F씨는 대상과의 관계에서 그 자신이 평가 절하된다고 느꼈던 보완적이고

무의식적인, 이상화되고 평가 절하된 대상관계를 가졌을지 모른다. 만약 그가 이런 자기 경험을 견딜 수 없었다면, 그는 투사적 동일시를 통해 그것을 다른 사람에게 돌릴지도 모른다. 치료가 더 이상 진전되지 않았기 때문에 이 사례에서 이 가설에 대한 추가적인 증거는 얻을 수 없었다.

> 시간이 지나면서 F씨는 너무 필사적으로 자신의 평가 절하된 측면을 아내에게 전가하고 자신을 완벽한 존재로 보려고 했기 때문에 그는 아내와 헤어지지도 못했고, 아내의 행동과 자신의 반응을 더 잘 이해하고 감당하는 방법을 배울 수도 없었다. 그는 번번이 이혼하자고 위협하며, 때때로 이혼서류를 준비했지만, 결심을 끝까지 행동으로 옮기지는 않았다. "그 여자는 너무 병든 인간이라서 내가 필요해요."라고 그는 말하곤 했다.
>
> 이 환자는 치료를 중단했는데, F씨가 자신의 어려움에 대한 도움을 요청한 적이 없었기 때문에 아마도 이 치료는 진정한 의미에서 치료라고 할 수 없을지도 모른다. 그는 치료자를 좋은 사람이라고 여기지만, 어쩌면 그저 이 사례가 치료자에게 너무 어려웠을 수 있겠다고 말했다. 5년 후 추수 면담에서 그와 그의 가족은 똑같은 파괴적 관계 속에서 엉겨 있는 것으로 드러났다.

이상화된 자기와 평가 절하된 타인의 대상관계가 모두 이처럼 골이 깊은 상태가 되는 것은 아니다. 많은 사람은 자존감이 어떤 식으로든 위협받는 경우에만 이런 패턴에 빠진다. 의사들은 어려운 임상상황에 직면할 때 종종 이런 반응을 갖게 된다.

잘 훈련받은 심장전문의인 G박사는 한 부류의 환자에게 주기적으로 격하게 화를 낸 뒤 이런 환자를 보기를 거부하곤 했기 때문에 동료들이 그를 정신과의사에게 의뢰했다. 그의 이런 행동이 그 치료팀의 진료를 위태롭게 만들었기 때문이었다.

"이건 손상된 의사의 문제라든가 내가 반드시 여기 와야만 하는 문제는 아니에요."라고 G박사가 말했다. "평상시엔 괜찮아요. 난 전형적으로 사려 깊고 예의 바른 전문가에요. 환자와 동료 모두와 잘 지내죠. 가족하고도 괜찮아요. 아내와 난 우리만의 문제가 있지만, 큰 위기는 아니에요. 애들하고도 잘 지내요. 때때로 내가 너무 많이 일하는 것은 아닌가 하고 죄책감을 느끼지만, 주말에는 쉬고 3주에 한 번씩만 당직을 서요. 대부분의 사람은 내가 괜찮다고 생각해요. 나도 그렇게 생각해요. 그런데 어떤 특정한 환자한테는 이성을 잃어요. 정말 몹쓸 인간처럼 행동하죠. 내가 분개하게 되죠. 이걸 고쳐야만 할 것 같아요."

"얘기를 한번 들어 보죠."라고 치료자가 말했다. "당신이 말하는 환자는 어떤 유형의 환자인가요? 무슨 일이 일어나나요?"

F씨와 달리 G박사는 자신에게 문제가 있음을 알고 있었다. 그는 그 사실을 받아들였고 그것을 자신이 좋은 의사이고 괜찮은 사람이라고 보는 자신의 관점과 대비시켰다. 그는 도움을 구해야 할 필요성에 대해 특별히 위협감을 느끼는 것처럼 보이지 않았고, 치료자를 유능한 전문가로 대했다.

환 자: 늘 같은 사람들이죠. 알코올중독 흡연가인데 심근경색이나 관상동맥증이 있으면서도 흡연과 음주를 중단하려 하지 않는 사

람들이에요. 그게 날 미치게 만들어요. 그 사람들이 불평하고 앓는 소리를 하며 나한테 점점 더 해 달라고 요구하기 전까지는 괜찮아요. 그들은 전형적으로 어떤 조치를 원하지만, 문제를 유발한 자신의 습관을 포기하려 들진 않아요. 심지어 내가 정확하게 처방한 약물도 복용하지 않으려 해요. 제대로 먹지도 않죠. 살을 빼려고도 하지 않아요. (점점 더 분개하면서) 그들은 운동도 하지 않아요. 그들이 하는 거라곤 비판하고 사람을 못살게 구는 거죠. 왜냐하면 내가 자기들을 못 고치니까요. 그런데 난 고칠 수가 없어요! 그 사람들이 시도조차 하지 않는데, 도대체 내가 뭘 할 수 있겠어요? (고함을 지르며) 이런 사람들 정말 넌더리가 나요!

그는 평정심을 잃었다. 그는 더 이상 균형 있거나 조절된 방식으로 생각하거나 느낄 수 없었다. 감정이 자아를 압도했고, 과대평가된 그의 자기는 분노 대상에 대해 경멸을 느꼈다.

치료자: 그 상황에 대해 당신이 무엇인가 할 수 있어야 한다고 믿고 있는 것 같군요. 마치 모든 사람을 도울 수 없다면 당신이 좋은 의사가 아닌 것처럼 말이죠.

환 자: (진정되면서) 네, 알아요. 내가 얼마나 흥분하는지 보셨죠? 어떻게 생각하세요? 이걸 고칠 수 있나요?

이런 상호작용에 대해 다르게 이론적으로 개념화할 수 있지만, 변동하는 대상관계 상태라는 개념에 따르면 G박사는 잘 통합되고 조절되어 있고 온전한 자기-대상 상태에서 주로 기능하는 사람으로 묘사될 수 있다. 그러나 어떤 특정한 사람들로 인해 그가 자신은 우월하고 유능하게 보고, 다른 사람은 열등하고 이해할 수 없고 혐오스러운 사람으로 보는 경향성이 촉발되었다. 이럴 때 그의 감정은 적개심과 분노를 경험하고, 그의 자아기능에서 대안을 고려하거나 공감하거나 창의적인 해결책을 찾거나 심지어 임시변통할 수 있는 능력이 그에게서 순간적으로 사라졌다. 하지만 그는 좀 더 균형 잡힌 관점과 관계성으로 비교적 빨리 돌아올 수 있었다. 이런 변동은 이 치료 회기에서도 명백해 보였다. 비록 처음에는 전이 그 자체는 아니었지만, 질문이라기보다 마치 요구처럼 "이걸 고칠 수 있나요?"라고 하는 그의 말투에서 미묘하게 나타났다.

다음 몇 회기 동안 G박사는 자신이 그토록 심하게 분개하는 환자의 문제와 유사한 문제를 가졌던 부모 밑에서 자랐다는 사실을 털어놓았다. 그의 어머니는 건강염려증이 심하여 무수한 진정제를 포함하여 여러 가지 약물을 복용했지만 그 어떤 것도 도움이 되지 않았다. 그녀는 자기 아들의 흥미와 관심사에는 거의 관심을 두지 않았다. 아버지는 바깥일에만 열중했고 자기연민에 찬 아내의 혼잣말을 성가시게 느끼며 아내를 피했고, 종종 주말 저녁에는 인사불성이 될 때까지 술을 마셨다. 치료를 시작한 후 6주 뒤 다음과 같은 대화가 이어졌다.

환 자: 어머니는 우리 가족주치의가 했던 어떤 것도 크게 도움이 되지 않았음에도 불구하고 그분이 훌륭하다고 생각했어요. 나는 그 분의 아들과 같은 고등학교에 다녔어요. 14세 때 난, '이제 나에

겐 두 가지 선택이 있다. 부모님같이 되어 완전히 실패하든지, 아니면 그 의사 선생님처럼 될 수 있어.' 라고 실제로 생각했던 게 기억나요. 당연히 난 의사 선생님처럼 되겠다고 결심했죠. 그래서 열심히 공부했어요. 대학에 갈 돈을 벌기 위해 죽을 힘을 다해 일을 했죠. 미식축구를 했고 우등생 동아리의 회장직도 맡았죠.

치료자: 혼자서 그 모든 걸 하면서 정말 힘들었겠어요.

환　자: 네, 힘들었죠. 그렇지만 선택의 여지가 없었어요. 다른 아이들이 맥주를 마시기 시작했을 때 난 손도 안 댔어요. 지금도 여전히 안 마셔요. 친구들이 있었고 사람들도 날 좋아했지만, 난 거의 일만 했고 규율대로 살았어요.

치료자: 그리고 당신은 조금도 긴장을 늦출 수 없다고 믿었죠. 맞나요?

환　자: 예, 의대에서 들어야 하는 의사 생활양식 관련 강의를 몇 가지 듣지 않았거나 정말 훌륭한 아내를 만나지 못했다면 여전히 그랬을 거라고 생각해요. 아내는 이해심이 많지만, 내가 좀 쉬어야 할 땐 쉬어야 한다는 입장이 강경해요.

치료자: 그래서 긴장을 풀고 쉴 때조차도 건강한 삶이라고 생각되는 것에 대한 규율을 따르는군요.

(이 시점까지 치료자는 주로 환자의 말을 재진술하고 있었다.)

환　자: (웃으면서) 아마 그런 거 같네요.

몇 주 후 그들은 같은 주제로 돌아왔다.

환　자: 규율을 따르지 않는 게 두려워요. 왜냐하면 만약 내가 따르지 않으면…(말을 멈춘다.)

치료자: 당신이 부모님이 보였던 최악의 모습처럼 될까 봐 두려운가요?

양극화된 대상관계를 가진 환자의 경우, 이들이 제시하는 자기-대상 구도와 정반대되는 구도는 방어되고, 흔히 무의식적이지만 강력하게 존재하는 것이 전형적이다. G박사의 사례에서 그는 이상화된 자기와 평가 절하된 대상의 시나리오에 대해 도움 받기를 원했지만 그 정반대의 대상 시나리오, 즉 자신을 하찮게 보는 대상과의 관계에서 수동적이고 평가 절하된 자기에 대해 명료하게 설명하고 다루는 것이 필요했다.

환　자: 혹은 내가 참을 수 없는 이런 환자처럼 될까 봐서요. 우습네요. 난 지금은 부모님을 감당할 수 있어요. 그분들이 안됐다는 생각을 해요. 그분들은 늙었고 건강도 안 좋아요. 그분들과 함께 있는 걸 별로 좋아하진 않지만 그분들을 감당할 수는 있어요. 일종의 의무죠.

치료자: 아마도 이 환자들은 당신 부모님뿐만 아니라 당신 자신을 나타내는지도 모르겠어요. 만약 당신이 긴장을 풀거나 학교에 다니기 위해 저녁 내내 일하고 밤늦게까지 공부하지 않으면 당신이 그렇게 될까 봐 두려워하는 모습 말이죠.

환　자: 내가 이 환자들을 싫어한다고 선생님이 생각하는 이유가… 아시다시피 난 실제로 그 사람들에게 혐오감을 느껴요. 그 점에 대해 부끄럽지만 때때로 그렇게 느껴요. 선생님은 내가 나 자신을 견딜 수 없기 때문에 그들을 싫어한다고 생각하나요?

치료자: 그건 어쩌면 당신이 그렇게 됐을지도 모르는 당신의 모습을 싫어하기 때문인지도 모르죠.

환 자: 그리고 내가 여전히 될 가능성이 있는 모습이기도 하죠. 난 여전히 내가 그렇게 될 수도 있다고 생각해요. 그 사람들은 내게 무력감을 느끼게 만들어요. 난 그렇게 느낄 만한 이유가 없어요. 아직도 술 한 모금도 입에 대는 게 두려워요. 일단 마시기 시작하면 중단하지 못할까 봐 두려워서요. 감기에 걸려 하루 쉬는 것조차 두려워요. 일어나서 다시 일하러 가지 못할까 봐서요.

치료자: 그걸 인정하는 데는 용기가 필요하죠.

환 자: 모든 게 용기가 필요했어요. 너무 오랫동안 아주 힘들었어요.

그의 눈가에 눈물이 비쳤지만 흘러내리지는 않았다. 그는 고등학생 때 자신이 이상화한 의사와 같은 사람이 되겠다고 선택한 이후 단 한 번도 눈물을 흘린 적이 없었다. 그는 실제로 지금도 흐느끼지 않았고, 젖은 눈을 닦고 일터로 돌아갔다.

G박사는 점차 특정 환자에게 느끼는 좌절감을 견딜 수 있게 되었고 더 이상 평정심을 잃지 않았다. 하지만 때때로 짜증이 나는 것은 없어지지 않았다. 비록 처음에는 이런 감정을 모두 제거하기를 바랐지만, 대신 그는 성취할 수 없고 불필요한 이런 완벽주의적인 소망을 단념했다.

이 사례에서 G박사가 자신은 우월하고 다른 사람은 열등하게 보고자 하는 욕구가 그의 성격 전체를 지배하지는 않았다. 대상관계의 관점에서 보면 무력감으로 위협받을 때 그는 특정 환자들이 최저 수준에서 기능하는 측면과 동일시하기를 두려워했다. 그는 틀림없이 소년으로서 이와 유사한 두려움을 갖게 되었을 것이다. 그 소년은 부모와 동일시하고자 하면서도, 동시에 그렇게 되는 것이 두려웠던 것이다. 그런 감정이 일어났을 때 그는 자신은 유능하고 우월하게 보고, 환자는 열등하고 통제 불가능하게 보는 자신의 관점을 재확립하기 위해 투사적 동일시를 이용했다. 치료를 통해 그는 이런 측면을 환자에게 투사하고 환자와의 상호작용에서 자신의 원치 않는 감정을 통제하려고 하기보다, 자신의 무력하고 도움을 구하는 측면을 인정하고 받아들일 수 있도록 도움을 받았다. F씨와 달리 G박사는 이상화된 자기와 평가 절하된 대상의 양극단이 그가 두려워했던 무의식적이고 평가 절하된 자기 경험을 덮고 있었다는 점을 인정했다.

왜 F씨와 같은 사람은 전반적인 자기애가 발달하고, G박사와 같은 사람은 단순히 자기애적 삽화만을 보이는 것일까? 이런 차이를 선천적이고 자동적인 자아 강도에 귀인하고 싶은 유혹이 든다. 하지만 G박사와 F씨 둘 다 상당한 인지적, 지각-운동 능력을 갖고 있었다. 그들은 왜 그것을 다른 방식으로 사용했을까? 어쩌면 그 답은 그들의 발달사에 있었는지도 모른다. 두 사람 다 어려운 환경 출신으로 아동기에서 비롯된 약점과 문제에 대한 적절한 인식이 부족하고 이를 견뎌 내는 힘이 약하며 또한 이에 대한 도움도 결여되어 있었다. 어쩌면 그들이 이웃과 친구와 교사, 코치, 성직자와 맺었던 관계에서 미묘한 차이점이 있었는지 모른다. 어쩌면 그들은 결정적인 발달 단계에서 다른 선택, 즉 소위 다른 실존적 선택을 했는지도 모른다. 정확한 인과관계를 설명하고자 하는 결정론적인 꿈이 다른 이론에 의해서도 실현될 수 없듯이 이 책에서 제시한 이론에 의해서도 실현될 수 없다. 하지만 이 이론은 치료자에게 그리고 때로는 환자에게 유용할 수 있는 관계패턴을 설명해 준다.

3. 희생자–가해자

처음 보기에 희생자–가해자 관계는 평가 절하된 자기–이상화된 타인과 비슷하지만, 사실 이 둘은 판이하게 다르다. 희생자–가해자와 이상화된 타인–평가 절하된 자기는 동의어도 아니고 반의어도 아니다. 평가 절하된 자기는 이상화된 대상이 자신보다 더 힘 있고 기능적으로 유능할 뿐만 아니라 도덕적으로도 우월하다고 여긴다. 반면에 희생자인 자기는 가해하는 대상보다 도덕적으로는 더 우월하지만 기능적으로 덜 유능하고 힘 있지 못하다고 느낀다.

자기 자신을 주로 희생자로 그리고 다른 사람을 주로 가해자로 보는 사람들을 치료하는 일은 치료자를 압도할 수 있다. 이런 환자가 보기에는 치료자의 역할은 이미 정해진 두 가지밖에 없는데, 선하지만 도움을 줄 수 없는 유능하지 못한 사람이거나, 혹은 환자에게 해를 끼치는 힘 있는 사람이다. 치료자가 도움도 주지 않고 해도 끼치지 않는 제3의 대안은 흔히 이런 환자에게 잔인할 정도로 소홀하고 그래서 자신을 희생시키는 것처럼 보인다. 왜냐하면 마치 힘 있는 대상이 도울 수 있는 능력이 있음에도 이를 의도적으로 보류하고 있는 것 같이 환자에게 느껴지기 때문이다. 이런 환자에게 어떤 사람이 해를 끼치기보다는 더 도움을 주거나 혹은 약간 도움이 될 수 있을 것이라는 가능성은 떠오르지 않는다. 사회는 뉴스와 예술, 법정, 클리닉 그리고 학교에서 '무고한 피해자'를 미화함으로써 치료의 어려움을 가중시켜 왔다. 약함은 좋은 것이고 강함은 나쁜 것이라는 생각에 동의하는 치료자는 환자 역할을 과대평가함으로써 은연중에 환자를 희생시킬 수 있다. 치료자의 염려가 이런 환자를 계속 약한 사람으로 남게 할 수 있다.

다행히 희생된 사람 중 일부는 그들이 활용할 수 있는 다른 내적 관계와 능력을 갖고 있다. 비록 많은 희생자, 아마 대다수의 그런 환자가 심리치료로 도움을 받지 못할 수도 있지만 일부는 도움을 받을 수 있다. 다음 예는 치료를 통해 개선되는 덜 보편적인 집단에서 나온 것이다.

> H부인은 34세의 교사로 지난 5년간 남편과 건강, 가정, 직업 그리고 대부분의 친구를 잃었다. 그리고 그녀는 아이들을 잃게 될 지경이었다. 삶이 그녀에게 불공평했다는 표현만으로는 부족했다.
>
> 대학을 졸업하면서 그녀는 몇몇 저개발국가에서 가르치는 일을 했다. 남편을 만나 결혼한 후에 이 부부는 웨스트 코스트 시의 저소득층 지역에서 일을 했다. 그 도심 지역에는 일자리가 많았고, 그들은 다른 사람을 돕고 싶었으며, 또한 그곳에서는 집을 사기 위해 돈을 모으는 동안 집세를 낼 수 있었기 때문이었다.

이 정도의 과거사를 보면 환자가 처음에는 자신을 연민의 정을 가진 사람으로, 즉 그녀와 마찬가지로 가치 있지만 그녀보다 경제적으로는 운이 나쁜 다른 사람을 도울 수 있는 사람으로 보았다고 추정할 수 있다. 그녀의 무의식적 동기는 분명하지 않았다. 아마도 그녀는 이미 희생자와 동일시했거나, 혹은 반동형성으로 그녀가 이전에 가해자와 동일시했던 것을 그 반대의 것으로 바꾸었을지도 모른다. 그럼에도 불구하고 어떤 이유에서건 희생자와 동일시하고 그들을 돕는다는 것은 복잡하고 통합된 자기상을 보여 준다.

> 두 자녀가 학령기가 된 후, 부부는 학군이 우수한 도시 근교에 집을 사기 위해 모아 둔 돈과 대출 받은 돈을 다 썼다. 직장에서 새집으로 귀가하던 어느 날 저녁, 음주운전자가 고속도로 중앙선을 넘어 그들의 차를 들이받았다. 남편은 즉사했고 H부인은 심장과 다리 부상으로 두 달 동안 입원했다. 복합적인 감염으로 부상이 완치되는 데 2년이나 걸렸다.
>
> 몇 달 동안 친구와 친지들이 모여 그녀를 지지해 주었지만 그녀의 비극이 지녔던 마력은 결국 약해졌다. 그녀는 줄곧 상실과 부당함에 집착했고, 이것이 가장 가까운 지지자들조차 등을 돌리게 했다. 그녀는 정서적으로 점점 더 철회했고, 이 때문에 몇 안 남은 절친한 친구들에게서도 멀어지게 됐다. 길게 끌었던 소송은 실패로 끝났다. 음주 운전자와 보험 회사 그리고 관련된 다른 당사자들은 합의금으로 충분한 자금이 없었다. 그녀는 정의감에서 소송을 지속시켰고 그녀에게 남아 있던 변변치 않은 정서적 · 경제적 자원을 고갈시켰다. 그녀는 사회는 물론 결국엔 변호사에게까지 배반당했다고 느꼈다.

주택 대출금을 불입할 수 없었고 부동산시장도 일시적으로 불경기였기 때문에 그녀는 집을 잃고 말았다. 그녀는 어쩔 수 없이 아이들과 함께 도심지로 다시 이사 가야 했지만, 그들의 안전에 대해서 두려워했다. 그녀는 자기 주변의 모든 것을 파괴하는 방화범에 대한 반복되는 악몽을 꿨다. 밤에는 침입자를 두려워했다. 낮 동안 아이들을 보호하기 위해서 직장에 결근하기 시작하자 그녀는 직장을 잃었는데, 이것이 부당하다고 그녀는 믿었다.

실직한 상태에서 의료 보험이 없어 그녀는 더 이상 상담자와 정신과 의사를 만날 수 없었다. 어쨌거나 그녀는 치료가 도움이 되지 않았다고 말했다. 항우울제와 항불안제는 충분히 시도해 보았지만 부작용 때문에 상태를 악화시켰다. 그녀의 상담자는 그녀를 염려하고 이해하는 것 같았다. 그러나 그녀가 악몽과 사고에 대한 기억을 계속 탐색했을 때, 악몽과 기억은 나아지지 않았고 오히려 더 나빠졌다. 몇 달 후 상담자는 그녀가 아동기에 학대를 받았을지도 모르고, 이 때문에 자동차 사고의 외상에서 회복되지 않을 수도 있다고 암시했다. "난 너무 혼란스러워서 뭐가 어떻게 돌아가는지 몰랐어요."라고 그녀는 자신의 새 치료자에게 말했다. 새 치료자의 주된 임상경험은 공공 정신 건강 클리닉에서 가난한 환자에게 검사를 실시하는 것이었다.

이 시점에서 H부인은 자동차 사고와 사회, 부당한 고용주, 자신을 버리고 떠난 친구, 악몽, 상상의 침입자, 치료 약물 그리고 제대로 알지 못한 상담자의 무력한 피해자로 자신을 보고 있었는데, 이는 충분히 이해할 만한 상황이었다. 다른 사람은 힘을 가졌고 위험했다. 공포와 낙담 그리고 분개심과 무력한 분노가 그녀의 감정을 지배했다. 그녀는 심지어 자신의 정서에 의해서도 외상을 입었다고 느꼈다. 그녀의 자아기능은 더 이상의 외상을 피하기 위해서 외상을 가져올 수 있는 잠재적 원인을 찾는 데 초점이 맞춰져 있었다. 역설적으로 이런 몰두로 인해 그녀는 건설적인 일상 활동을 수행할 수 없었고, 이 때문에 추가적인 희생에 취약한 상태가 됐다. 다행히 이것이 그녀가 갖고 있던 모든 것은 아니었다.

젊고 똑똑하고 잘 훈련받은 심리학자인 그녀의 새로운 치료자는 따뜻한 마음씨와 좋은 판단력을 가진 사람이었다. 그는 임상가로 발달하는 과정의 이 단계에서 정신역동에 별로 관심이 없었지만, 그 개념은 이해하고 있었다. 그는 인지 검사 업무를 선호했고 운동을 하거나 다른 젊은 전문가들과 어울리며 시간 보내기를 좋아했다. 그가 H부인에게 관심을 가진 부분적인 이유는 자신과 맞는 수준의 그녀의 지능과 교육 그리고 경제적 배경 때문이었다. 사례회의에서 그는 슈퍼바이저에게 다음과 같이 말했다.

치료자: 이 환자는 이런 궁지에 빠진 것처럼 느껴집니다. 그녀는 이런 곳에 있을 사람이 아닌 것처럼 말이죠. 그녀를 구하고 싶은 충동이 느껴져요. 난 보통은 사람들을 구하는 일엔 크게 관심이 없어요. 그래서 주저하고 있어요. 그녀를 대신해서 내가 그녀를 괴롭히는 악마와 싸워 줄 수는 없어요.

슈퍼바이저: 그래서 그녀를 위해서 뭘 하고 있나요?

치료자: 크게 해 주는 건 없어요. 그녀는 영리한 여성이에요. 그녀는 뭔가 할 수 있어야 해요. 그녀는 언어성과 동작성 척도에서 모두

우수 범위에 해당하는 점수를 받았어요.

슈퍼바이저: 그녀에게 검사를 실시했나요?

치료자: (어깨를 으쓱하고 씩 웃으며) 그것 외에 뭘 해야 할지 몰라서 검사를 했어요.

사례회의 참가자들은 별로 아는 게 없는 것처럼 가장하여 정신분석적 입장의 슈퍼바이저를 놀리는 이 심리평가자와 함께 키득거리며 웃었다.

슈퍼바이저: 검사에서 그 밖에 뭘 알게 됐나요?

치료자: 검사를 하는 동안 그녀는 아주 자신 있고 유능해 보였어요. 그게 사고를 당하기 전 그녀의 모습이 틀림없어요.

슈퍼바이저: 당신 생각을 그녀에게 말했나요? 아니면 당신 생각이 그녀의 희생자 역할에 너무 심한 도전이 될까 봐 두려웠나요?

치료자: (짐짓 모르는 척하며) 그녀의 희생자 역할에 도전할 가능성은 생각하지 못했어요. 그녀에게 말해 줬어요. 그녀 자신도 어쨌거나 알고 있었어요. 그녀는 자신이 과제나 게임을 할 때, 아이들과 카드게임을 하고 놀 때나 그와 비슷한 경우에 이완이 된다고 했어요. 그녀는 한때 브리지 게임 선수였어요.

슈퍼바이저: 물론 이건 정신분석이 아니에요. (사례회의 참가자들 웃음) 치료자의 중립성은 그녀에게 너무 버림받는다는 느낌을 줄 것이고, 그녀는 그것을 또 한 번 희생당하는 경험으로 볼 수 있어요. 이전 치료에서 그녀의 절망에 대한 공감은 더 큰 절망을 가져오기만 했어요. 이런 종류의 환자에게는 그녀의 강점과 긍정

적인 자기 존중의 흔적을 찾는 게 좋을 거예요. 그래서 그걸 기반으로 해서 쌓아 올릴 수 있도록 말이죠. 예를 들면 그녀가 브리지 클럽에 참가하도록 격려하여 그녀가 어떤 일에서 승리해서 자기 삶에서 외상과 상실이 아닌 다른 걸 가질 수 있도록 말이죠. 당신은 뭘 했나요?

슈퍼바이저: 그녀에게 브리지 클럽에 가입하도록 격려했어요. (청중의 웃음이 더 커짐)

슈퍼바이저: 그녀가 그렇게 했나요?

치료자: 아뇨. 그녀가 카드를 갖고 왔어요. 그래서 그녀와 진(gin: 둘이서 하는 카드놀이의 일종-역주)게임을 했는데, 불행하게도 내가 이겼어요. (웃음소리 이어짐)

G박사의 반응과 같이 농담과 웃음은 치료자가 자신의 무력함과 누군가를 희생시키는 것을 냉담하게 부인하는 데서 나왔을 수 있다. 어쩌면 치료자의 부인은 치료자 자신이 가해자와 동일시하는 것이나 혹은 슈퍼바이저를 가해자로 보는 관점에 대항하는 반응에서 나온 것일 수 있다. 어쩌면 그것은 주로 전문가 간의 정당한 경쟁이었을 수 있다. 이런 추정의 진위 여부는 불분명하다.

치료자: 죄송해요. 내 농담이 지나쳤나 봅니다. 정말 내가 뭘 하고 있는지 모르겠고 좀 도움을 받았으면 좋겠어요.

슈퍼바이저: 그와 정반대로, 뭘 하고 있는지 정확히 알고 있는 것처럼 보이는데요. 당신이 그 환자를 도울 수 있을 거라는 기대가 있나요?

치료자: 내가 보기에 이 환자는 유능한 여성이며, 그녀를 압도하는 비극이 너무 많은 정서를 불러일으켜 그녀의 사고능력을 방해하고 있어요. 내가 이해하기로 선생님의 이론적 관점에서 보자면 그녀의 정서가 그녀의 자아기능을 흐리게 해요. 그녀는 끝모를 절망의 구덩이에 빠져 자신이 이전에 유능했고 다시 그렇게 될 수 있다는 걸 기억하지 못해요. 감정 중립적인 과제가 주어지면 그녀는 잘해요. 그래서 감정 중립적인 과제를 주려고 시도하고 있어요. 난 인지심리와 교육심리의 배경을 갖고 있고, 이 부분은 다룰 수 있어요. 하지만 염려되는 점은 환자가 자신의 강점을 기억하도록 돕는 것뿐만 아니라 그녀가 그것에 기초해서 뭔가 쌓아 가기를 기대하는 시점에 이르렀을 때, 그동안의 모든 상실을 겪고 나서도 다시 살아가도록 내가 무신경하게 기대한다고 그녀가 느낄지도 모른다는 거예요. 뭐 역동 같은 주제에 대해선 난 잘 모르거든요.

슈퍼바이저: 이것은 지지적인 치료이기 때문에 때가 되면 당신의 염려를 그녀와 나누는 것도 좋겠네요. 그녀가 자신의 강점을 활용해서 다시 살아가도록 당신이 기대하면, 당신이 무신경하다고 그녀가 여길까 봐 염려된다고 말하세요. 만약 기술적으로 정확하길 원하고 당신의 염려나 두려움에 대해 말하고 싶지 않다면, 그녀가 잘 지내면 자신이 무신경하다고 스스로 생각할지 그녀에게 물어볼 수도 있어요.

치료자: 아뇨. 차라리 기술적으로 정확하지 않는 게 좋겠어요.

슈퍼바이저: 그건 분명하군요!

대상관계 관점에서 보면 이 심리학자는 매우 유능한 여성의 사례를 제시했는데, 이 여성은 그가 말한 대로 정서가 그녀의 자아기능과 이전의 성공적이고 안전하고 사랑하는 자기-타인 경험을 압도할 정도로 외상을 입었다. 치료자는 몇 가지 인지행동적 재구조화를 사용해서 그녀가 자신의 자원에 초점을 두고 활용하도록 돕고 있는 가운데 무신경함이라는 주제를 제기했다. 만약 그녀가 잊고 과거를 접어둔 채 다시 살아간다면 그녀가 잃은 것과 잃은 사람에 대한 기억을 어쩌면 욕되게 하는 것일까? 사례회의에서 나타난 역전이에서 무신경함과 취약함, 지배 그리고 경쟁의 주제들이 재치 있는 답변에서 드러났다. 무엇이 사례회의 참가자와 관련된 것이고 무엇이 환자와 관련된 것인지는 불분명했다.

> 6개월 후 사례회의에서 슈퍼바이저는 심리학자에게 H부인이 어떻게 지내는지 물어보았다.
>
> "나아지고 있어요."라고 치료자가 말했다. "그녀는 브리지 클럽에 들었고 보조교사로 일하고 있어요. 그리고 몇 달 동안 집에 강도가 드는 것에 대한 공포를 언급하지 않았어요. 한번은 남자와 저녁 식사를 하러 나가기도 했어요."
>
> "당신의 성공 요인이 뭐라고 생각하나요?"라고 슈퍼바이저가 물었는데, 그는 또 다른 농담이 나올 것으로 생각하고, 심리학자가 '인지행동 치료의 승리죠.' 와 같은 류의 말이나 '모르겠어요.' 라고 하며 무지를 가장할 것으로 기대했다. 그러나 심리학자는 그날 농담을 하고 있는 것이 아니었다.

아마도 어느 정도 성공을 거두면서, 치료자는 환자의 희생당한 경험에 덜 예민하게 자극받아 뼈 있는 농담으로 그런 상태를 넘어설 필요를 적게 느꼈을 수 있다.

치료자: 인지행동적 과제가 도움이 됐을 수 있어요. 그 과제들은 환자가 유능감을 느끼고 좋은 정신력을 다시 사용할 기회를 줬어요. 그 과제들이 외상을 입은 그녀의 자기-정서-대상-자아 상태 밖으로 그녀를 끌어냈다고 선생님은 말하겠죠. 그러나 그녀가 나아지기를 바라는 나의 기대에 대해 우리가 이야기했을 때 그녀는 나를 놀라게 만들었어요. 그녀는 잠시 생각하더니 이렇게 말했죠. "아뇨. 그건 내 남편이 원했을 거예요. 남편은 내가 주저앉지 않고 살아가길 원했을 거예요. 아이들과 나 자신을 위해서 말이죠. 내가 잘 살아야겠죠."

슈퍼바이저: 그래서 뭐라고 했나요?

치료자: 단순하고 인지적인 어떤 말을 했어요. "그리고 마치 스위치를 켜는 것처럼 당면한 과제에 주의를 돌리고 잠시 상실에 대해서 생각하지 말고 당신이 해야 할 일을 계속해 나감으로써 그렇게 하면 됩니다." 그녀는 그렇게 할 수 있어요. 용감한 여성이죠. 그녀는 아이들을 위해서 하고 있다고 말하지만, 또한 남편에 대한 기억과 그녀 자신을 위해서 그리고 어쩌면 조금은 나를 위해서도 그렇게 한다고 생각해요. 하지만 악몽을 완전히 없애진 못했어요. 여전히 몇 주에 한 번씩 악몽을 꿔요. 이것에 대해 선생님 생각은 어떠세요?

슈퍼바이저: 글쎄요. 주기적으로 악몽을 꿀 수 있어요. 이미 일어난 일을

우리가 되물릴 수는 없어요.

치료자: 무슨 말씀인지?

일련의 복잡한 개념화가 슈퍼바이저 머릿속에 떠올랐지만 이런 생각들이 너무 추상적일 것 같았다. 그래서 대신 그는 단순하게 말했다.

슈퍼바이저: 이처럼 안 좋은 일이 일어나면 이런 일은 사람을 영구히 바꿔 놓죠. 우리는 과거를 지울 수 없기 때문에 과거는 항상 사람들의 기억과 악몽으로 되돌아올 수 있어요. 적어도 가끔씩이라도 말이죠. 당신은 잘하고 있어요. 계속 그렇게 하세요. 그녀가 당신이 더 이상 필요하지 않다고 결정할 때까지 말이죠.

무엇이 H부인에게 도움이 됐을까? 어쩌면 그녀가 다시 살아갈 수 있을 정도로 시간이 충분히 지났을 수 있다. 혹은 인지행동적 개입만으로 도움이 됐을 수 있다. 아니면 실직을 하고 아이들을 돌볼 필요를 느낀 것이 그녀가 더 잘 대처해야 한다는 것을 인식할 수밖에 없도록 했을 수도 있다. 아니면 치료자의 존재가 그녀의 상실에 대해 마음을 쓰지만 그녀가 잘 살아가기를 바랐을 남편을 떠올리게 했을 수도 있다. 또 어쩌면 치료자의 장난기 어린 가장된 겸손함과 기저에 있는 자신감이 그녀가 빠져 있던 더 극단적인 희생자-가해자 관계성에 대한 대안을 그녀에게 제공했을 수도 있다.

그러나 그녀에게 도움이 됐을 가장 중요한 단일 요인은 아마도 그녀 안에 있었을 것이다. 앞서 기술한 희생자의 자기–대상 상태에도 불구하고, 다른 자기–대상 경험과 감정 그리고 자아기능이 가능성으로 그녀 내면에 가용한 상태로 남아 있었다. 그녀의 치료자는 이런 가능성을 일깨워 주었다. 이 책에서 제시되는 관점에 따르면, 그녀는 이전에 사용할 수 있었고 좀 더 적응적인 방식으로 존재하고 관계하는 삶으로 다시 돌아갈 수 있을 것이다.

4. 거짓 자기, 참 자기

Winnicott(1965)의 거짓 자기 기능에 대한 기술은 다양한 시기에 많은 전문가에게 호소력을 가진다. 제2장에서 언급했듯이 그는 거짓 자기 기능이 초기 아동기에 부모의 보살핌이 유아의 욕구를 충족시키기에 충분히 좋지 않았던 데서 기인한다고 보았다. 다른 사람과의 관계에서 처음으로 자기에 대한 기본적인 감각을 확립할 때 아이가 피상적으로 부모의 기대에 순응하려는 것이 아이 자신의 진정한 욕구보다 우세할 수 있다. 이런 경우에는 아이의 진정한 감정과 욕구를 부모가 부인하거나 인식하지 못하는 경향이 너무 강력하여 아이가 친밀함을 유지하는 유일한 방법이 부모의 기대와 동일시하고 마치 자기가 부모의 기대인 것처럼 동일시하고 실제로 자기를 그렇게 경험하는 것이다. 이런 반응은 자신이 정말 실재하지 않는다는 느낌, 확실히 실재하는 것이 아무것도 없다는 느낌을 가져올 수 있다. Winnicott은 이런 반응의 결과, 거짓 자기가 취약하고 외롭고 격분한 '진짜' 자기를 감추고 보호한다는, 부수적이고 아주 무의식적이며 은밀한 감각이 나타난다고 언급했다.

이런 관계 구도는 자기-타인 관계가 아니라 자기-자기 관계를 강조한다는 점에서 이전에 기술했던 것과 다르다. 거짓 자기 기능에서는 진짜 자기와 대상 간의 구별은 존재하지 않는다. 모든 것이 자기가 되며, 심지어 대상의 기대조차 자기가 된다. 정말 실재라고 보이는 것이 아무것도 없는 이유는 개인이 실재냐 실재가 아니냐를 규정하려면 자기와 대상이라는 이원성을 반드시 가져야 하기 때문이다(Hamilton, 1988; Modell, 1968). 심지어 피상적인 관계성과 사회적인 교제조차도 거짓 자기 기능에서는 실체가 없는 가공적인 것이 된다. 그것들은 Fairbairn(1954)과 Guntrip(1969)이 묘사한 분열성적 소외와 철회에 가까운, 외부 세계로부터 좀 더 근본적인 철회를 뒤덮고 감춘다.

뿌리 깊고 심각한 병리를 나타내는 이런 개인적인 양식은 아주 잘 적응하고 성공을 이룬 사람에게서도 발견될 수 있다. 이런 사람은 외견상의 성공에도 불구하고 왠지 자신의 삶이 공허하고 무의미하다고 느낀다. 주변의 특정한 한 사람 또는 여러 사람의 바람과 기대와 동일시하는 연극성 성격(histrionic characters)은 '거짓' 일 수 있다. 거짓 자기 기능은 강박적 성격을 동반하는 경우도 있는데, 이런 성격을 소유한 사람은 자신을 당면 과제와 동일시하고, 추상적이고 동떨어진 방식으로 매우 지적인 내면세계에 몰두한다.

이런 사람은 모순으로 가득 찬, 치료상의 심각한 어려움을 제시한다. 이런 환자에게는 치료도 다른 관계와 같이 실재로 보이지 않는다. 이들은 치료자의 기대에 어느 정도까지 부응할 수 있지만 진정한 관계성은 보이지 않는다. 이들은 어떤 이론적 체계에도 순응할 수 있지만 실제로 나아지지는 않을 수 있는데, 이런 예를 D씨의 사례가 보여 준다.

> 제2장에서 논의했던 변호사인 D씨는 가족과 일자리와 정신 건강을 잃었다. 아내가 그녀나 다른 누구를 위해서 그가 정서적으로 함께해 준 적이 결코 없었다는 이유로 그를 떠날 때까지 그는 유능하게 기능했었다. 그녀는 그가 자신이 누구인지, 무엇을 원하는지 혹은 그녀나 아이들에게 무슨 일이 일어나고 있는지 알지도 못한다고 주장했는데, 이런 주장은 비록 공감적인 것은 아니었지만 정확했다. 그가 치료에서 자기 내면을 보았을 때 그는 공허와 혼란을 발견했다.

어쩌면 그의 아내는 정확하기도 했고 부정확하기도 했을 수 있다. 이런 환자는 실제로 자주 다른 사람을 상당히 민감하게 지각한다. 그런데 이들은 마치 그들 주변 사람이 아니라 그들 자신이 실재하지 않는 것처럼 느낀다.

> 그는 고용주가 그에게 기대하는 것이 무엇인지를 직감적으로 알았고, 마치 그런 기대가 자신의 것인 양 그에 따랐다. 그가 대체로 거짓 적응적 기능을 가지며 피상적이고 감정적으로 공허하다는 그의 전 부

인의 견해에 치료자가 암묵적으로 동의했을 때, 그는 전통적인 성공의 장신구를 벗어던지고 내면을 봐야 한다는 치료자의 암묵적인 기대에 자동적으로 순응했다. 치료자가 그러리라 짐작했던 것처럼 그가 발견한 것은 공허함과 절망이었다.

이런 환자는 지나치게 순응적이어서 내면의 공허함이 그들의 진정한 주관적인 자기 경험을 나타내는 것인지 혹은 치료자가 공허함을 발견하기를 기대한다는 것을 그들이 무의식적으로 알아차린 것을 나타내는 것인지 치료자가 알 수 없는 경우가 자주 있다.

D씨는 탁월하고 헌신적인 환자가 되었지만 점점 더 손상되어 갔고 마침내 자살 충동을 느끼게 되었다.

환자는 자신의 거짓 자기 태도를 버린 것이 아니라 또 다른 거짓 자기 태도를 취했던 것으로 보였는데, 이번에는 오로지 자신의 슬픈 감정에만 주의를 기울여야 한다는 치료자의 성향과 동일시했다.

그러나 거짓 자기의 한 가지 역설적인 측면은 거짓인 것이 또한 진짜일 수 있다는 것이다. 이런 요소는 제2장에서 기술된 D씨의 사례에서 입원환자 담당 의사가 환자의 순응적인 자아기능의 타당성과 유용함을 치료자에게 상기시켜 주었을 때 분명해졌다.

D씨는 입원 후 치료자가 그의 유능함과 고통과 상실을 동시에 가치 있게 여길 수 있다는 것을 그와 치료자 모두 인식했을 때 조금 더 기능

적이고 덜 낙담하게 되었다. 그렇다고 해서 그가 회복된 것은 아니었다. 그는 이제 마치 슬픔과 상실에도 불구하고 그가 유능한 행동을 보일 수 있다는 치료자의 좀 더 통합된 관점과 동일시한 듯 몇 개월 동안 부분적인 호전 상태에서 피상적인 수준에 머물러 있었다.

치료자는 이렇게 겉으로만 회복되는 모습에 우롱당하고 있다는 느낌이 들기 시작했다. 그녀는 그가 동일시할 수 있는 또 다른 감정을 그에게 제안할까 봐 두려워 그가 화났을지 모른다는 말을 하기가 망설여졌다. "당신의 진전 속도가 느려져 나에게 좌절감을 느낀 적은 없나요?"

"그건 일종의 교묘한 비난이네요."라며 그는 초연하면서도 재미있어 하는 듯한 태도로 말했다.

"어떤 면에서는 그렇겠죠."라고 치료자가 말했다. "그것을 어떻게 '비난'으로 보는지 좀 더 자세하게 말해 줄 수 있나요?"

그녀는 그가 자신을 좀 더 진실되게 경험할 수 있도록 그를 이해하고 조심스럽게 노력했다. 그러기 위해서 치료자는 환자가 정확하게 지각하는 것일 수도 있는, 분리되고 외부의 사람인 그녀 자신의 현실을 부인하지 않았다(Winnicott, 1949).

"그러니깐 선생님은 내가 더디게 나아지고 있다고 생각한다는 거죠? 나한테 뭘 기대하나요? 때로는 선생님이 이해하고 있다는 생각이 들고, 또 때로는 나에게 원하는 게 뭔지 모르는 또 한 명의 여자일 뿐이라는 생각이 들어요."

이 말은 진정한 감정과 실제적 관계 혹은 최소한 진정한 전이처럼 들렸다. 이 말에는 즉시성과 강렬함이 있었다. 초라한 아파트에서 굶주리며 혼자 지내면서 비싼 치료를 받으며 자신의 진실된 감정을 찾으려는 환자의 노력은 더 '진실되고' 더 감정적으로 반응할 줄 알고, 과업과 성공 지향적인 태도를 줄이라는 그의 전 부인과 치료자의 요구를 흉내 내는 행동이었을지 모른다. 치료에서 느린 진전은 그의 좌절감을 반영했던 것일 수 있다. 이제 성가심을 언어로 표현하고 다른 사람의 기대에 대해 의문을 제기하는 그의 행동은 그가 자기와 타인을 구별하는 출발점으로 보였다.

치료자: 당신이 화내는 것도 당연하죠.

환 자: (화를 내며) 내가 화났다고 누가 그랬나요?

치료자: (단호하게) 어쩌면 당신이 할 말을 내가 대신하고 있는지도 모르겠네요. 내가 그 가능성을 처음 제안했을 때 당신은 화나지 않았을 수도 있어요. 하지만 지금은 꽤 화난 것처럼 들려요. 화가 났나요, 아니면 그렇게 들릴 뿐인가요? 어느 쪽이에요?

환 자: 난 지금 덫에 걸린 느낌이 드네요.

치료자에게 따지는 그의 행동은 논쟁 중에 때때로 발견되는 밀착된 친밀함같이 보이지는 않았고, 그가 자신을 대상, 즉 치료자의 기대와 분리된 자신으로 보았음을 시사했다.

치료자: (의자에서 뒤로 물러나 앉으며 긴장을 풀면서) 당신을 덫에 걸리게 하려는 의도는 아니에요. (무엇을 할지 혹은 다음에 어떤 일이 일어

날지 몰라 기다리는 것처럼 보임)

환　자: 그래서 지금 선생님은 날 도와줄 생각이 전혀 없다는 것이군요!

Winnicott의 해석에 따르면, 이런 감정의 폭발은 정서적으로 버려진 느낌이 전이에서 반복되는 것 혹은 버림받고 격분한 '진짜 자기'의 분출을 나타낸 것일 수도 있다.

치료자: 듣고 있어요.

환　자: 난 이렇게 통제 안 되는 느낌에 익숙하지 않아요. 만일 내가 화났다고 말하지 않으면, 난 좋은 환자가 되지 못할 것이고, 그럼 선생님이 날 포기할까 봐 두려워요. 그런데 내가 화났다고 말하면 선생님은 내가 그저 화를 내는 또 한 명의 남자로만 생각하고 날 쫓아내겠죠.

만약 치료자의 목적이 환자가 방어하고자 하는 욕동의 파생물인 무의식적 분노를 드러내는 것이었다면, 환자가 분노의 주제에서 벗어나 덫에 걸린 느낌에 대해 말하는 것에 치료자는 좌절감을 느꼈을 수도 있다. 그러나 치료자는 환자가 치료자에 의해 덫에 걸렸다고 느꼈을 때 그랬던 것처럼 다른 사람과의 관계에서 그 자신을 규정할 수 있는 기회를 그에게 주고 싶었다.

치료자는 계속해서 그가 아내에 의해서도 마찬가지로 덫에 걸린 느낌이 들었다는 것을 상기시켜 줄 수 있었고, 그의 부모도 그를 비슷한 상황에 처하게 했었다는 것을 말해 줄 수도 있었다. 그가 부모와의 관계에서 존재할 수 있었던 유일한 방식은 부모가 놓은 덫에 갇혀 그 누구도 아닌 무존재가 되는 것뿐이었다. 그러나 전이에 대한 좀 더 충실한 이런 해석이 주어졌다면 이것은 그에게 치료자에 대한 그의 진짜 감정이 분명한 실재가 아니라, 여하튼 가공적인 것의 반복이라는 메시지로 전해졌을 수 있었다.

다행히 치료자는 관계에서 덜 유쾌한 측면부터 시작해서 그가 그녀와의 관계에서 자신이 누구인지를 발견할 수 있도록 해 줄 수 있었다. 발견하다(discover)가 가장 적합한 용어는 아닐 수 있다. 좀 더 구체적으로 말하자면, 그는 다른 사람과의 관계에서 새로운 자기감, 이전에는 결코 경험한 적이 없었던 자기감을 발달시키거나 혹은 만들어 냈다고 말할 수 있다.

5. 결 론

다른 사람과의 관계에서 지배적인 자기감과 이차적인 자기감, 정서 그리고 기능적이며 잠재적으로 이용 가능한 자아의 능력은 어떠한 환자라도 기술하는 데 유용하다. 앞서 언급한 것처럼 특정한 보편적인 주제가 있기는 하지만, 한 사람의 내적 관계와 외적 관계는 다른 사람의 것과는 다르다. 일반적인 주제를 살펴보는 일은 임상 경험을 넓히고 주제에 대해 면밀하게 사고하는 데 유용할 수 있지만, 한 개인을 어떤 공식으로 축소시키는 것은 예기치 않은 방향으로 개인이 성장하고 변화할 수 있는 능력을 평가 절하함으로써 그 자체가 제한적일 수 있다. 치료자는 자신의 사고방식과 태도가 환자와 치료에서 관계성에 대한 환자의 감각에 영향을 줄 수 있다는 점을 염두에 두어야 한다.

치료자는 환자의 일차적 대상관계 패턴을 피상적으로 쉽게 그릴 수 있다. 환자의 이야기, 즉 환자의 개인사와 배경, 현재의 어려움과 성공에 대한 이야기가 전개되고, 환자가 어떻게 그런 이야기를 하고, 치료자와 상호작용하며, 치료자에게 영향을 주고, 그리고 치료자에게서 영향을 받는지를 관찰해 나가면서, 치료자는 좀 더 건강한 사람에게서도 자기이미지와 대상이미지 그리고 이런 이미지에 상응하는 정서와 자아기능을 열거하기 시작할 수 있다. 이야기는 곧 명확해지고 주제는 분명해지며, 짜여진 어떤 공식으로 축소시키지 않아도 된다.

대상관계에 대한 이런 접근은 임상가가 각 개인을 개별적으로 묘사하고, 내적 관계와 외적 관계를 구체적으로 기술하고 이름 붙일 수 있게 해 준다. 그러나 환자에 대한 이해가 어떤 의미가 있으려면 치료자는 체계적인 접근이 아무리 필요하다 해도 개개인을 정확하게 설명할 수 있는 이론체계는 없고 어떤 이해도 완벽하지 않다는 사실을 받아들여야 한다. 환자가 성장하고 변화할 여지를 주기 위해 치료자는 미래의 사건이 전적으로 예측 가능한 것이 아님을 인정해야 한다.

제4장 건강한 사람의 대상관계

대상관계 개념들이 경계선 성격장애 환자를 이해하는 데 유익하다는 것을 알게 된 후, 나는 좀 더 건강한 사람을 치료할 때도 이런 개념의 관점에서 생각하기 시작했다(Hamilton, 1992b; Hamilton et al., 1994). 비록 여기에서 내가 제시하는 접근이 Kernberg의 여러 개념에서 나왔고 그것을 더 발전시킨 것이지만, 내 접근이 그의 입장과 다른 점은 그는 경계선 환자를 이해하는 모델과 좀 더 건강한 사람을 이해하는 모델을 분명하게 구별했다는 점이다(Hamilton, 1992b; Kernberg, 1975, 1992). Kernberg는 정신증적 장애와 경계선 장애에 대해서는 대상관계이론의 관점에 초점을 두고, 좀 더 건강한 사람의 경우에 대해서는 신경증적 장애에 대한 자아심리학적, 구조적인 관점으로 초점을 옮긴다. 그는 대상관계이론은 정신증과 경계선 장애를 다루는 데 주요하고, 원초아와 자아 그리고 초자아 이론은 신경증을 다루는 데 주요하다고 여겼던 것으로 보인다.

치료 실제에서 신경증과 경계선 장애, 오이디푸스 이전과 이후, 구조화(structuralization) 이전과 이후의 문제를 이해하고 치료하는 최선의 방법을 구별하는 것은 여전히 어려운 과제로 남아 있다. 자아심리학과 대상관계이론을 친숙하게 알고 있는 치료자 대부분이 모든 환자를 기술하기 위해 때에 따라 이 두 이론의 요소를 사용한다. 좀 더 건강한 사람에게도 잔존하는 원시적인 기능이 있을 수 있는데, 임상가들은 이를 대상관계의 용어를 사용하여 논의한다. 혼란의 정도가 좀 더 심한 환자의 경우 원초아와 자아, 초자아의 구조가 불완전하게 발달했으나 그럼에도 불구하고 존재한다고 여길 수 있는데, 임상가들은 이런 구조를 원초아, 자아, 초자아라는 용어를 사용하여 설명한다. 달리 보면 모든 사람이 관계를 갖고 있기 때문에 대상관계이론은 좀 더 건강한 사람에게도 적용될 수 있다. 그러나 좀 더 건강한 심리적 기능에 대한 대상관계 모델은 아직 체계적으로 사용되지 않고 있다. 임상가들은 신경증에 대해서는 대상관계이론에 근거하여 이런 문제를 설명하는 관점에 아직 익숙하지 않아서 신경증적 문제를 논의할 때 불필요하게 관점을 바꾸어 더 이상 유용하지 않은 19세기의 욕동의 개념을 포함하는 구조의 개념으로 다시 돌아갈지 모른다.

대상관계이론에 자아기능을 추가한 후 지난 수년 동안 나는 이 수

정된 관점이 다양한 집단에 맞게 적용되는 충분히 융통성 있는 모델을 제공할 수 있는지 알아보기 위해, 좀 더 건강한 환자와 혼란의 정도가 좀 더 심한 환자 모두에게 이 수정된 관점만을 적용해 보았다. 제4장에서는 좀 더 건강한 사람에게 대상관계이론을 적용한 두 가지 예시를 논의하고자 한다. 이 예시에서는 삼원구조 이론(인간의 마음이 원초아, 자아, 초자아 세 가지로 구성되었다고 보는 Freud의 이론-역주)을 가져오거나 욕동이나 초자아 압력에 대한 방어를 분석하지 않고 관계 패턴을 주된 구조적 개념으로 사용한다. 물론 경계선적 성격과 정상 혹은 신경증적인 성격 간에는 차이가 있을 수 있지만, 이런 차이점에 대해 여기서는 원초아-자아-초자아 개념으로 옮겨가지 않고 자아기능을 포함한 대상관계 내에서의 통합과 분화의 측면에서 고려하고자 한다.

좀 더 건강한 사람에 대한 임상 사례는 제3장에서 기술된 일부 전형적인 패턴보다 더 복잡할 수 있다. 환자는 생각하고 존재하고 관계하는 유연하고 다양하며 통합된 패턴을 갖고 있다.

1. 우울한 대상관계

41세의 주부인 I씨는 몇 주 동안 지속된 울음과 불면증, 슬픔, 짜증, 낮은 자존감, 성에 대한 무관심 그리고 전반적인 무기력의 병력을 갖고 치료를 받으러 왔다. 그녀는 가정 생활에 대한 불만족이 가장 힘들다고 했다.

"난 '불만에 찬 주부'가 되어 가고 있어요."라고 그녀가 불평을 털어놓았다. "너무 전형적이죠! 아마 선생님은 이런 경우를 늘 대하겠죠. 난 자기 운명에 대해 불평하는 그저 또 한 명의 화난 여자가 되고 싶진 않아요. 내 삶은 괜찮아요. 멋진 남편과 착한 아이들이 있고, 멋진 집도 있고 친구도 많이 있어요. 미술 박물관 이사에다 부모 교사회 회장이기도 하죠. 난 이런 활동을 늘 즐겁게 해 왔어요. 바쁘긴 하지만 내가 하는 일에 자부심을 갖고 있죠. 직장에서 아주 성공한 대학 동기 중에는 나와 자리를 바꾸었으면 하고 바라는 친구도 있어요. 하지만 지금은 모든 게 잘못된 것 같아요. 심지어 나 자신조차 좋아할 수 없어요. 계속 이런 상태로 가면 댄도 날 좋아하지 않을 거예요. 남편이 어떻게 좋아할 수 있겠어요?"

치료자는 그녀의 결혼 생활에 초점을 두면서 질문했다. "당신과 남편 사이는 어떤가요?"

그녀는 자신이 우울해진 이후로 남편은 아이들이 잠자리에 들고 나면 밤늦게까지 자신과 이야기하며 시간을 보낸다고 설명했다. 남편은 지지적이었고, 기꺼이 그들의 생활 방식을 바꾸려고 했고, 관심을 보이고 관대했다. 그는 염려했지만 지나치게 걱정하지는 않았다. 그녀는 "물론 때로 남편이 짜증을 내기도 하지만 자주는 아니에요. 우울한 사람 곁에 있는 일은 고통스러울 수 있죠. 남편이 어떻게 날 견디는지 모르겠어요."라고 말했다.

치료자는 "말씀을 들어 보니 지금은 다른 누구보다 당신 자신이 자신의 불만족에 대해 덜 관대한 것 같군요."라고 했다. 치료자는 I씨가 주부로서의 자신의 역할과 남편을 이상화된 방식으로, 어쩌면 방어적으로 보고 있지는 않은가에 대해서도 역시 궁금했지만, 첫 회기에서 그것을 다루는 것은 현명한 일이 아니라고 생각했다.

치료자는 일단 자신과 남편에 대해 환자가 말하는 것을 액면 그대로 받아들였다. 이 사례에 대상관계 접근을 적용하여 치료자는 관계에 대한 묘사가 타당하다고 여길 수 있다. 실제 감정과는 정반대로 주장하는 반동형성은 소중한 관계를 잃는 것에 대한 방어다. 이 경우 남편을 이상화하고 자신을 평가 절하함으로써 소중히 여겨지고 이상화된 내적 관계를 보호하여 I씨 부인은 자신의 역할과 남편과의 관계에서 갈등적인 측면을 인정하지 않으려고 방어했을 수 있다. 만약 이후에 이런 이상화가 격리된 불행한 관계에 대한 방어라는 사실이 발견된다면, 이 두 개의 대상관계 패턴 모두 타당한 심리적 현실로 남는다.

> 치료자는 이어서 "당신은 심지어 당신이 불평하면 내가 당신을 진지하게 받아들이지 않고 당신을 전형적인 '불만에 찬 주부' 로 볼 것이라고 좀 걱정하는 것 같군요." 라고 했다.
>
> "알아요. 내가 그래요. 아이들도 날 참아 주고 있죠."

I씨 부인은 스스로를 비하하고, 자신이 불평하면 치료자가 자신을 진지하게 받아 주지 않을 것이라는 전이에 따른 예상을 드러냈다. 그녀는 자기 자신을 '불만에 찬 주부' , 즉 자신의 불평이 스스로가 볼 때도 또한 치료자가 볼 때도 납득되지 않는 것이라 여겼고, 치료자가 자신을 '전형적인 사례' 로 볼 것으로 생각했다. 실제로 치료

자는 그녀가 약하다거나 쓸데없이 불평하고 있다고 보지 않았다. 그녀를 의뢰한 내과의사는 그녀가 '세련되고 교양 있는' 여성으로, 일생 동안 건강했는데 우울증의 첫 번째 삽화로 고통받고 있다고 말했었다. 치료자는 그녀가 우울증에 대해 호소할 것으로 예상했다. 또 주목할 만한 점은 그녀가 치료자에 대해 예상했던 것과 마찬가지로 자신이 불평하면 남편이 자신에 대해 관심을 잃을 것에 대한 걱정을 드러냈다는 것이다. 물론 그녀는 남편에 대해 이와 반대되는 증거 또한 제시했다. 하지만 그녀의 지금-여기에서 나타나는 전이는 남편에 대한 그녀의 느낌과 일치했다. 관계성에서의 어떤 일관성, 즉 어떤 관계패턴이 이미 그 모습을 드러냈다.

대상관계 용어로 표현하자면 I씨 부인은 우울한 상태를 보여 주었다. 그녀는 자신을 깎아내리지만 이상화된 대상에 의해 평가 절하된다고 느꼈고, 죄책감과 수치심 그리고 불만족의 정서를 갖고 있었다. 그녀는 기분이 더 좋았던 때를 기억하고, 여전히 자신에 대해 긍지를 느끼며 미래에 대해 희망을 가질 수 있었는데, 이런 능력 때문에 그녀의 우울한 정신상태는 경계선 환자가 흔히 보이는 전적으로 나쁘고 낙담한 대상관계와 구별됐다. 그녀는 비록 현재 자신의 감정과는 상반되지만 자기 삶에서 긍정적인 측면을 상기할 수 있었다. 미묘하게 차이 나는 상반된 감정의 흐름을 통합하는 이런 능력은 자아기능이 양호함을 입증하는데, 이는 경계선 장애와 반대되는 것으로 신경증의 전형적인 양상이다.

첫 회기 시작 후 몇 분 내에 I씨 부인의 내적 관계에 대한 정보가 이미 드러났다. 대상관계 접근을 통해 고도의 추상화 작업이나 방어를 '드러내는' 작업을 하지 않고도 전이와 역전이에서 첫 번째 잠정적인 개념화가 즉각적으로 가능하다. 치료 초기에 전이에 주목하고 해석의 가능성을 보는 것은 Klein(1932)의 저술에 근거한 것이다. 그러나 이 책에서 논의되는 접근은 정교하고 기이하게 추상적이면서 동시에 구체적인 욕동에 대한 관념과 죽음 본능의 투사에 의존하지 않는다는 점에서 Klein의 논의와 다르다. 여기서 제시된 접근은 치료자와 환자 간의 일상적인, 지금-여기에서 나타나는 관계를 보고 다룰 수 있는 여지를 둔다. 치료자는 치료 초기에 '부정적 전이' 에 대해 깊이 해석하지 않으면서(Freud, 1905a) 이에 대해 언급하고 가볍게 다룰 수 있다. "당신은 심지어 당신이 불평한다면 내가 당신을 진지하게 받아들이지 않고, 전형적인 '불만에 찬 주부' 로 볼 것이라고 좀 걱정하는 것 같군요."

이런 부정적인 자기 평가와 타인에 대한 예상이 어디에서 그리고 언제 생겨났을까? 일부 자기심리학자가 가정할 수 있듯이, I씨 부인의 부모가 그녀의 감정 경험의 타당성을 인정해 주거나 공감적으로 알아 주지 않고 그녀가 피상적으로 순응하는 것에 과도하게 초점을 두었던 것일까? 혹은 일부 사회심리학자가 제안할 수 있듯이, I씨 부인 자신은 그 반대라고 주장하지만 현재 가족과 친구들이 그녀의 아내와 어머니 역할을 평가 절하하고 있는 것일까? 자신은 갱년기가 가까워지는데 맏딸이 청소년기로 접어들고 있어 딸을 질투하는 데 대한 그녀의 죄책감을 자극하거나 혹은 그녀가 딸의 나이였을 때

가졌던 금지되고 죄책감을 느끼게 한 그녀 자신의 소망이 상기되는가? 빈혈이나 갑상선 이상이 그녀의 감정을 직접적으로 변화시키고, 자신과 다른 사람에 대한 그녀의 경험에 영향을 주는 것인가? 이 단계에서는 이런 질문 가운데 어떤 것도 답할 수 없다.

그러나 그녀의 자아기능에 대한 정보는 이미 있었다. 그녀는 자신이 스스로를 어떻게 느꼈고 보았는가 하는 것과 자신에 대해 마땅히 어떻게 느끼고 보아야 한다고 그녀가 생각하는 것을 비교하고 대조할 수 있었다. 평상시에는 자신이 선택한 역할에서 성공적이라고 여기며 정상적으로 자부심과 행복감을 느꼈지만, 이제는 불만족스럽고 불행하며 덜 가치 있게 느낀다고 그녀는 자각하고 있는데, 이런 자각에는 두 가지 상반된 감정을 마음속에 동시에 보유할 능력이 필요했다. 이런 통합적 자아기능은 경계선적이고 분열된 대상관계를 가진 사람이 아니라 온전한 대상관계를 가진 사람에게서 대체로 찾아볼 수 있다. 갈등(여기에서는 모순된 내적 관계를 지칭함)을 의식적으로 경험할 수 있는 I씨 부인의 능력은 자아의 성숙함을 보여 준다. 그녀의 자아 능력은 이후 회기에서 좀 더 충분히 기술될 수 있겠지만, 복합적인 통합 능력은 이미 드러났다. 그녀의 이런 능력은 선천적 혹은 후천적인 이유로 신경생리학적인 인지적 결함이 있는 사람의 반응과 대비된다. 마지막으로 I씨 부인은 생애 초기에 자신의 내면세계를 과도하게 나누거나 분열시키고, 모순된 정서적 경험을 동시에 마음속에 보유할 능력을 상실할 정도로 압도적으로 파괴적인 상호작용을 겪지 않았을 것이다(Gabbard, 1994; Hamilton, 1988;

Kernberg, 1975).

대상관계 관점에서 보면 I씨 부인의 현재 심리적 구조는 평가 절하된 자기(비록 좀 더 긍정적인 이미지가 기억되기는 했으나), 수치스럽고 죄책감을 느끼고 불만족스러운 정서, 평가 절하하는 대상(비록 자신을 아끼고 인정해 주는 이미지로 기억되었지만) 그리고 조절하고 균형 잡고 통합하고 분별할 수 있으나 현재는 부정적인 자기 평가를 승인하는 자아기능으로 이루어져 있다.

Guntrip(1969)과 같이 순수 심리학이 생물학과 심리학을 통합한 모델보다 더 낫다고 보는 대상관계이론가도 일부 있지만, 현대 임상가들은 환자를 이해하고 치료를 위한 다양한 제안을 하는 데에서 생물학적인 요인을 무시함으로써 환자의 안녕을 위태롭게 해서는 안 된다(Hamilton et al., 1994). 대상관계단위에 자아를 추가하는 것은, 역동적 치료에서뿐만 아니라 공식적인 정신상태 평가와 신경학적 평가 그리고 신경심리학적 평가에 의해 측정되는 통합적 자아기능에서 반영되는 것처럼 뇌와 정신 기능을 평가할 수 있는 틀을 제공해 준다.

생물학적 측면은 자아뿐만 아니라 정서에 직접적인 영향을 줄 수 있다. 빈혈이나 갑상선 기능저하에 대한 여러 가지 질문이 미결 상태로 남아 있었다. I씨 부인은 갱년기 전 호르몬 변화를 경험하고 있었던 것일까? '내인성' 혹은 '기질적' 우울증이 그녀의 자기 경험을 변화시켰을까?

정신과의사인 치료자는 I씨 부인이 자기 자신과 삶의 상황 그리고 스스로 기분을 향상시키려고 시도했던 노력에 대해 말하는 것을 주의 깊게 들었다. 치료자는 자신이 드러내놓고 혹은 직접적으로 그녀의 말에 공감할 때 그녀가 불편해 보였다는 것을 알아차렸다. 그녀는 치료자가 사무적이고 임상적인 태도를 보일 때 더 편안해하는 것 같았다.

다음 회기에 만나기로 동의한 후, 치료자는 그녀의 내과의사와 산부인과 담당의사에게서 기록을 넘겨받을 필요가 있다고 그녀에게 말했다. 그들이 여러 가지 검사를 했고 빈혈이 없는 것으로 나왔다고 그녀는 언급했다. 그녀는 치료자의 철저함에 감사하고는 이전에 받았던 피검사를 보완하기 위해 갑상선 검사 실험실에 들렀다.

치료자는 그녀의 정서와 대상관계에 영향을 줄 수 있는 생물학적 요인을 알아보기 위한 검사를 해 보도록 요청한 것에 더하여, 그녀가 자신의 정서에 그가 조율하는 것을 감당하기보다 그의 임상적인 관심과 철저함을 사려 깊은 보살핌으로 더 쉽게 받아들일 수 있음에 주목했다. 무엇이 이런 특성을 가져왔을까? 그녀는 우울증 삽화 동안에만 이와 같이 반응했는가?

그다음 몇 회기 동안 I씨 부인은 이야기하는 것을 즐기는 듯 보였고, 우울한 것에 대해 자신을 덜 비판하게 됐다. 그러나 그녀는 여전히 고통을 겪었고, 밤에 잘 자지 못했으며, 평상시에는 그렇게 슬프거나 좌절스럽게 여기지 않았을 것에 대해 자신도 모르게 눈물을 흘렸다. 그리고 섹스나 그 외 다른 어떤 것에도 흥미가 없다고 보고했다.

치료자는 "항우울제가 당신의 기분을 낫게 하는 데 도움이 될지 알아

봐야겠다는 생각이 듭니다. 계속해서 어떤 심리적인 요인으로 우울증이 왔는지 살펴볼 수 있겠지만, 약간의 약물로 우울증을 더 빨리 극복할 수도 있어요."라고 말했다.

환 자: 선생님 말씀이 맞을지도 몰라요. 이런 일이 내게 일어나고 있다는 걸 믿을 수가 없어요. 약물 복용에 대해선 믿어 본 적이 없어요. 감기약조차 먹지 않는 걸요.

치료자: 도움이 필요하다는 게 당신에겐 받아들이기 어려운 일이죠. 안 그런가요? 당신 자존심에 상처를 주죠.

환 자: 꼭 자존심은 아니에요. 그보다 난 도움을 받으려 해서는 안 된다고 느껴요. 마치 그게 도덕적으로 문제가 있고 약한 것인 것처럼 느껴져요.

도움을 구하는 것이 그녀의 '자존심'에 상처를 주었다고 말했을 때 치료자는 공감에서 실수를 했다. 그녀에게 이 주제는 체면과 허영의 문제가 아니라 도덕적인 것이었다. 다행히 그녀는 치료자가 한 말을 고치면서도, 그녀에 대해 치료자가 이해한 것 가운데 맞는 부분, 즉 자신이 도움을 받아들이기를 어려워한다는 점은 여전히 수용할 수 있었다. 이런 대상관계 관점의 해석에서, 이 같은 도덕적 주제는 '초자아'에서 나오는 것이 아니다. 도덕성은 전체 대상관계의 기능, 즉 대상과 일반적인 다른 사람과의 관계에서 자기가 어떠해야 하고 어떻게 행동하고 느껴야 하는지에 대한 자기-자아-대상이 갖고 있는 기대로 간주된다. 치료자는 이 시점에서는 좋은 사람은 도움을 받으려 해서는 안 된다는 그녀의 확신의 배경이 무엇인지 알 수 없었다.

그다음에 치료자는 약물치료의 위험과 이점 그리고 대안을 설명했다. 그는 그녀의 슬픈 감정과 피로감에 신경생리학적인 도움을 주기를 바랐다. 어쩌면 그녀의 자기-타인 경험과 또한 사람들이 얼마나 많은 도움을 받아도 되는지에 대한 그녀의 신념이 그녀의 기분과 함께 변화할지도 모르는 일이었다.

그녀는 항우울제, 즉 선택적인 세로토닌 재흡입 억제제에 빠른 반응을 보였다. 2주 내에 그녀는 거의 우울증이 생기기 이전만큼 활력을 되찾았고, 밤에 잠을 자고 대체로 기분이 좋았으나 힘겨운 상태였다.

환 자: 내가 이전에 어떻게 이 모든 걸 다 해냈는지 모르겠어요. 댄은 아침 일찍 회의가 있어 아이들을 학교에 데려다주지 못했어요. 제니는 정말 꾸물거려요. 마지막 순간까지 준비가 안 돼 있어요. 그러곤 또 외투를 못 찾았어요. 그게 어떤 건지 아시죠. 난 빌리가 만든 남아메리카 종이모형을 상자에 넣어 학교에 가져갈 수 있도록 도와주려 하고 있었어요. 아이들에게 아침 먹은 접시를 설거지통에 넣도록 몇 번씩 반복해서 말해야 했어요. 결국은 내가 했죠. 그게 더 빠르니까요. 내가 그렇게 하면 안 되죠. 그런 식으로는 아이들이 자신을 챙기는 걸 배우지 못할 테니까요. 미술 박물관 회의에 가기 전에 산책할 수 있도록 서두르고 있었죠. 산책할 때 입는 옷을 막 입었을 때 제니가 도시락을 두고 간 걸 알게 되어, 학교에 갖다 줘야 했어요. 그래서 산책은 물 건너 갔죠. 하루 종일 그런 식이에요. 어젯밤에는 할머니

에게 가 봐야 했어요. 그러고 나선 가족 전체를 위한 파티를 준비해 달라는 엄마 전화를 받았어요. 스트레스 관리기술이 필요해요. 그리고 운동을 다시 시작해야겠어요. 아마 선생님이 명상 방법을 가르쳐 줄 수도 있겠네요.

치료자: 당신이 뭘 배우는 수업을 듣거나 명상을 하면 이 모든 걸 불평 없이 쉽게 할 수 있을 거라고 바라고 있는지도 모르겠군요.

환　자: 우스꽝스럽죠. 명상을 하려면 내 일정에 끼워 넣기 위해 새벽 4시 30분에 일어나야겠죠. (웃으면서) 이런 일 가운데 어떤 일은 '안 해도 돼.' 라고 왜 말할 수 없을까요?

치료자: 좋은 질문이네요.

자아심리학적 관점에서 보면, I씨 부인은 아마도 요구가 많은 초자아를 달래고 원초아에서 비롯되는 유아적 소망을 차단하기 위해 자신을 무자비하게 혹사하는 것일지도 모른다. 욕동이론의 관점에서 보면 I씨 부인은 더 좋은 어머니와 아내가 됨으로써 자기 어머니를 능가했고, 이와 동시에 혹독하게 완벽을 요구함으로써 이런 무의식적인 오이디푸스적 노력에 대해 자신을 처벌했다고 볼 수 있다.

대상관계 관점에서의 설명은 욕동이 아니라 I씨 부인의 관계의 역사와 현재의 전이 및 역전이에 초점을 둔다. 앞서 언급한 전이와 역전이에서 치료자의 의도는 단순히 그녀 자신에 대한 완벽주의적 요구에 관해 언급하는 것이었는데, 환자는 치료자의 눈에 자신이 우스꽝스럽게 보인다고 여기는 것 같았다. 그러나 치료자는 이때에는 전이에 대해 언급하지 않고 이전 관계에 대해 질문했다.

치료자: 어렸을 때 사람들이 당신에게 어떤 기대를 했나요?

환　자: 내가 학대받았다거나 그러진 않았어요. 함께 놀 친구도 있었고 놀 시간도 있었어요. 우리 가족은 함께 소풍도 갔어요. 하지만 우리 부모님은 꽤나 엄격하기도 하셨죠. '싫어요.' 라는 말은 아이들에게 허용되지 않았어요. 난 집안 청소를 해야 했고 내 물건을 정리해야 했어요. 불평하거나 징징거리는 건 절대 있을 수 없는 일이었어요. 만일 징징거리면 바로 자기 방으로 보내졌어요. 엄마는 깔끔한 걸 정말 중요하게 여겼어요. 지금도 여전하시고요. 그래서 엄마는 가족 파티를 우리 집에서 하려고 하시죠. 당신 집을 어지럽히고 싶어 하지 않으시거든요. 엄마는 그런 식이에요. 좀 이기적이죠. 문 앞에서 신발을 벗고, 매달 첫째 토요일에는 그럴 필요가 있건 없건 창문을 모두 물청소하는 그런 집에서 자랐어요. 난 늘 실패자라고 느꼈어요.

치료자: 어째서요?

환　자: 내가 한 일이 그만하면 괜찮다고 느낀 적이 없으니까요.

치료자: 그리고 당신은 지금도 다시 그렇게 느끼나요? 치료에서조차 당신은 뭔가를 더 해야 한다고 느끼는군요. 약을 복용하고 이야기하는 것만이 아니라, 운동과 명상을 하고, 스트레스 감소 강의를 들어야 한다고 느끼는군요.

그녀는 잠시 동안 이완됨을 느꼈다.

여기에서 다시 치료자는 자아 방어를 설명하지 않고, 지금-여기에서의 전이 관계를 설명했다. 치료자는 환자가 다른 사람과의 관계에서 자신에 대해 느끼는 특징적인 방식과 그녀가 다른 사람과 함께하는 방식이 전이에서 다소 미묘하게 표현되는 것에 대해 언급했다. 그녀는 지나치게 요구가 많고 공감적이지 않은 부모의 심기를 건드리지 않으려는 압도당한 아이로 자신을 보는 듯했다. 그녀가 친밀함을 누리고 인정과 존중을 얻었던 유일한 방법은 불평하지 않으면서 주어진 일을 해내는 것이었다. 역설적이게도 그녀의 아주 인간적인 욕구인 감정적인 이해와 인정에 대한 욕구는 그녀 자신이 이런 욕구를 부인할 때만 충족될 수 있었다. 이런 딜레마에 대한 해결책을 찾지 못했기 때문에 그녀는 자신의 의존욕구를 대리적으로만, 즉 불평 없이 다른 사람을 돌봄으로써 충족시킬 수 있었다.

그녀가 재빨리 지적했던 것처럼 이것이 그녀가 자라면서 경험한 것의 전부는 아니었다. 그녀의 어머니와 아버지, 형제자매, 선생님 그리고 친구들이 정서적인 지지를 제공했던 게 사실이었으나, 그녀의 기억 속에는, 즉 그녀의 주관적인 경험으로는 그것은 애써서 어렵게 얻은 것이었고 드물게 주어지는 것이었다. 그녀와 치료자가 그녀의 기억과 감정을 탐색하자, 그녀는 자신의 과도한 순종이 아동기 당시에는 가능했던 가장 적응적인 해결책이었을지 모르지만 이제 더 이상은 필요하지 않다는 것을 깨닫기 시작했다.

환 자: 선생님만 내 불평을 귀담아듣고 그런 얘기를 싫어하지 않는 게 아니라 댄도 안 그래요. 댄은 자기 일에 대해 불평하지만, 좋은 직업을 가졌고 그만두지 않을 거예요. 나는 댄의 얘기를 듣는 게 싫지 않아요. 그가 내 말을 듣고 싶어 하지 않을 거라고 왜 내가 여지껏 생각했는지 그 이유를 모르겠어요. 내가 그저 조금

불평한다고 해서 그게 댄과 아이들을 돌보는 걸 그만두겠다는 뜻은 아니죠. 그런데 지금 엄마에게 불평한다면, 얘기가 달라지죠. 난 엄마에게 그저 "싫어요."라고 말해야만 해요.

치료자: 그건 아직도 당신에게 어려운 일이죠, 안 그래요?

치료자는 어떤 새로운 것이 그녀에게 얼마나 어려운 일인지를 알아주면서도 그녀가 그것을 할 수 있도록 부추기지는 않았는데, 이를 통해 그는 그녀가 새로운 자기-타인 경험, 즉 수반되는 요구가 별로 없이 자신이 이해받고 가치 있게 여겨지는 것을 경험할 수 있도록 해 주었다. 치료자는 그녀가 발달 과제를 달성하도록 요구하지 않으면서 그녀가 그렇게 하리라고 암묵적으로 기대했다.

그녀는 몇 주 동안 '이완하려고 애쓰고' 자신의 욕구를 좀 더 진지하게 받아들이기 위해 일정을 조정했다. 자신에 대한 그녀의 주된 시각은 거부적이고 완벽주의적인 어머니에게 압도되는 느낌을 갖고 인정받으려고 필사적으로 애쓰는 부절적한 어린 여자아이로 자신을 보는 것이었는데, 이런 시각이 어느 정도 바뀌었다. 그녀는 상당히 양호한 자신의 자아 능력의 도움에 힘입어 이런 변화를 가져올 수 있었다. 이제 한 여성으로서 그녀는 다른 사람의 욕구뿐만 아니라 자기 자신의 욕구도 돌볼 필요가 있었다. 치료에서 그녀는 자신의 생활방식을 조절하고 균형 맞출 수 있는 사람으로 자기 자신을 보기 시작했다.

이런 변화는 근본적이거나 극단적인 것은 아니었다. 그녀의 주된 관계 방식은 여전히 자기 자신이 아닌 다른 존재가 됨으로써 내면화된 대상의 심기를 건드리지 않는 것이었다. 그녀는 이미 가지고 있는 것에다 치료자의 적절한 기대라고 그녀가 생각한 것을 그저 덧붙였을 뿐이었다. 그렇지만 약물 치료와 함께 이런 약간의 변화는 그녀의 기분이 호전되는 데 유익했다. 대상관계의 관점에서는 이런 호전을 미약한 전이에 의한 치유로 여기는 것이 아니라, 치료과정에서 개인이 경험하는 것의 내면화, 즉 비록 그 정도는 약하다 해도 이해할 수 있는 중요한 내면화로 여길 것이다. 그녀가 자신의 가치관에 충분히 부합하는 다른 사람의 호의적인 영향을 받아들일 수 있었다는 사실은 유연성과 심리적으로 비교적 건강한 상태를 나타냈고, 그녀가 갑자기 건강한 상태로 방어적으로 도피하는 것이 아님을 보여 주었다.

이 시점까지 치료는 주로 모녀와 관련된 주제를 다루었다. 그러나 어머니와의 관계에서 경험되는 자존감에 대한 양자관계의 문제가 논의의 유일한 초점은 아니었다. 부녀관계와 오이디푸스 주제가 전면에 부상했다.

여성의 오이디푸스 관계패턴

대상관계이론은 부모에 대한 성애적 갈망과 애정의 갈망, 경쟁하려는 노력 그리고 질투와 분노의 중요성을 간과하지 않는다. 이 이론에서는 이런 주제를 비인격화된 욕동의 용어로 기술하기보다 관계의 용어, 즉 자기, 정서-감각, 대상 그리고 자아기능의 용어로 기술한다. 사람은 누구나 여러 개의 오이디푸스적 관계를 가질 수 있다. 예를 들면, 여아뿐만 아니라 남아도 경쟁자를 제거하고 싶은 소망과 함께 서로 다른 시기에 어머니와 아버지 양자에게서 성적인 것을 포함하여 관심을 독점하기를 아마도 바랄 것이다. 보통 한 가지 패턴이 더 우세하기는 하지만, 모든 사람은 자신의 내적 세계에 이성애와 동성애적 관계 패턴을 둘 다 보유할 수 있다. 어떤 환자는 변별 능력이 저하되고 경계의 모호함이 증가된 상태가 지배적인 자아상태에 있을 때 부모 양자에게서 동시에 성적 관심을 독점하고자 하는 소망을 드러낸다.

패턴이 더 분화된 환자에게 있어 삼원적인 관계는 양극단을 동시에 마음에 보유할 수 있는 능력을 요구한다. 자기는 이성의 부모에게 사랑과 성애적 방식으로 관계하면서 동시에 동성의 부모에게 공격적이고 거부하는 방식으로 관계할 수 있다. 이런 경우에 자아의 기능은 매우 복잡하다. 그러나 사람은 모두 자신만의 뉘앙스가 있는 일련의 오이디푸스 구도를 가지고 있고, 이것에 대해서는 개별적으로 기술할 수 있다. 부모에 대한 I씨 부인의 성적이고 경쟁적인 감정은 1년간의 주 1회 치료에서 그저 약간 건드려졌을 뿐이었다.

치료 3개월째 I씨 부인은 우울함을 훨씬 덜 느끼기 시작하게 되었지만, 그래도 회기를 시작할 때 불편해 보였다. 치료자가 말했다. "오늘 아침에는 어디서 시작하고 싶은지를 결정하는 게 힘들어 보이네요."

"그게 뭔지 모르겠어요. 상태가 좋아졌어요. 산책할 시간도 있고 심지어 몇 분이긴 하지만 책 읽을 짬도 있어요. 잠도 더 잘 자고요. 모르겠어요."

"당신이 언급하고 싶은 것 중에 지금 당신을 불편하게 하는 게 있나요?"

다시 한 번 무엇인가 미심쩍은 순간에 이 치료자는 치료 중 지금-여기 감정에 초점을 두었다.

"치료는 그러니까 방종하는 것 같아요. 마치 내가 불평하고 이해받는다고 느끼는 비밀 장소를 갖고 있는 것처럼요. 난 이런 걸 바라서는 안 될 것 같아요."라고 그녀가 말했다.

치료자는 뭔가 말을 한다면 무슨 말을 할지 생각하면서 잠자코 있었다. 그에게 떠오른 생각은 이 환자의 어머니와 아버지가 공감적인 자기-대상 기능을 제공해 주지 못했고, 그래서 그녀는 자신이 그것을 바라서는 안 된다고 느꼈다는 것이었다. 치료자의 이런 이해는 주제에 대한 유익한 훈습이 아니라 너무 추상적인 것, 이전에 논의했던 것을 비생산적으로 반복하는 것 같았다. 그는 왜 그렇게 확신이 없었을까? 무의식적인 역전이를 느낀 것이었을까? 그는 알지 못했다.

"모르겠어요." I씨 부인이 생각에 잠긴 채로 말했다. "지난주에 꿈을 꿨는데 기억이 잘 안 나요. 꿈이 중요한가요?"

"당신이 하고자 하는 말을 내가 중요하게 생각할 것인지를 당신은 여전히 궁금해하네요."라고 치료자가 언급했다. 그는 자기 목소리에 날이 서 있음을 알아차렸다. 자신이 중요하지 않다는 그녀의 감정을 훈습

해야 한다는 것이 그를 성가시게 했을까? 다른 한편으로 치료자는 어쩌면 이 '비밀장소'가 그와 환자 둘 다 피해 왔던 무언의 성적 전이와 역전이를 암시하는 것이 아닌가 하는 생각도 했다. 아마도 그것이 치료자의 신경을 날카롭게 했을지 모른다.

"선생님이 그게 중요하다고 생각하리라는 건 알고 있어요. 그게 문제예요. 선생님은 설사 그게 중요하지 않더라도 관심을 보일지 몰라요. 너무 사소한 것 같아요. 아무튼 이런 꿈을 꿨어요. 난 어떤 어질러져 있는 아파트에 있었어요. 따뜻하고 아늑했지만 어질러져 있었어요. 그곳은 외국의 어느 도시에 있었는데, 아마 부에노스아이레스나 그런 비슷한 곳이었어요. 난 대학 때 휴학했던 해에 사귀었던 남자친구와 이야기를 하며 침대에 앉아 있었어요. 그게 다예요. 꿈이라 할 것도 없어요. 그저 내가 그 사람에 대해 생각하고 있다는 걸 알았어요. 일종의 백일몽처럼 그 주 내내 드문드문 생각했어요."

"그런데 그게 마음에 걸리나요?"

"어쩌면 내가 바람을 피우고 싶은지도 모르죠. 그건 정말 큰 문제가 되겠죠. 선생님도 그 꿈의 의미가 그거라고 생각하나요?"

치료자는 마치 I씨 부인의 질문이 그가 확인해 주거나 부정하거나 혹은 인정하거나 불인정하도록 요청하는 것처럼 느껴져서 약간 불안해졌다.

사람들의 주된 동기가 그들의 관계라는 것을 이해하려면 치료자는 자기 자신의 감정의 뉘앙스를 자각하는 상태를 유지해야 한다. 비인격적인 욕동에 대한 기계적인 이해는 치료의 주제를 안전하고 확고하게 환자에게 속한 것으로 두게 하는데, 특히 치료자가 성적인 전이와 역전이를 다룰 때 그러하다. 내적인 구조적 갈등에 대한 기계론적 이론은 치료자가 지적인 거리를 유지하도록 해 주지만, 인격적인 관계 이론은 치료자가 이해는 되지만 때로 반갑지 않은 자신의 느낌에 주목하게 한다. 관계이론은 치료에서 전적으로 편안하거나 혹은 편안하지 않을 수 있는 치료관계를 변별하고 상세히 기술할 것을 요구한다.

> "어쩌면 당신은 이런 것에 대해 나와 이야기하는 게 방종한 것일 뿐만 아니라 어쩐지 은밀하고 부정(不貞)하다고 느끼는지도 모르죠."
>
> 그녀는 생각에 잠겼고 말이 없었다. 그러고 나서 조심스럽고 재치 있게 말을 이어 갔다. "연애하는 사이가 아니라면 여자가 동년배 남자와 자신의 가장 내밀한 감정에 대해 오랫동안 개인적으로 이야기하는 경우는 흔치 않죠. 난 선생님에게 잠깐 그런 감정을 가졌지만 선생님이 나의 치료자라는 걸 알고 있어요. 그건 문제가 안 돼요. 이전 남자 친구나 혹은 다른 사람과 바람피우기를 바라는 것 그리고 그걸 내 마음에서 지울 수 없다는 것, 지금은 그게 문제예요."

치료자는 그녀의 말이 그 당시 그녀의 내적 관계와 외적 관계의 복잡한 통합의 표현이라고 생각했다. 그녀는 치료자에게 가진 성애적이지는 않더라도 전이적이고 개인적인 로맨틱한 감정을 넌지시 말할 수 있었고, 그런 감정을 전문가적 입장에서 그녀를 돕고 이해할 책임을 가진 의사인 치료자와 자신의 관계라는 맥락에서 생각해 볼 수 있었다. 그녀는 자신의 감정적인 생활과 정서에 대해서 더 개방적으로 되어 가고 있었고, 자신의 감정과 욕구를 무시했던 어떤 완벽주의적 기준에 맞춰 살아야 한다는 압박감을 덜 받는 것처럼 보였다. 그러나 치료에서 감정적인 친밀함의 증가는 금지된 성애적 친밀감과 신체적 친밀감의 가능성을 시사했고, 이것이 그녀를 불편하게 했다.

대안적인 접근, 즉 그녀의 말을 본능에서 비롯된 강력한 성적인 욕동과 초자아의 보복적 처벌을 차단하기 위한 자아 방어인 합리화와 전치를 보여 주는 것으로 해석하는 것도 마찬가지로 이 주제에 대한 설명을 제공했을 것이다. 그러나 이 접근은 관계가 아니라 비인격적인 욕동을 일차적으로 강조했을 것이다. 이것은 또한 치료자에게 맞고, 그가 거리를 둘 수 있도록 해 주며, 환자의 감정을 무시함으로써 그녀의 초기 관계를 반복하게 하는 어떤 이론의 틀에 환자를 억지로 끼워 맞추었을지도 모른다. 치료자는 그의 소원하고 기계적인 이해를 태도와 어조를 통해 환자에게 미묘하게 전달했을 가능성이 매우 높다.

"그 꿈 이후로 옛 남자 친구를 머릿속에서 지울 수가 없어요. 이게 날 불안하게 해요."

"그 사람에 대해 이야기해 주세요."라고 치료자가 말했다.

로맨틱한 전이에 대해 이미 가볍게 언급했고, 치료관계를 스스로에게 환기시켰기 때문에, 그녀는 이전에 거의 하지 않았던 방식으로 말하고 속내를 털어놓는 것이 좀 더 자유로워 보였다. 그 꿈과 향수 어린 기억 그리고 현재의 갈망에 대한 그녀의 생각이 몇 회기에 걸쳐 펼쳐졌다. 그녀는 자신의 내적인 분투에서 벗어난 휴가처럼 느껴졌던 성인 초기의 한때를 묘사했다. 그녀는 중고등학교와 대학 초반 내내, 아동기 때 그랬던 것처럼 높은 기대를 충족시키려고 안간힘을 썼다. 이후 결혼을 하면서 그녀는 자신의 삶에 대한 계획을 세웠고 그녀 자신의 높은 기대에 맞추어 살았다. 그러나 대학을 휴학하고 결혼하기 이전의 시기 동안 그녀는 사람들이 휴가에서 느끼는 것처럼 뛰어나야만 한다는 압박에서 어느 정도 벗어났었다. 중년기에 들어선 지금 그녀에 대한 요구가 매우 압도적인 것처럼 보였고, 그래서 그녀는 거기에서 달아나고만 싶어졌다.

20대 초반에 있었던 이전의 현실도피 동안 당시의 사회적 관습은 젊은이의 자기 탐색과 방종을 묵인했다. 그녀의 남자 친구는 그녀에게 관심을 보였고 그녀를 받아들였다. 두 사람은 몇 시간씩 서로 이야기를 나누었고 만족스러운 성관계를 가졌다. 그들은 함께 여행을 했다. 그들은 서로를 아끼며 편안한 마음으로 함께 있었지만 서로에게 열렬하게 전념하지는 않았다. 함께할 미래를 계획하지 않고 그저 서로를 즐겼다. 수천 마일 떨어진 거리에 있으면서 그녀가 어머니와 어머니의 요구 그리고 금지사항을 생각했을 때 안도감이 느껴졌다. 그녀는 자신의 삶에서 처음으로 자신의 주변이 어지럽게 되도록 놔두었고 그 안에서 일탈의 기쁨을 느꼈다. 그녀와 남자 친구는 여행하고, 먹고, 자고, 성관계를 하고, 태양 아래 누울 수 있었다. 진로에 대한 그들의 야망이 무엇이었던 간에 그것은 유보되었다.

위의 내용에서 그녀는 한 남자와 성적이고 쾌락적인 관계를 가지며 어머니의 규칙을 깨뜨리는 것을 즐겼고, 남자와 함께 달아나 어질러진 호텔 방에서 묵었던 때를 이야기하고 있었다. 이 대상관계는 삼원적이었다. 이 관계는 그녀 자신과 두 사람의 대상, 즉 어머니와 남자를 포함했다. I씨 부인의 치료에서 이 관계는 내적인 것으로 꿈과 기억 그리고 전이에 의해 그때 재현되었다. 현재의 내적 · 외적 전이 관계에서 부정한 비밀 장소는 오이디푸스적인 상황을 상징했다. 어쩌면 그녀는 다른 장소로 달아났을 때에만 그런 감정에 관심을 둘 수 있었는지 모른다. 어쩌면 그녀는 어머니에게서 떨어져 있을 때 안전하게 느끼거나 다른 사람인 것처럼 느꼈고, 자신의 내적인 요구와 가치를 소원한 어머니에 대해 그녀가 갖고 있던 이미지에 투사할 수 있었는지 모른다.

> 몇 달 동안 여행한 후 그녀와 남자 친구는 각자의 길로 갔다. 그녀는 그들이 결혼하기에는 서로에게 너무 맞지 않다고 느꼈다. 미래의 삶에 대한 그녀의 생각에 맞을 정도로 그는 야망 있는 남자가 아니었다.
>
> 그 뒤 그녀의 미래 남편과의 관계가 열정적으로 꽃피었다. 그는 이전 남자 친구보다 성취욕이 강했고 그녀는 그런 면이 좋았다. 그들은 둘 다 열심히 일했지만 몇 번의 낭만적인 순간을 함께 즐기는 경험도 가졌다. 그들은 함께 미래를 계획했고 그것을 위해 열심히 노력했다.

그녀의 현재 딜레마는 개인적인 충실함과 성적인 방식을 포함한 다른 사람과 함께하는 방식이라는 관점에서 이해될 수 있었다. 이런 관점에서 보면, 치료에서 가장 도움이 되었던 것은 그녀가 자신의 내적인 삶을 다른 사람과 논의하는 기회를 가진 것이었을지 모른다.

이후 회기에서 그녀가 남자에 대한 주제로 돌아왔을 때, 그녀는 아버지를 건강하고 활력적인 사업가로 묘사했다. 아버지는 운동을 잘했고 외모에 신경을 썼다. 그는 장시간 일했고, 돈과 성공 그리고 신체적인 아름다움을 가치 있게 여겼다. 그는 일하지 않을 때면 대부분의 시간을 아내와 다른 부부와 교제하거나 골프를 치거나 수영을 하면서 보냈다.

환　자: 아빠는 정말 멋진 사람이었어요. 모두들 아빠를 좋아했어요. 우리 집 수영장 파티에서 아빠가 얼마나 잘생겨 보였는지 기억나요. 어쩌면 내가 아빠에게 어떤 감정을 가졌는지도 모르겠어요. 물론 기억나지는 않지만요. 아빠는 날 좋아했어요. 내가 귀엽다고 생각했고, 나를 반짝이라고 부르곤 했어요. 내가 눈을 반짝거리며 아빠를 봤기 때문이죠. 아빠 곁에 있으면 늘 기분이 좋았어요. 하지만 아빠는 멀리 있었어요. 물론 엄마처럼 감정적으로 거리를 둔 건 아니었지만요. 아빠는 실제로 함께 있지 않거나, 방 건너편에서 다른 사람, 주로 여자들과 얘기하고 있거나 했다는 뜻이에요. 난 멀리 떨어져 감탄하며 아빠를 바라봤고 아빠도 감탄하며 날 바라봤어요. 근데 아빠는 대부분 집에 없었어요. 일을 많이 하셨죠.

치료자: 그래서 당신은 처음으로 사랑했던 남자에게 이런 동경하는 듯한 갈망을 가졌군요. 이전 남자 친구에 대해 지금 갖고 있는 향수 어린 갈망과 같은 것 말이죠.

환　자: 난 여기 오고 선생님은 날 이해해 주고 나에게 아무것도 요구하지 않죠. 선생님은 예전 남자 친구 같아요. 난 아르헨티나로 도망칠 수 없어요. 그래서 치료실로 도망쳐 와요.

치료자: 그리고 여기서 당신은 정돈하지 않아도 되는 어질러진 사무실에 앉아 있을 수 있죠.

환　자: 마치 그 어질러진 호텔방에 대한 꿈처럼 말이죠! (웃으며) 맞아요.

그녀는 치료자의 정신적 능력에 감탄하고, 자신도 치료자의 감탄을 받는다고 느끼는 듯 보였다. 이것은 아마도 치료자가 몇 회기 전에 언급되었던 꿈의 세부적인 내용을 기억했고, 또한 치료자의 직관적인 이해 속에 미묘한 매혹적인 힘이 담겨 있었기 때문이었을 것이다.

I씨 부인은 치료자에 대해 이상화되고 성애적인 전이를 가지고 치료자의 주의 깊은 알아차림을 마음껏 누리는 것처럼 보였다. 치료자와 환자는 이제 양자 간의 부녀관계를 재연하고 있는 듯했는데, 이것은 치료 초기에 그녀가 보였던 것과는 다른 패턴이었다. 이제 그녀는 자신을 가치 있게 여기고, 대상은 그녀를 감탄하고 유혹하지만 충분히 함께할 수 있지는 않은 상태였다. 그녀의 감정은 열정적으로 자라났지만 동경 어린 것이 되었고, 그녀의 자아기능은 장난스럽게 관여되어 있었다.

대상관계 관점은 치료자와 환자가 서로 이상화하는 이런 치료 경험이 때로 환자에게 좋을 수도 있다는 자기심리학적 견해에 동의한다. 그러나 치료에서 사람을 지탱시켜 주는 이런 양자 간의 자기-대상 관계만으로는 충분하다고 생각되지는 않는다. 내적인 오이디푸스적 관계가 욕동의 파생물이 아니라 하나의 반복되는 시나리오라고 설명해 주는 것 또한 중요하다.

> "선생님의 도움에 정말 감사해요…." 그녀는 주저하고 어떤 단서를 다는 것처럼 보였다.
>
> "그런데?…"라고 치료자가 그녀의 단서를 예상하면서, 이상화의 다른 측면을 탐색하도록 요청했다.

> 환　자: 하지만 그리 건강한 것 같지는 않아요.
>
> 치료자: 무엇이 건강한 것 같지 않나요?
>
> 환　자: 그냥 전문가가 아니라 남편과 친밀해지는 게 더 건강할 것 같아요.
>
> 치료자: 계속 말씀하세요.

치료자는 그녀를 버려 두지도 구해 주지도 않았다. 치료자는 자신의 이상화된 자기상을 보호하지 않았고, 자기를 내세우지 않으려고 애쓰지도 않았다. 치료자는 I씨 부인이 자신의 양호한 자아기능으로 자신의 문제를 다루도록 격려했다. 그들의 관계에서 그녀가 할 수 있을 것이라는 그의 확신과 그녀의 아주 인간적인 딜레마에 대한 그의 수용은 자기와 타인에 대한 새로운 경험을 제공했지만, 그 관계 자체로 충분한 것은 아니었다. 그녀는 그 문제에 대해 작업을 해야 했다.

> 환　자: 좀 이상해요. 몇 달 전에 우울하고 어떤 것에도 관심이 없는 상태로 여기에 왔어요. 이제는 기분이 나아졌어요. 심지어 남편과

성관계도 즐길 수 있어요. 그런데 남편과 아주 가깝다는 느낌은 없어요. 예전 남자 친구 생각을 하고 있고, 또 치료자와 이야기를 하고 있죠. 다 나뉘어져 있네요. 난 남편을 무척 존경해요. 남편은 훌륭한 아버지고 가족을 잘 부양해요. 이제 지부 부사장이죠. 내 우울증을 이해해 주고 내가 예전의 나로 돌아와서 기뻐해요. 그렇지만 남편과 가깝다는 느낌은 안 들어요. 왜 그런지 알 수 없어요.

치료자: 마치 당신이 누군가를 정말 사랑한다면 그를 가질 수 없다는 신념을 갖고 있는 것 같네요. 아버지에게도 그렇게 느꼈고, 예전 남자 친구에 대해서도 그리고 지금은 당신 남편에 대해 그렇게 느끼고 있네요.

환　자: (곰곰이 생각하며) 정말 그렇게 보는 것 같아요.

이 도식에서는 예전의 내적인 로맨틱한 관계가 현재 치료에 전이되었다. 치료자는 남편에 대한 찬사 일색의 보고가 극단적인 이상화인지 아닌지 알지 못했다. 그녀는 심지어 치료장면에서도 다른 사람을 이상화하고 자신을 평가 절하하는 경향이 있었다. 어쩌면 그녀의 남편은 그녀가 묘사하는 것보다 덜 유연하고 감정적으로 함께 해주는 능력도 적은 사람일지 모른다. 그녀의 말처럼 그가 감정적으로 함께할 수 있다면 왜 그녀는 그가 그렇지 않은 사람인 것처럼 행동할 것인가? 왜 그녀는 그와 가깝다고 느끼지 않았을까?

환자가 스스로 이 주제에 대해 작업하는 동안 치료자는 그녀의 남편은 실제로 감정 차원에서 반응을 보였는데 그녀가 그것을 활용할 수 없었다는 추측을 해 보았다. 즉, 그녀는 자신의 내면세계에서 어머니와 아버지 두 사람과의 관계를 포함한 모든 관계를 감정적으로 얻을 수 없는 것으로 보았고, 그래서 열정적으로 소망하면서 또한 현재 얻을 수 있는 신체적 · 정서적 친밀함의 가능성을 상상할 수 없었다는 것이다.

환 자: 남편은 정말 관심이 있다고 생각해요. 하지만 애들이 우리 시간을 다 차지해요. 그리고 남편은 새로운 직위 때문에 출장이 잦아요. 우린 가깝지만, 우리가 하는 얘기는 전부 우리가 바쁘고 또 서로에게서 떨어져 있다는 게 얼마나 싫은가 하는 것뿐이에요. 내가 정말 원하는 게 뭔 줄 아세요? 내가 원하는 건 남편과 함께 여행하는 거예요. 새 직위 때문에 남편이 나가 있는 일이 너무 많아요. 난 외로워요. 그저 남편과 둘만의 시간을 좀 갖고 싶어요. 아이들은 친구들에게 맡길 수 있어요. 친구들은 늘 자기 애들을 우리에게 떠맡기는데, 우린 그래 본 적이 없어요.

이런 대상관계 접근은 I씨 부인의 삶에서 일차적으로 결여된 것이 남편과의 친밀함이라는 것을 드러내 주었다. 그녀의 이전 꿈은 비인격적인 성적 욕동에서 나온 것이 아니라, 그녀가 결코 가질 수 없다고 느꼈던 친밀함과 관계성 그리고 성애적 일체감에 대한 갈망에서 나온 것으로 여겨졌다. 그녀의 성적 소망과 욕구는 관계성에 대한 바람의 일부였다.

어쩌면 그녀는 또한 제3자나 상황, 즉 그녀의 어머니, 파티에서의 다른 여자들, 아버지의 일, 아이들, 남편의 일, 치료자의 역할이 방해하기 때문에 가까워질 수 없다고 느꼈는지도 모른다. 그러나 치료에서 자신이 좀 더 받아들여진다고 느끼고 또 자신을 좀 더 받아들이게 되면서, 그녀는 만족감을 주면서 획득 가능한 관계를 갖는 것에 대해 생각하기 시작했다.

그녀는 자신의 자아기능을 활용하여 자신이 원하는 것을 이룰 수 있는 방법을 찾았다. 그녀는 먼저 자신의 양호한 인지적 기술을 이용하여 예전에 내면화된 대상, 특히 그녀의 아버지와 현재의 가능성을 적극적으로 변별함으로써 이렇게 하는 것처럼 보였다. 즉, 그녀는 비록 이제까지는 그렇게 봐 오지 않았지만, 남편이 자신과 함께할 수 있는 사람이라는 것을 볼 수 있었다. "남편과 함께 여행하고 싶어요."라고 그녀가 말했다.

오이디푸스기 어머니와의 관계

그녀는 남편과의 여행을 비롯해서 자신에게 충만감을 주는 활동을 하는 데 더 많은 시간을 보내기 시작했다. 그녀의 성생활은 놀라운 정도로 좋아졌다. 그녀는 또한 자신의 관심사를 추구했고, 몇 가지 활동은 계속했지만 미술 박물관의 자원봉사 참가 요구도 점차 거절해 나갔다. 그녀는 여전히 어머니의 요구를 거절하는 것은 거의 불가능하다는 것을 알았지만, 청결과 순종에 대한 어머니의 요구가 자신이 어린 시절에 사랑이 느껴지고 쾌락적인 관계를 갖는 데 방해가 되었고, 그런 요구가 여전히 자신이 남편과 친밀한 시간을 갖는 데 방해가 될 수 있음을 서서히 생각하기 시작했다.

환　자: 그게 어려워요. 내가 '싫다' 고 하면, 어머니는 절대 이해해 주지 않으실 거예요. 그렇지만 내가 '싫다' 고 말하지 않으면, 내가 편히 쉬거나, 댄과 함께 하거나, 여행하거나 혹은 다른 어떤 걸 할 시간이 없죠. 내가 가족 모임을 갖지 않으면, 아무도 하지 않을 거예요. 우리집 아이들이 아기였을 때, 어머니는 애들을 좋아하고 안아 주곤 하셨죠. 그렇지만 애들이 걷고 어지럽힐 수 있게 되자, 어머니는 애들이 집에 오는 걸 원치 않았어요. 웃기는 일이죠. 가정부도 두고 있으면서 말이죠! 하지만 어머니가 마음먹었을 때 우리 집에 오시게 하지 않으면, 우리 애들은 할머니를 절대 볼 수 없다는 게 현실이에요.

치료자: 어머니가 당신이 아이였을 때 당신에게도 그렇게 거부적이었다고 생각하나요?

환　자: 아마도 내가 걸음마 할 때는요. 누가 알겠어요? 그렇게 오래전 일은 기억할 수 없어요. 내가 학교에 들어가자, 어머니는 피아노 교습을 받도록 데려다 주셨고, 연주회도 가셨고, 나를 자랑스러워하셨어요. 난 그게 좋았죠. 그렇지만 지금은 내가 따르지 않으면 애들이 거부당하게 돼요.

치료자: 당신은 자신이 놓치고 있는 게 아니라, 애들이 할머니에게서 받지 못하고 있는 게 뭔지에 대해서만 생각할 수 있나 보군요.

환　자: (눈물을 흘리면서) 어머니는 결코 날 받아 주시지 않을 거예요. 그렇죠? (계속 눈물을 흘림) 우스워요. 누군가 죽은 것 같은 느낌이 들어요. 내가 완벽할 수만 있다면 어머니가 내게 어떤 사람이 될 수 있을까 하는 생각에 줄곧 매달려 왔어요. 그런데 이제

> 그런 일은 결코 일어나지 않는다는 걸 알겠어요. 너무 유치한 생각이에요. 오래전에 극복했어야 했어요. 내가 나의 집과 나 자신을 위한 시간을 갖고, 내가 원하는 방식대로 아이들을 키우고, 남편과 시간을 보내고 싶다면, 어머니를 기쁘게 하려고 애쓰는 걸 관둬야겠죠.

그녀가 자신의 성적인 감정을 받아들이고 그녀와 함께할 수 있는 남자와 같이 있고자 하는 자신의 갈망을 받아들이기 시작한 후에 자신의 어머니가 죽어 간다고 그녀가 경험한 것은 어쩌면 우연이 아니었을지 모른다. 그녀는 그녀가 어린 소녀였을 때 어머니가 순종을 요구하고 거부적이었을 뿐만 아니라 남편의 관심을 모으고 그녀를 바쁘게 만들어 그녀와 아버지의 관계를 방해했다는 느낌이 들었다. 어쩌면 이 환자는 궁극적으로 어머니의 사랑을 얻기 위해 남자에 대한 소망을 억압했을 수 있다. 또한 어쩌면 그녀는 어머니가 죽어서 어머니의 애정보다 좀 더 얻을 수 있을 것 같이 보였던 아버지의 애정을 얻기를 바랐을지도 모른다. 그녀가 어머니를 기쁘게 하려는 희망을 포기했을 때, 그녀는 오래된 내적인 이미지, 아마도 그녀의 오이디푸스기 이전의 공생적 어머니의 내적 이미지가 죽도록 허용했거나, 혹은 능동적으로 그리고 심리적으로 어머니를 죽인 것처럼 보였다. 그녀는 이 죽음을 놓고 애도했다(Klein & Riviere, 1964; Ogden, 1986).

오이디푸스적 관계는 대상관계 접근에서 매우 중요한 주제로 남아 있다. 오이디푸스 이야기는 내면화되고 반복될 수 있는 또 하나의 패턴이 된다. 가족 패턴에 대한 많은 신화 가운데 I씨 부인의 신화에서는 완벽주의적인 어머니와의 관계가 이상화된 아버지와 가까워지는 것을 방해했다.

치료자: 당신은 자신이 완벽해진 미래에 기대할 수 있는 어떤 것으로, 당신 속에 그러니까 마음속에 당신의 완벽한 어머니가 생생하게 살아 있도록 해 왔던 것 같군요.

환 자: 하지만 이젠 그게 정말 더 이상 필요하지 않아요. (누그러지다가 그녀 특유의 활달한 태도로) 글쎄요. 어차피 어머니의 수용과 인정을 얻을 수 없다면 나 자신이 원하는 걸 할 수 있을 거라고 생각해요. 1년에 한두 번 정도 가족 파티를 하도록 계획할 수 있겠죠. 내가 편할 때에 말이죠. 어머니가 전화해서 모임이 필요하다고 말씀하실 때마다가 아니고요.

치료자: 왜 그렇게 하려고 해요? 당신 결정에 이의를 제기하는 건 아니에요. 단지 그 의도가 궁금해서요.

환 자: 난 우리 애들이 자기 대가족과 알고 지내길 원해요. 그리고 나도 내 가족, 그러니깐 내 원가족과 관계를 유지하고 싶어요. 왜냐하면 그게 내가 원하는 방식이니까요. 나와 지금 우리 가족, 그러니깐 내 아이들과 남편 그리고 나를 위해서요. 그것에 대해 어머니의 승인을 얻으려고 하진 않을 거예요. 그러니까 내가 나 자신을 위해 그걸 한다면 내가 편할 때 해야죠. 물론 내가 어머니에게 '싫어요.' 라고 말하면 어머니는 심술을 부려 다음번 가족모임에 오는 걸 거부하실지도 모르죠.

치료자: 그건 당신이 아이일 때 느꼈던 방식이죠. 그러니까 당신이 어머니를 거스르면 당신은 자기 방으로 보내지곤 했죠. 가족과 떨어져서 말이죠.

환　자: 그게 다가 아니었어요. 어머니는 며칠 동안 내게 말도 하지 않곤 하셨죠. 아빠가 어머니를 거스를 때도 똑같이 하셨어요. 하지만 사실, 어머니는 노인이에요. 그리고 자기 자식과 손자들을 자랑스러워하시죠. 마음을 돌리실 거예요. 파티에 한 번은 안 오실지도 모르지만 두 번 빠지진 않으실 거예요.

Fairbairn의 용어(1954; Grotstein & Rinsley, 1994)로 표현하자면, I씨 부인 모녀의 일차적 대상관계는 거부하면서 흥분시키는 패턴(rejecting and exciting patterns)이라고 할 수 있다. 그녀는 스스로를 무자비하게 혹사시킴으로써 거부하는 대상의 마음을 달래고 인정을 얻기 위해 애쓰는 부적절한 어린아이로 자신을 경험했다. 여기에서 제시된 모형에서 사용한 정서와 자아기능의 개념을 Fairbairn의 모형에 추가하면, 그녀의 정서는 주로 불안에 찬 기대인 것으로 보이고, 잠재적으로 양호한 그녀의 자아기능은 거부하는 대상에 의해 끊임없이 부과되는 일련의 과제를 수행하는 쪽으로 전적으로 쏠려 있었다. 그녀는 어떻게 하면 충만한 삶을 살 수 있을지에 대해 자신이 갖고 있는 가정에 의문을 제기하기 위해 자신의 창의적 사고를 사용할 자유가 거의 없었고, 거부하는 내적 대상에 속박된 상태로 남아 있었다.

그러나 그녀는 자신을 인정하고 아껴 주는 어머니라는, 대체로 무의식적인 대안을 비밀리에 마음속에 간직하고 있었다. 여기에서 그녀는 자신이 바라던 대로 찬미되고 진가를 인정받는 딸이 됐다. 그녀는 자신과 어머니에 대한 이런 이상화된 이미지를 비밀로 하고 따로 떼어 놓고 분열시키며 또한 자신의 모든 과제가 완벽하게 수행될 어떤 미래의 시점에 둠으로써 이 이미지를 보호했다. 여기에서 정서는 주로 상호 찬미와 연관된 것이었다. 이상화된 관계에 대한 이런 환상의 순간에 그녀의 자아기능은 중지되거나 불필요했다. 이후 그녀가 이런 주제를 좀 더 탐색했을 때, 그녀는 자신의 딸에게 완벽하게 진가를 인정해 주고 관대한 어머니가 되려고 노력함으로써 때로 이 내적인 구도를 현실에서 재현했다는 것을 깨달았다. 이런 때에 그녀의 자아기능은 자신의 딸을 충족시키고 그런 충족을 대리적으로 즐기는 쪽으로 쏠려 있었다.

가질 수 없는 아버지나 다른 남자와 완벽하고 찬미하고 그리고 성애적인 결합을 맺고자 하는 그녀의 열망은 어머니와의 이런 내적이고 비밀스럽고 흥분시키는 대상관계와 놀라울 정도로 유사했다. 그녀의 남자관계는 그녀가 소망했던 어머니와의 공생적이고 오이디푸스 이전 시기의 관계가 양자관계로 재현되는 것처럼 보이는 경우가 종종 있었다. 치료를 받기 이전에 남편에 대한 그녀의 감정은 그들이 해야 할 일을 다 마치고, 아이들이 다 자라고, 집안이 제자리가 잡히고, 그들이 실제로 함께할 수 있는 그때를 동경하는 갈망으로 채워져 있었는데, 이는 그녀가 자신의 과제를 마치고, 자신을 찬미하는 환상 속의 어머니에게 수용되고자 했던 갈망과 유사했다. 그리고 I씨 부인은 오이디푸스 이전 시기의 아버지와 이와 유사한 찬미하는 환상의 양자관계를 가졌던 것으로 보였다.

그러나 함께할 수 없는 남자의 애정을 갈망하는 자신의 소망에 그녀가 더 초점을 두는 것은 어머니의 인정을 바라는 소망과 충돌했다. 치료의 초점이 어머니와 아버지 각각과의 양자관계를 탐색하는 것에서 빠르게 옮겨 나오면서 오이디푸스적 역동이 좀 더 분명하게 드러났다. 그런 다음 그녀는 자신이 갈망한 아버지와 방해하는 어머니의 패턴에 대해 이야기했다. 양자관계는 덜 중요해 보였고, 치료는 삼자 구도에 초점이 맞춰졌다. 그녀는 한때 중요했고 오래됐으며 갈망했던 공생적 어머니와 아버지를 상실하는 것에 대해 애도하기 시작했다. 그녀는 적어도 두 개의 대상을 동시에 마음에 보유하고, 한 대상은 얻고 한 대상은 잃는 좀 더 복잡한 내적 관계를 발달시켰다. 자신이 소망하는 갈등 없는 관계성에 집착하는 대신, 그녀는 한 사람에게서 어떤 것을 얻을 때 다른 사람에게서 어떤 것을 잃는다는 것을 깨달았다. 자신이 모든 사람에게 완벽한 사람이 될 수 없다는 것, 그리고 자신이 그런 본보기가 되어야 할 필요가 없음을 인식한 것은 그녀에게 상실이기도 했지만 큰 위안이었다.

I씨 부인은 초기 관계와 학업 그리고 직장에서 충분히 성공적이었기에 초기 성인기에 갈등을 견뎌 낼 수 있는 능력을 발달시킬 수 있었다. 그러나 중년기에 압도되고 우울해졌을 때, 그녀의 양자관계와 삼자관계 둘 다 재고해야만 했다. 사람은 누구나 자기 내면에 자신의 대상관계의 전체 역사를 지니고 있기 때문이다.

I씨 부인은 자신 및 타인과 관계하는 그녀의 습관적이고 내적인 방식 그리고 이런 패턴이 어떻게 과거에 발달되었고 현재 내면의 삶에서 유지되고 있는지를 좀 더 깨닫게 되면서, 또한 치료 장면과 치료 장면 외부에서 대안적인 관계 방식을 발전시켜 나가기 시작했다. 그녀의 감정과 주관적인 자기를 그 자체로 가치 있게 인정해 주고 또한 그녀의 성숙한 자아기능과 스스로 자신의 어려움과 씨름하고 극복할 수 있는 능력을 인정해 주는 관심 있고 염려해 주는 치료적 관계의 맥락에서, 그녀는 이제 주로 무의식적인 내적 대상관계를 현재 그녀가 가진 외적인 가능성 및 그녀가 성인으로서 가진 능력과 권한과 구별할 수 있었다. 그녀는 과거의 풍성함을 잃지 않으면서 그 과거에서 자신을 자유롭게 하기 시작했다. 그녀는 다른 사람과의 관계에서 점점 더 복잡하고 성숙한 자기와 좀 더 정교하고 충족감을 주는 정서를 발전시켜 나갔다. 또한 자신의 잠재적인 자아 능력을 더욱더 자유롭고 온전히 사용하도록 자신에게 허용했다.

이 치료 작업은 원초아와 자아 그리고 초자아와 같은 비인격적인 마음의 구성 요소와 상관없이 전적으로 개인적인 관계를 상세하게 드러내는 작업의 측면에서 이루어졌다. 신경증적 증상과 성격 구조를 가진 상당히 성숙한 이 여성의 경우 오이디푸스적 관계는 욕동과 금지 간의 딜레마가 아니라 그 자체로, 즉 하나의 관계로 전개되었다.

2. 성숙한 사람에게 나타난 자기와 대상 상실의 공황

I씨 부인의 치료는 그 전개가 길고 상당히 질서정연했다. 그런데 대상관계에 대한 이해는 외적 관계에서 일어난 갑작스러운 변화가 환자의 삶을 흔들어 놓는 위기 상황에도 또한 적용될 수 있다. 여기서 또 한 번 이 접근법은 현재 외적 관계의 맥락에서 내적인 관계를 살펴본다.

37세인 J씨는 대규모 컴퓨터 제조업체에 하드웨어 부품을 납품하는 작은 회사를 설립했다. 그는 개발자나 기술자가 아니라 사업과 영업을 담당하는 파트너였다. 이 회사가 합병된 후 그는 상당한 이윤을 챙겨 퇴사했고, 투기 자본 기회를 조사하면서 1년을 보냈다.

이 한 해 동안 그는 29세의 아내와 6세의 아들과 함께 시간을 보냈다. 그는 집안일을 거들고 음식 만들기와 육아를 도왔다. 그는 어렸을 때 어머니를 도와드리는 일을 즐겼고 어머니가 아버지보다 더 안정되고 유능하다고 생각했다. 그는 아내와 아이와 함께 여행하고 싶었지만, 아내는 그가 집 밖에서 아주 열심히 일했던 기간 동안 양육으로 인한 스트레스에 압도되는 느낌이었다고 말했다. 아내는 혼자서 오랫동안 미뤄 왔던 여행을 하고 싶어 했다.

그해가 끝나갈 때쯤 그는 아들의 주된 양육자가 되어 있었다. 그런데 그의 아내는 그의 도움을 고맙게 여기기는커녕 그의 노력과 외모와 성격에 대해 점점 더 비판했고, 그는 이에 대해 어찌할 바를 몰랐다.

유능한 남자이고 양육자며 보호자로서 자신에 대한 그의 내적인 관점은 대체로 통합되어 있는 것처럼 보였다. 그러나 감사할 줄 아는 배우자에 대한 그의 내적 기대는 그에게 보인 외적 현실과 일치하지 않았다.

그는 침대 매트리스 아래에 감춰진 다른 남자가 아내에게 보낸 연애 편지들을 발견했을 때 충격을 받았지만, 아내의 외도를 진즉에 알았어야 했다는 느낌이 들었다. 그가 아내에게 직면하자 아내는 화를 내며 집을 나갔고, 새 연인과 함께하려고 비행기를 타고 시애틀로 간 후 J씨에게 이혼 의사를 밝혔다.

그는 변호사에게 자문을 구했고 자신이 할 수 있는 몇 가지 선택에 대해 조언을 받았다. 화해를 바라고 아내에게 함께 부부 상담을 받자고 간청하면서 그가 숙고하고 기다리는 동안, 그의 아내는 몇 번이나 집에 들어왔다 나갔다 했는데, 아들은 늘 그에게 맡겨 두었다. 3개월 뒤 그의 아내는 자신의 변호사와 연락하여 이혼 수속을 밟았고, 법적 소송을 내기 직전까지 갔다. 그녀는 시애틀로 아들을 데려가고 싶다고 했다. 환자가 단호하게 반대하자, 그녀는 다음에 취할 행동을 생각하려고 자기 연인과 함께 멕시코의 휴양지 캔쿤섬으로 여행을 떠났다.

사업 결정에서는 단호했지만, 결혼관계에서 J씨는 수동적이고 우유부단했다. 변호사는 J씨에게 아내가 아들을 데리고 다른 주로 가도록 해 주면 아들을 보기가 매우 어렵게 될 수 있다고 충고했다. 그렇게 하면 아내뿐만 아니라 아들을 잃을 수도 있다는 것이었다. 만약 J씨가 자신이 더 안정되고 육아에 관여하는 부모라고 믿는다면, 가장 확실하게 아들과의 관계를 지키는 방법은 이틀 이내로 이혼과 자녀 양육권 소송을 하는 것이라고 했다.

그다음 날, 그의 변호사가 J씨를 만난 적이 없는 어떤 정신과의사에게 긴급하게 전화를 했다. "이분이 너무 불안해해요. 내 사무실에서 가만히 앉아 있질 못해요."라고 변호사가 말했다. "그는 생각을 할 수가 없어요. 밤새 잠을 못 잤대요. 눈을 크게 뜨고 빤히 쳐다봐요. 공황 발작을 일으키고 있는 건지 아니면 내 앞에서 정신병을 보이고 있는 것인지 뭔지 모르겠어요. 오늘 마지막 시간에 그를 봐 줄 수 있으신가요? 그는 내일 아침에 몇 가지 중요한 결정을 내려야 하는데, 지금 그럴 상태가 아니에요. 만약 당신이 오늘 밤 그를 도와줄 수 없고 입원시켜야만 한다면 이해하겠어요. 하지만 한번 봐 주시면 정말 고맙겠습니다. 정말 이 분이 걱정돼요." 그 정신과의사는 환자를 보기로 했다.

J씨가 도착했을 때 목소리는 떨렸지만 조리 있게 말했다. 그는 스포츠 코트와 편안한 바지를 입었고 눈 맞춤을 잘 유지했다. 그는 망상이나 환각 증상을 보이지 않았고 앞서 제시한 사태의 전모를 간결하게 설명했다. 몇 분 후에 그가 말했다.

환　자: 난 괜찮았어요. 변호사의 충고를 받아들여야 한다는 걸 알고 있었어요. 심지어 잠자리에 들 때도 괜찮았는데, 악몽 때문에 잠을 깼어요. 갑자기 이상한 느낌이 들었어요. 몇 시간 동안 내가 아닌 것 같았어요. 지금은 기분이 좀 나아요. 이곳에 약속을 해 두었다는 걸 알고 있어서 진정할 수 있었어요. 그리고 동생과 점심을 먹었어요. 동생은 이 상황을 이해하죠. 내가 어떤 결정을 하든 지지적이죠. 하지만 오늘 아침에 난 생각을 할 수 없었고, 아직도 완전히 좋아지지는 않았어요. 쇼크 상태였죠. 총에 맞거나 한 것 같은 상태였어요.

치료자: 악몽은 어떤 내용이었나요?

환　자: 낯선 테라스에서 아내를 봤어요. 눈부시게 아름다웠죠. 아내는 매우 매력적인 여성이긴 하지만 이건 비현실적인, 다른 세상의 아름다움이었어요. 아내 옆에는 내가 만난 적이 없는 이 남자가 있었어요. 하지만 꿈에서 난 그가 아내가 만나고 있는 남자라는 걸 알았어요. 아내는 내게 인사를 했는데 난 총을 꺼냈고 그 남자 얼굴에 들이대고 쐈어요. (머리를 흔들며) 그건 내가 아니에요. 난 총을 갖고 있지 않아요. 전쟁에 나가는 것도 거부했어요. 난 어떤 종류의 폭력도 믿지 않아요. 그냥 이상해요.

꿈에서 그가 평상시 자신에 대해 갖고 있는 관점에 부합하지 않는 하나의 자기이미지가 출현했던 것이었다. 이 꿈은 아내가 외도하고 있다는 것을 안 것보다 그를 더 흔들어 놓았던 것 같았다.

치료자: 그리고 그때 이후로 당신은 불안하고 대부분의 시간 동안 생각할 수가 없었고요?

환　자: 마치 내가 쇼크에 빠진 것 같았어요. 하지만 이제는 좀 괜찮아요.

치료자: 이 남자를 실제로 죽이겠다는 생각이 든 적은 있나요?

치료자는 J씨의 자기 해체가 내부 현실과 외부 현실을 구별하고 충동을 통제하며 정서를 조절하는 자아기능에 영향을 미쳐 다른 사람에게 물리적인 위험이 될 정도인지 알아볼 필요가 있었다.

환　자: 아뇨. 하지만 흔히 해 볼 수 있는 생각일 거예요. 아내의 애인을 죽이는 것 말이죠. 물론 난 한번도 그렇게 생각해 본 적은 없지만요.

치료자: 지금 당신에게 그런 생각이 들긴 하지만 실제로 그렇게 할 거라곤 생각하지 않는단 말이죠?

환 자: 물론이죠. 어쨌거나 그 남자 잘못은 아니에요. 아내가 자기 행동에 책임을 져야죠. 아내가 원한 거예요. 어쨌거나 그 남자가 누구든 간에 정말이지 미워요. 하지만 그를 쏘지는 않을 거예요. 선생님은 내가 두려워하는 게 그거라고 생각하세요?

이 환자는 너무도 극심한 상실로 고통받아 자기와 타인 간의 경계 그리고 내적 경계와 외적 경계가 무너졌고, 그의 자아기능이 압도되었으며, 그의 주된 정서는 비현실감이 동반되는 공황상태였다고 이해할 수 있다. 치료자가 취한 첫 번째 조치는 내적 경계와 외적 경계 그리고 꿈과 현실을 분명히 하고 환자가 자신의 양호한 자아를 이용하여 이것들을 구분하는 기회를 제공함으로써 환자를 위해 외적 자아기능을 수행하는 것이었다. 치료자는 질문하는 것만으로 이런 기능을 수행할 수 있었다.

치료자: 당신이 뭘 두려워한다고 내가 생각한다고요?

환 자: 그를 총으로 쏘는 것?

치료자: 그게 내가 당신에게 묻고 있는 것이겠죠.

치료자는 이미 J씨의 갈등이 주로 내적인 것이고 실제 살인이 일어날 가능성은 매우 희박하다는 결론을 내렸다. 그럼에도 불구하고 치료자는 환자가 스스로 그 상황을 평가하고 또한 자기와 타인 간의 경계를 분명히 하도록 격려하고 싶었다.

"그것에 대한 생각조차도 불쾌해요. 만일 내가 그런 짓을 한다면 그런 나로 살 수 없을 거예요."

치료자는 잠시 생각했다. 그는 꿈을 바로 해석하는 것을 좋아하지 않았다. 이런 기법은 흔히 환자의 생각보다는 치료자의 생각에 더 비중을 두고, 때로 환자보다는 치료자에 대해 더 많은 것을 드러낸다. 그러나 치료자와 J씨는 좋은 대화를 나누고 있는 것 같았는데, 아마도 급박한 상황과 정제되지 않은 감정이 대화를 촉진했는지도 모른다. 치료자는 J씨의 사고가 좀 더 분명하고 불안이 감소된 상태에서 반응을 보이는 한, 이지적으로 보이는 이 남자가 할 수 있는 만큼 빠르게 진행하기로 결심했다.

치료자: 이건 좀 이상한 생각이긴 하지만, 만일 당신이 그에게 총을 쏘았고 그런 자신으로 살 수 없다면, 당신 자신에게 총을 쏠 생각이 들 수도 있었겠어요. 내 말은 꿈속에서 말이죠.

환　자: 그래서 내가 그 남자를 쏘았을 때 내가 총에 맞은 것처럼 느꼈을까요? 그 남자가 그 사람과 나 자신을 나타냈던 건가요? 선생님 말씀이 그런 뜻인가요? 그게 무모한 행동으로 신문에 실리는 사람들에게 일어나는 일인가요?

치료자: 그건 하나의 가능성이죠. 그 꿈에 대해서 우리가 어떤 결론을 내릴 필요는 없어요. 난 단지 그것에 대해 알고 싶을 뿐이에요.

환　자: 꿈은 이상해요. 그래도 좀 이해되는 구석도 있어요. 그런 생각을 하는 것만으로도 죄책감이 느껴지네요. 그런 짓을 생각하는 것조차 너무 나답지 않아요. 난 사업에서는 경쟁적일 수 있지만….

치료자: 꿈에서 폭력적인 생각을 하는 것조차도 당신에게는 순수함을 잃는 것인가 봐요. 어쩌면 당신이 자신을 평화를 사랑하고 가정적인 남자로 보는 그 관점이 총에 맞았다고 느낄 수도 있죠. 말하자면 당신이 복수를 꿈꾸지 않았는데, 총에 맞아 쓰러졌다는 것을 아는 것만으로도 충분히 고통스러운 일이죠.

환　자: 내가 가정적인 남자가 될 수 없다는 걸 받아들이면서 정말이지 힘든 시간을 보내고 있어요. 난 경제적으로 가족을 부양하고, 아이들 키우는 일을 돕고, 아내와 함께 시간을 보내려고 했었어요. 그게 내가 아주 어렸을 적부터 생각했던 방식이에요. 그런데 지금은 내가 살림을 하고 아이를 돌보고, 아내는 밖에서 다른 남자를 만나며 돌아다니고 있어요. 그러더니 내 아들을 데려가겠다고 위협해요. 아내는 복수할 수밖에 없는 지경으로 나를 몰아넣었어요. 난 정말 그런 식으로 배우고 자라지 않았어요. 난 남자들이 아리따운 아가씨를 구해 내는 영화를 보면서 자랐어요. 우린 여자를 보호해야 해요. 어떤 경우라도. 난 여자를 위해서라면 어떤 것이든 했을 거예요. 정말 슬프네요.

치료자: 뭐가 슬픈가요?

환　자: 나한테는 슬퍼요. 왜냐하면 난 아내와 이전 모습의 가족을 잃게 될 것이니까요. 아내가 어떤 형태의 공동친권에 동의하고 이 지역에 남아 있지 않는 한, 아마도 자기 아이를 잃을 것이기 때문에 아내에게도 슬픈 일이죠. 그리고 아들 빌리도 자신의 온전한 가족을 잃을 것이기 때문에 그에게도 슬픈 일이죠.

치료자: 그 문제에 대해 정말 결심을 했나요?

환　자: 유감스럽지만 그런 것 같아요. 어제 결심했어요. 하지만 선생님 말씀이 맞다고 생각해요. 그 꿈이 실제로 내가 아내를 쏘는 것에 대한 것이었다고 내가 생각한다는 점만 빼놓고요. 그건 끔찍한 생각이죠!

치료자: 당신이 누구에게 화가 났건, 자신을 포함해서 이 일에 관련된 모든 사람에게 화났다 해도, 이 정도로 파괴적인 감정이 자신의 일부이기를 당신은 원하지 않는 것이죠. 그래서 당신이 비현실감을 갖게 되었던 것 같아요. 하지만 이제 그걸 받아들이고 있는 것 같군요.

제2장에서 논의된 C씨와 D씨와 달리, 이 환자는 복원력과 창의성을 보였다. 이해해 주는 사람과 함께 자신의 내밀한 감정을 이야기하는 것만으로도 그가 재통합하는 데 도움이 됐다.

환　자: 난 어리고 응석받이인 사람과 결혼했어요. 그러곤 나 자신의 이기적인 야망 때문에 몇 년 동안 아내에게 소홀했어요. 그것에 대한 책임은 나한테 있다고 생각해요. 하지만 아내가 떠난다면 난 나 자신과 아들을 돌봐야 해요.

치료자: 그런 결정이 어떤 결과를 가져올지 그리고 당신이 진정으로 그렇게 하고 싶은지 신중하게 생각해 봤나요?

환　자: 네, 그래요.

이 치료 회기는 유별난 데가 있었다. 어려운 내용이 드러나고 다루어진 속도가 정신분석에 적합했다기보다는 정신분석에 기초한 위기 개입에 적합했다고 볼 수 있었다. 만약 치료자가 환자에게 조언을 했거나, 환자가 얼마나 빨리 나아갈 수 있을지를 그렇게 면밀히 점검하지 않았다면, 그 회기는 성공적이지 않았을 수도 있다. 환자는 이전에는 무의식적이었던, 살의를 띤 자기-타인 경험으로 큰 충격을 받았고, 그로 인한 공황 발작이 그의 자아기능을 압도했으나, 바로 같은 날 그가 그런 주제를 비교적 실제적인 방식으로 다룰 수 없을 만큼 충격을 받지는 않았다는 점에서 이 회기는 또한 특별했다. J씨의 사례는 극단적인 상황에서, 기능 수준이 높고 잘 통합된 사람도 자기-타인 경험과 정서 그리고 자아기능이 극단적인 양상으로 동요될 수 있음을 보여 준다.

환　자: 내가 왜 그런 사람과 결혼했는지 모르겠어요. 난 유능한 사업가일 수는 있지만, 사적인 생활에서는 좋은 결정을 하지 못했어요. 난 여자를 이상화된 장식품으로 여겼나 봐요. 잡지 기사를 보면 일부 남자가 그런다고 하죠. 그런 생각은 일종의 비하죠. 여성을 아주 멋지고, 보호받아야 하고, 무능하게 보는 것이죠. 하지만 지금 그것에 대해 내가 할 수 있는 건 별로 없어요.

J씨의 대상관계는 잘 통합된 것에서 덜 통합된 것으로 옮겨 갔다고 할 수 있지만, 자기 자신과 타인을 매우 복잡하고 혼합된 방식으로 볼 수 있는 그의 평상시 능력이 그 회기가 끝날 무렵 우세해졌다. 그의 정서는 복잡했다. 그는 슬픔과 죄책감, 확고한 결심, 아들에 대

한 사랑 그리고 후회가 뒤섞인 감정을 느끼는 것처럼 보였다. 그의 자아기능은 복잡한 감정적 · 대인관계적 주제에 대해 작업해 나가는 데 양호한 능력을 발휘했다. 아마도 이런 자질은 또한 영업과 다른 사업적인 시도에서 그에게 도움이 되었을 것이다.

또한 이와는 대조적으로 그는 어쩌면 아동기 때부터 보호하고, 도와주고, 미와 수동성의 이상화된 여성이미지를 즐기는 남자로 자신을 보는 미성숙한 관점을 갖고 있었고, 동시에 비밀리에 그리고 대체로 무의식적으로 여성을 약하고 무능한 존재로 평가 절하했다. 그런 관계와 연관된 그의 감정은 낭만적인 사랑이었는데, 꿈에서 나타난 아내의 이미지와 영화에 대한 기억이 이를 나타내 주었다. 그 자신도 자신이 독선적인 우월감을 갖고 있다고 했다. 성격의 이런 측면이 우세할 때면 그의 자아기능은 대개 자기 '여자' 를 보호하고 기쁘게 하고 정중하게 주도하는 쪽으로 쏠렸다. 어느 치료 회기에 그가 말했던 것처럼, 성인으로서 실제 생활의 문제를 고려하지 않고 아내를 배우자로 선택했을 때 이런 관계가 분명히 우세했을 것이다.

이런 관점에서 보면, 그가 처한 상황이 너무도 고통스럽게 분명해져서 그의 이상화가 무너졌을 때, 그는 배신감과 버림받은 느낌 그리고 격한 분노의 원초적인 감정을 처리할 수가 없었다. 강렬한 감정으로 말미암아 통합되고 분화된 방식으로 분명하게 생각하고, 자기-타인 경계를 명확히 하며, 내적 경험을 외적인 사건과 구별하고 극단적인 감정을 조절하는 그의 자아기능이 압도된 것처럼 보였다. 그 결과 그는 공황발작을 일으켰다. 이런 상태에서 그는 내적 대상과 외적 대상과의 연계감을 잃어버리고, 자신이 해체된 느낌, 즉 총을 맞고 쇼크 상태에 빠진 느낌을 받았던 것으로 보였다. 다행히 그의 관계와 한 사람으로서 그의 가치가 동생에 의해 확인되고, 자신과 타인에 대한 감정과 경험을 정리하는 데 치료자의 도움을 받았을 때, 자아기능을 포함하여 대체로 성숙하고 잘 통합된 그의 대상관계가 다시 전면에 드러났다. 이렇게 분열이나 파편화 혹은 자기의 와해에서 회복되는 경우, 흔히 어떤 건설적인 행동을 하겠다는 결심과 함께 슬픔과 죄책감이 동반될 수 있다(Hamilton, 1988; Klein & Riviere, 1964; Ogden, 1986).

남성의 오이디푸스 대상관계

공황 발작이 더 이상 일어나지 않았음에도, 이 환자가 치료에 머물렀던 것은 아마도 그의 슬픔과 복원하려는 욕구 때문이었을 것이다. 그의 치료 관계는 더 이상 원시적 자기-대상 파편화와 융합의 주제에 초점을 두지 않고 오이디푸스 관심사로 옮겨 갔다.

J씨는 아이의 양육권을 계속 유지했다. 아이 엄마와 그녀의 새 남자친구는 J씨가 사는 지역으로 다시 이사 왔고, 아내에게는 아이에 대한 면접교섭권이 주어졌는데, 그녀는 이것에 만족하는 듯했다. 전처가 좀 더 안정이 된 듯 보이자 그의 딜레마의 한 가지 근원이 더 분명해졌다. 그는 아들을 대신해서 강렬한 갈망을 느끼기 시작했다. J씨는 자신이 누렸던 어머니와의 좋은 관계가 기억났고, 아들이 아주 좋은 어떤 것을

놓치고 있다고 느꼈다. 그는 자신을 '희생시키고' 양육권을 전처에게 넘길지에 대해 고려했고, 이런 소망에 따라 행동하려는 강렬하고 비이성적인 갈망을 느꼈다. "그렇게 하는 게 좋지 않다는 걸 머리로는 압니다. 그런데 그 생각을 머릿속에서 몰아낼 수가 없어요."

그는 아버지가 일하느라 대부분의 시간을 외지에서 보냈고 돌아왔을 때에도 주말을 사무실에서 보냈던 상황을 치료자와 함께 되짚어 보았다. 아버지는 물러나 있고 무능해 보였다. 어렸을 때 이 환자는 부엌에서 어머니와 함께 시간을 보내고, 이야기를 나누고, 집안일을 돕고, 모든 바깥일을 했다. 아버지는 돈을 잘 벌고 좀 거리감이 느껴졌지만 항상 친절한 듯 보였는데도, 그가 아버지에게 경멸감을 느꼈던 것이 기억났다.

그는 자기 자신이 아내가 그리워서 그런 느낌을 아들에게 전가하는 것이 아닐까 하고 생각해 보았다. 치료자는 또한 양육권을 가진 부모가 되는 데 따르는 책임과 시간적 부담에 대해 그가 가졌을지도 모르는 어떤 양가감정을 탐색해 보도록 권유했다. 이런 양가감정이 '아이 자신을 위해' 아이를 포기한다는 위장된 소망에 일조했을 수도 있었다. 그러나 좀 더 환자의 주목을 끈 것은 자신이 아들과 동일시하고 아들과의 관계에서 과거 패턴을 반복하고 싶어 한다는 생각이었다. 그는 아들이 자기 엄마와 독점적인 관계, 아마도 J씨 자신은 배제된 관계를 누리기를 바랐다. J씨는 아들과의 동일시를 통해 그가 어렸을 때 그토록 가치 있게 여겼던 부분적인 오이디푸스적 승리를 재현할 수 있었을 것이다.

그가 자신의 오이디푸스 관계와 그리고 이와 연관된 감정을 충분히 생각해 보았을 때, 자신의 상황과 아들의 현재 상황을 좀 더 분명히 구별할 수 있었다. 아들을 대신해서 느꼈던 그의 갈망은 사라졌다. 그러나 그는 자신의 법적인 권리와 아들과의 관계를 위태롭게 하지 않는 범위 내에서 아이 엄마의 방문 횟수를 늘이는 데 합의했다.

이 일련의 치료 회기에서 오이디푸스적 관계의 좀 더 원시적인 성적 · 공격적 측면은 드러나지 않았다. 그러나 치료적 접근 자체가 그런 느낌을 배제하거나 중요하지 않은 주제로 여긴 것은 아니었다. 자기-대상관계의 형성이 인간 행동과 정서적 삶에서 주된 동기로 여겨지지만, 성적이고 공격적인 정서와 감각도 이런 관계에서 주요하고 때로는 강렬한 측면으로 남는다. I씨 부인의 사례에서처럼 J씨의 오이디푸스 관계는 감정과 대상이 하나의 쌍을 이룬—이상화된 어머니에게는 친밀감을, 그리고 평가 절하된 아버지에게는 경멸감을 갖고 관계를 맺는 자기—양자관계가 아닌 삼자관계다.

> 이후 회기에서 환자는 치료를 받으러 오기 전날 밤에 꾸었던 꿈을 회상했다. 그는 그 꿈과 연상하여 어머니와 아버지, 전처 그리고 아들에 대한 감정을 떠올렸다. 그는 다른 남자를 쏘는 것이 아버지를 쏘는 것을 표상하고, 또한 전처뿐만 아니라 어머니와 배타적인 관계를 보장하는 것을 표상하는 게 아닌가 하고 생각하기 시작했다. 어렸을 적 그가 아버지를 한 수 아래로 보았던 것은 일종의 '아버지를 쏘아 떨어뜨리는' 식이기도 했다. 그러나 그는 그런 생각을 하며 불안해졌는데, 왜냐하면 그는 어느 정도 아버지를 사랑하고 동일시하기도 했기에 그 자신이 '총에 맞아 쓰러졌다.' 고 느꼈던 것이다.

성숙한 성인과의 주 1회 면담에서 많은 치료자는 특정한 성애적 감정과 공격적 감정의 구체적인 내용을 탐색하지 않고 관계 주제를 다룬다. 만약 치료자가 역전이 욕구 때문에 이런 주제를 회피하는 것이 아니라면 이런 접근으로 충분할 수도 있다. 그러나 오이디푸스기와 성기기 수준의 감정과 감각이 대상관계 관점에서 어떻게 논의될 수 있는지를 보여 주기 위해 이 주제를 여기에서 좀 더 상세하게 서술할 가치가 있다.

어느 한 회기에 환자는 다음과 같이 말했다. "현재로서는 섹스에 그다지 관심이 가지 않아요. 이혼한 뒤 제법 시간이 지났고, 이혼한 여자를 많이 만났어요. 우리는 주로 육아에 대한 이야기를 하는데 난 그런 교제가 즐거워요. 하지만 그건 마치 엄마하고 어울리며 시간을 보내는 것 같아요. 괜찮긴 하지만 흥분되진 않아요. 회사에서는 아이가 없는 독신 여성을 만나요. 난 여가 시간이 많아요. 경제적으로도 운이 좋았고, 나를 대신해서 일을 처리해 줄 사람도 있어요. 아들은 주말엔 엄마와 꽤 많은 시간을 보내요. 그래서 난 외출할 수도 있는데, 그냥 안 해요."

"결혼하기 전 당신의 성생활은 어땠나요?"라고 치료자가 물었다. "나에게 이야기를 좀 해 주었지만 좀 더 들어 보면 좋겠어요."

그는 강렬한 낭만적이고 성적인 관계를 가졌다가 자신의 이상화가 시들해지면서 몇 달 못 가 끝났던 자신의 초기 성인기를 되짚어 보았다. 그는 그런 관계의 부정적인 결과가 자신의 결혼을 파괴했기에 이제 그런 관계를 두려워하는지도 모른다. 그는 이런 로맨스를 생각하며 그가 어렸을 적 한가한 여름날 오후에 TV에서 보았던 영화들을 떠올렸다. 그는 어머니가 가끔 일손을 놓고 쉬면서 그와 함께 영화를 봤던 일을 기억해 냈다. 더운 여름날, 거실의 낡은 소파에 푹 파묻히던 것과 심지어 어머니의 희미한 냄새까지도 기억했다.

환　자: 하지만 그건 달랐어요.

치료자: 가장 분명하게 달랐던 점은 영화속 여배우는 실제 인물이 아니었고 어머니는 실제였다는 것이죠.

환　자: 물론 그렇죠.

치료자: 그리고 당신의 청년 시절 로맨스도 실제처럼 보이지 않았죠.

환　자: 사실 로맨스는 일종의 척하기, 일종의 '사랑하고 섹스하는 놀이하자' 같았어요. 심지어 때로는 나 자신이 영화 속에 있다는 생각도 했어요. 물론 그게 아니라는 걸 알았고 다른 사람이 실제라는 것도 알았죠. 우린 둘 다 그걸 즐겼어요. 정말 재미있었죠. 전처와 난 그런 식으로 아주 멋진 관계를 가졌고 섹스도 굉장히 좋았어요.

치료자: 그게 더 이상 게임이 아닐 때까지는 그랬겠죠. 그 후엔 두 사람 모두에게 큰 불행이었죠.

환　자: 좀 더 어머니와 비슷한 사람과 결혼했다면 난 훨씬 더 잘했겠죠. 왜 그러지 않았는지 궁금해요.

이 사례에서 또 한 번 볼 수 있듯이, 유아기 성욕과 아동기 성욕을 인정하는 데 욕동 이론이 필요하지는 않다.

몇 회기 동안 다른 주제를 함께 다루면서 환자와 치료자는 그가 어머니를 사랑하고 어머니에게서 사랑받았다는 느낌을 정리해 나갔다. 그는 어린 시절 최초의 성적인 느낌은 기억하지 못했지만 사춘기 이전과 사춘기 당시 자신의 반응에 놀랐던 경험은 기억했다. 자신이 사정할 수 있다는 것을 알게 된 직후에 그는 속옷 광고에 나오는 여자의 사진을 보면서 자위행위를 하기 시작했다. 하루는 집안일을 돕던 중 세탁기에 빨래감을 넣다가 자신이 어머니의 브래지어에서 땀과 향수가 섞인 냄새를 맡고 있는 모습을 보게 되었다. 그런 모습에 놀란 상태에서 그는 자신이 발기했다는 것을 알았고 세탁실에서 달아났다. 그 후 그는 1~2년 동안 어머니를 피하려 했다.

치료자: 그리고 당신은 좀 더 나이가 들었을 때, 영화와 속옷 광고에 나오는 여자들, 그렇게 실제 같지 않은 여자와만 성관계를 가졌죠.

환　자: 그들이 그다지 실제 같지 않기 때문이라고요? (약간 땀을 흘리며) 그리고 어머니와 어머니에 대한 내 느낌은 너무나 실제적인 것이었고요.

치료자: 물론 당신은 어머니를 사랑했어요. 그리고 당신의 성적인 느낌이 당신에게 더 분명해졌을 때, 당신이 관심을 가졌던 주변 여자에게 그런 감정을 가졌을 테죠.

환　자: 그 때문에 내가 건강하고 유능하고 안정된 여자와는 데이트를 할 수 없었다고 생각하세요? 혹은 목욕으로나 탈취제로 체취가 완전히 없어지지 않고 조금이라도 남아 있는 여자와도 할 수 없었던 거고요!

치료자: 그럴 가능성이 있죠.

환　자: 한번 노력해 보죠. (약간 장난스럽게, 어쩌면 자신의 두려움에 대한 반발로) 어쩌면 내가 그동안 뭔가를 놓치고 있었던 건지도 모르겠네요.

이런 논의는 그가 환상적인 성적 대상과 이상화된 내적 관계를 유지해 왔던 이유를 설명하는 데 도움이 됐다. 그는 이에 상응하는 욕구를 가졌을지도 모르는 자발적인 파트너를 만나 이런 내적 관계를 외적인 삶에서 행동화했던 것이다. 아마도 그는 소년시절 어머니와의 관계를 보호하고 있었는지도 모른다. 그리고 또한 아들을 거세하고 제거하려는 소망에서 아버지를 보호했던 것일 수도 있다. 꿈에서 '다른 남자'의 머리에 총을 쏘는 것은 이런 소망의 상징이었다. 꿈속에서 총에 맞는 것에 대한 그의 불안은 그가 아버지와 동일시하거나 아버지의 보복을 두려워하는 것, 혹은 둘 다를 나타냈을 수 있다.

이 대상관계 접근은 관계를 보호하고 유지하려는 욕구를 이차적인 것이거나 가설적인 성적 욕동과 성애적 욕동 혹은 이런 욕동에 대한 방어에 부차적인 것이 아니라 일차적인 것으로 강조한다. 이 예에서 J씨가 자신의 내적인 관계를 살펴보고 양립할 수 없는 측면을 피하기 위해서 자신이 이들을 서로 떼어 놓았다는 것을 깨달았을 때, 그는 어머니의 가장 좋은 자질을 떠올리게 하는 여자와 좀 더 성숙하고 성적이고 사랑하는 관계를 가질 수 있는 자유를 누리게 되었고, 자신이 어머니나 아버지에 대한 기억을 손상시키고 있다고 더 이상 느끼지 않았다.

이렇듯 오이디푸스 갈등은 어머니를 소유하는 대신 아버지와 그의 가치와의 동일시를 통해 초자아가 생겨나게 하는 자아에 의해 방어되는 원초아의 본능에서 초래되는 것이 아니다. 혹은 환자의 불안이 욕동과 자아기능을 압도하는 초자아의 비난에서 초래되는 것도 아니다. 오이디푸스 딜레마는 관계 문제에서 초래된다. J씨는 사랑받고 사랑하는 자기이미지와 이상화된 어머니와 평가 절하된 아버지의 대상이미지를 유지했다. 그의 정서는 어머니에 대해서는 만족스럽고 따뜻한 것이었고, 아버지에 대해서는 우월함과 승리감 그리고 죄책감을 느끼는 것이었다. 그의 자아기능은 대체로 이런 관계를 있는 그대로 유지하는 쪽으로 쏠려 있었다. 초기 청소년기에 성애적 감각과 정서가 분출되었을 때, 이런 것이 그의 어머니와의 편안한 친밀감을 위협했다. 그는 성애적 감정을 가질 수 있는 새로운 대상관계를 만들어 냄으로써 이상화된 모자관계와 오이디푸스적 삼각관계의 평형을 보호했던 것으로 보인다. 그는 자신을 영화 주인공처럼 여자에게 친절한 남자로 보았다. 이런 패턴은 아마도 그의 내적 세계에서 더 초기의 유아적 패턴의 반복이었을지 모른다.

가공의 여자와 함께 그는 낭만적인 느낌과 성애적 감각을 가질 수 있었고, 성인이 되서 자발적인 파트너와 함께 이런 각본을 실현하기 위해 그의 상당한 자아의 힘을 이용할 수 있었다. 이런 비현실적인 관계는 결혼으로 행동화되었고, 이 시점은 그와 아내가 아들을 키우려고 애쓰고 그가 사업에 몰두하던 시기와 맞물려, 복잡한 성인 생활과 갈등을 빚을 수밖에 없었다.

J씨의 치료 후반에는 이상화된 내적 대상관계와 그가 이제는 이런 관계를 불필요하다고 보는 것을 다루었다. 그는 새로운 가능성을 발전시키고, 또한 어머니와의 관계 요소와 주로 가공의 성적 파트너

와의 관계 요소들을 결합시키기 위해 그의 통합적인 자아기능을 자유롭게 사용하게 되었다. 앞으로 그가 성숙해야 할 영역에는 이전에 가졌던 이상화된 친절한 신사와 아리따운 아가씨의 각본을 버리고 그 상실을 애도하는 과정이 뒤따를 것이다. 그런데 이 상실은 그다지 크지 않았다. 관계에 대한 그의 오래되고 덜 성숙한 개념의 요소들은 여자관계에서 그 자신에 대한 새롭고 좀 더 성숙한 경험 속에 남아 있었다.

3. 결 론

I씨 부인과 J씨 사례를 통해 생애사가 상대적으로 안정되고 비교적 건강한 사람에게 본능과 자아 그리고 초자아로 이루어진 구조와 비인격화된 욕동과 방어에 대한 이런 구조의 함축된 이론에 의존하지 않고 대상관계를 중심적인 구조적 패턴으로 이용하여 심리치료를 할 수 있음을 볼 수 있다. 이런 환자의 문제와 적응 능력은, 함께 동요하고 함께 발전하는 구도를 이루고 있는 자기와 대상, 정서-감각 그리고 자아기능의 관점에서 논의될 수 있다. 심지어 오이디푸스 주제까지도 특정한 정서와 감각 그리고 각 개인의 특징적인 자아기능과 연관된 관계패턴으로 다룰 수 있다. 갈등은 자기와 타인 간 혹은 자기와 정서-감각, 대상 간의 다양한 측면 사이에서 양립할 수 없다고 경험되는 것 간에 존재하는 것으로 볼 수 있다. 도덕성

은 마음속의 하나의 독립된 요소에 속한 것이 아니라 전체 대상관계의 산물로 여겨지며, 그 안에서 자아-자기는 현재의 자기와 대상 그리고 정서-감각의 구도와, 선호하고 소망하는 혹은 최적의 자기와 대상 그리고 정서-감각 구도를 비교하고 대조한다.

이 책에서 논의한 접근에서 관계는 항상 서로 관련되어 있는 네 가지 요소를 가진 정신적 구조가 된다. 엄격하게 고정되어 있지는 않지만 반복적으로 나타난다는 의미에서 구조적인 혹은 안정된 것은 바로 이런 관계, 즉 자기, 정서-감각, 대상, 자아기능이다. 서로 다른 대상관계의 다양성과 변동은 개개인의 성격을 묘사하는 데 사용되는 역동적인 패턴을 이룬다. 앞서 논의한 예시에서 좀 더 건강한 사람은 덜 건강한 사람과 마찬가지로 그들 내면에 더 성숙한 대상관계와 덜 성숙한 대상관계를 갖고 있다. 상당히 성숙한 사람도 부적응적인 패턴에 갇히거나 빠져들게 되면 증상을 갖게 된다. 강력하고 때로는 원시적인 특정한 대상관계가 오랜 기간 동안 무의식적이고 비밀리에 유지될 수 있지만, 이 관계들은 개인의 삶에 심오한 영향을 미칠 수 있다.

여기서 제시된 대상관계의 네 가지 패턴은 안정적이고 보편적일 수 있다. 하지만 각 개인의 대상관계 패턴은 독특하고 시간이 지나면서 미묘한 변동을 보일 수 있다. 높은 대인관계 스트레스나 감정의 흥분, 혹은 자아 능력이 일시적으로 저하된 시기에는 이런 변동이 성격 발달이 좀 더 미성숙한 사람의 대상관계에서 나타나는 것처럼 갑작스럽고 극적으로 일어날 수 있다(Hamilton, 1992b). 이 관점은 어떤 하나의 이론적 개념화에 배타적으로 의존하지 않고 환자의 내적 혹은 외적 관계에서 치료자가 그 순간에 보는 바를 묘사할 수 있게 해 준다. 이 접근은 외상 후 스트레스 장애를 보이는 사람의 자아 상태(ego states)에 대해 Horowitz(1992)가 설명한 것과 비슷하다. 이 책에서 제시된 대상관계이론은 영국의 대상관계이론, 특히 Fairbairn의 접근과 통합되었고, 일반화의 폭을 넓혀 좀 더 정상적인 기능을 포함하고 있다.

만약 혼란의 정도가 좀 더 심한 사람뿐만 아니라 좀 더 건강한 사람도 대상관계에서 변동을 겪는다면 성숙과 미성숙의 차이는 무엇인가? 이 장에서 논의된 두 사례 모두 좀 더 건강한 사람은 대부분의 순간에 그들이 사용할 수 있는 복잡하고 조절된 자기-대상 이미지와 정서-감각을 더 많이 갖고 있음을 보여 준다. 좀 더 건강한 사람은 자아능력의 더 많은 부분이 더 자주 활성화되고, 그래서 그들 자신의 좋은 자질과 덜 좋은 자질을 동시에 인식하며 자신의 이런 모순된 측면을 수용한다. 이들은 자신의 내적 대상과 외적 대상의 복잡성을 인정하고, 타인과의 관계에서 공감과 연민 그리고 조절된 죄책감을 표현한다. 이들의 감정은 열정이 없는 것은 아니지만 자기-대상관계의 복잡성에 맞는 복잡한 방식으로 통합된다. 자아는 분화하고 통합하고 균형 잡고 그리고 조절하는 과정에서 창조적이 된다. 특히 이들은 타인과 동일시하고 공감하고 영향을 주고받고 관계하는 능력을 희생시키지 않으며 자기와 타인 그리고 내적인 것과 외적인 것을 구별할 수 있다. 좀 더 성숙한 사람은 주된 대상관계 패턴이 무너지면 자신이 이전에 다르게 느끼고 행동했다는 것을 흔히 잊어버리는 많은 경계선 환자와는 달리, 이전의 좀 더 균형 잡혔던 기능을 기억하는 능력을 대개 유지한다(Ogden, 1986).

정서가 통합적인 자아기능을 압도할 때, 중독성이나 혹은 구조적 뇌손상이 자아능력을 손상시킬 때, 극단적인 대인관계 사건이나 생애 과제가 이용가능한 기존의 관계 방식과 맞지 않을 때, 그리고 부모가 삶의 한 영역에서 담아내기(containment)와 공감하기에 지속적으로 실패하여 대체적으로는 건강한 사람을 삶의 많은 도전 가운데 한 부분에 취약하게 만들었을 때 좀 더 건강한 대상관계도 흔들린다(좀 더 건강한 사람의 분열과 투사적 동일시와 관련된 이런 변동에 대한 논의는 Hamilton[1992b] 참고).

I씨 부인과 J씨의 사례는 자아심리학의 관점에서 논의할 수도 있었지만, 관계보다 정신 기제에 더 관심을 둔 이론에 따라 이런 환자에 대한 이해가 달랐을 것이다. 이 차이는 아무리 미묘하더라도 틀림없이 환자에게 전해졌을 것이다(Hamilton, 1990). 이와 마찬가지로 자기심리학의 접근은 대상관계접근만큼 개인적으로 의미 있었을 환자에 대한 유용한 이해를 치료자에게 제공했을 수도 있겠지만, 이 접근은 자아기능의 상대적인 자율성을 충분히 강조하지 않고, 또한 부정적 전이를 무시하여 관계의 복잡성에 대한 좀 더 충분한 수용을 저해했을 수 있다. 여기서 제시된 접근의 장점은 비인격적인 정신기제의 개념을 정연하게 다루는 것을 희생시키지 않는 유연하고 인격적인 속성을 갖고 있다는 것이다.

제5장 치료적 접근방법

Freud(1914, Wallerstein, 1992)는 정신분석의 핵심적인 요소를 전이와 저항이라고 생각했다. 대상관계이론에 입각한 치료에서도 전이의 해석은 치료과정의 초석을 이룬다. 또한 저항이 환자의 내적 관계가 현재 얼마나 역기능적이거나 부적절한지와 상관없이 환자가 이런 관계를 포기하기를 본래적으로 꺼리는 현상이라고 여긴다. 뿐만 아니라 무의식적인 정신활동과 유아기의 성을 인간생활과 발달의 중요한 측면으로 인정하고 있다. 따라서 대상관계 심리치료는 그 특성상 정신분석적 접근이다.

이런 개념은 전이와 저항에 대한 중립적인 해석을 제공하는 것 외에 훨씬 더 다양한 개입이 필요한 경계선적, 자기애적 그리고 분열성적 환자를 치료하는 과정에서 발달했다. 그러나 대상관계 접근은 지금까지 표현적 심리치료(expressive psychotherapy)뿐 아니라 정신분석에 근거한 심리치료에도 점점 더 큰 영향을 미쳐 왔다. 대상관계에 자아기능의 개념을 재도입함으로써 훨씬 더 많은 접근방법으로 사람들을 도울 수 있게 되었다. 이 중에는 원래 자아심리학자와 아동발달전문가에 의해 개발된 방법도 있다. 이 장에서 소개하는 임상이론은 정신분석이나 집중적인 정신역동치료뿐만 아니라 지지적인 심리치료와 일반적인 정신과치료에도 적용할 수 있게 응용한 것이다.

1. 치료적 효과를 위한 네 가지 통로

치료과정을 체계화하는 것은 치료자의 창의성을 제한할 수도 있지만 치료자가 활용할 수 있는 개입전략을 면밀하게 살펴보는 것은 유용한 일이다. 대상관계의 모든 요소는 어느 한 가지가 변화하면 다 변하기 때문에 가장 직접적이고 의도적으로 영향을 받는 측면이 무엇인지 규정함으로써 개입전략을 범주화할 수 있는 편리한 체계를 얻을 수 있다. 치료자가 직접적으로 영향을 줄 수 있는 측면은 자기, 정서 및 감각, 내적 또는 외적 대상 혹은 자아기능이다. 물론 한 가지 측면에 대해 개입하려는 시도는 필연적으로 나머지 측면과 관련되는데, 그 이유는 이런 구분 자체가 추상적인 것이고, 이런 측면들은 완전히 별개로 분리된 것이 아니기 때문이다.

정서-감각

정서

환자가 우울해지거나 불안을 느끼면 이런 감정은 환자가 자신과 다른 사람을 어떻게 경험하는가에 변화를 초래하고 환자의 자아기능에도 영향을 미친다. 대부분의 정신역동적 치료에서 치료자는 자기와 대상 그리고 자아기능과 관련된 주제를 다루어 환자의 정서를 변화시키려고 한다. 최근 정신약리학이 크게 발전했고 심리치료와 정신약리학을 결합한 개입이 아주 일반화되었기 때문에(Dewain, 1992; Hamilton et al., 1994; Karasu, 1992), 환자의 정서에 화학적으로 영향을 주는 개입방법도 고려해 볼 수 있다.

> 52세의 엔지니어인 K씨는 자신이 중년의 위기를 겪고 있으며 최근 들어 결혼생활과 일에 대해 환멸을 느끼기 시작했다고 호소했다. 그는 매일 아침 일찍 깨어나 삶의 무상함에 대한 생각을 했다. 성공한 사람 그리고 좋은 아버지이자 남편이라는 그가 이전에 갖고 있던 자기 개념은 무가치하다는 느낌에 압도되어 무색해졌다.
>
> "난 더 이상 아내조차도 사랑하지 않아요. 마음에 끌리는 다른 여자가 없다는 게 그나마 다행이죠. 안 그러면 아마도 몇몇 직장 동료처럼 내 결혼생활도 끝장이 났을 거예요. 아내를 사랑하지 않는 게 죄스럽고, 또 늘 슬퍼요."

K씨의 자기 경험은 그의 정서에 부합했다. 그의 기분이 관계에 영향을 미쳤을까? 반대로 그의 관계가 기분에 영향을 미쳤을까? 아니면 이 두 가지가 서로 구별할 수 없을 정도로 밀접하게 상호작용했던 것일까?

환　자: 제가 하는 일도 별로에요. 스트레스를 많이 받는 직업이죠. 우리 회사는 우리가 아직 상품개발을 끝내기도 전에 상품 마케팅을 해요. 그게 스트레스죠. 지금은 그렇게 스트레스를 많이 느끼진 않아요. 그렇게 스트레스를 받을 만큼 신경을 쓰진 않으니까요. 두 달 전엔 너무 긴장해서 혈압이 최고 수치로 올라갔어요. 그 때문에 약을 먹기 시작해야 했어요. 하지만 이젠 신경 안 써요.

치료자: 어떤 약을 드시나요?

환　자: 프로프래놀롤이요.

정신과의사는 환자가 약을 먹어야 한다는 데 대해 어떻게 느끼는지, 그리고 그의 건강상태가 그의 중년기 자기이미지에 어떤 영향을 주었는지를 탐색할 수도 있었다. 또한 의사는 어른이 되었을 때 삶에 대해 어렸을 적 꿈꾸었던 것을 현재 자신이 가진 비전과 비교해 가면서 환자에게 물어볼 수도 있었다. 또한 의사는 환자를 공감해 줄 수도 있었다. 그는 환자의 결혼생활, 직장 상사, 자녀나 친구에 초점을 둘 수도 있었다. 하지만 의사는 이보다도 K씨의 기분에 직접적으로 영향을 미칠 수 있는 어떤 것, 즉 약물에 대해 질문했다.

K씨가 프로프래놀롤을 복용하기 시작했을 때 기분에 어떤 변화가 있었다는 것을 확인한 후, 정신과의사는 환자에게 자신이 내과전문의에게 연락해서 다른 종류의 강압제를 권하겠다고 말해 주었다. 프로프래놀롤은 때때로 우울 증상을 유발하는데 이 약물의 복용을 중단한 후 K씨의 우울은 완전히 사라졌다.

후속 회기에서 K씨는 "화학물질이 그렇게 할 수 있다는 게 정말 놀랍네요. 약이 내 관점을 완전히 바꿔 버렸어요. 난 딴 사람이 되었죠. 이제 예전의 나로 돌아왔어요. 아내도 훨씬 더 행복해하는 것 같아요. 우리에겐 여전히 어려움이 있지만 그건 내가 전에 생각하던 것에 비하면 아무것도 아니죠."

약물의 부작용이 자신과 다른 사람에 대한 경험에 이토록 순전히 그리고 전적으로 영향을 미치는 예는 흔치 않다. 이보다는 심리적, 사회적 그리고 생물학적인 원인이 동시에 복합적으로 작용하는 경우가 더 흔하다. K씨 사례에서는 가정과 직장에서의 몇 가지 문제가 그를 괴롭혔다. 프로프래놀롤이 그의 기분에 영향을 주기 시작했을 때 그는 이런 일상적인 어려움을 평소에 하던 방식으로 다룰 수가 없었다. 그는 자신과 가족 그리고 일에 흥미를 잃었다. 그의 자아기능 가운데 자신과 다른 사람을 정확하게 지각하고 지적인 문제를 해결하며 정서의 균형을 유지하고 자신의 기대를 조절하는 기능이 저하됐다. 이는 그가 복용한 약물의 어떤 진정 작용 때문이 아니라 낙담하고 무관심해지는 그의 기분 때문이었다. 그의 평상시 잘 통합된 대상관계가 우울한 대상관계로 바뀌는 과정에 개입된 가장 중요한 요인은 약물이었다. 그래서 정신과의사는 치료적 개입의 초점을 바로 환자의 정서에 두고 프로프래놀롤의 복용을 중단시켰다. 어떤 심리적인 요인으로 인해 이 환자가 이런 특별한 우울을 경험하게 되었는가는 별개의 문제로 남아 있다.

다른 물리적인 요인도 기분에 직접적인 영향을 미칠 수 있다. 예를 들면, Lewy와 그의 동료들(1987)은 사람들이 겨울에 밝은 백색광을 충분히 받지 못하면 극적인 감정의 변화가 일어날 수 있음을 보여 주었다. 이런 기분의 변화는 성격의 다른 요인과 복잡한 방식으로 상호작용할 수 있다. 다음은 앞의 예시에 비해 좀 더 복잡하면서도 전형적인 예다.

> 34세의 남성 L씨는 소심함과 자기 회의를 극복하려고 지난 몇 년 동안 열심히 노력했다. 그는 크게 성공한 운동선수들이 있는 집안에서 자랐다. 그가 열등감을 갖게 된 데에는 작은 체격과 어려서 앓은 알레르기 그리고 형과 누나들의 큰 체격이 원인이 됐다. 그의 부모는 "저 애는 결함에도 불구하고"라고 말하며 그가 성취한 것에 대해 애써 칭찬하려 했는데, 이것은 오히려 그가 자신에 대해 더 부정적으로 느끼게 만들 뿐이었다.
>
> 청년이 되어 독립해서 생활하기 시작했을 때 그는 교육과 운동 그리고 자기개발 서적에 힘입어 유수한 기업체에서 중간관리자 지위에 올랐다. 심리치료를 시작했을 때 그는 모임에서 자신이 다른 사람에게 우스꽝스럽게 보일 거라는 염려 이외에 다른 생각은 전혀 할 수 없다고 호소했다. 이런 때 그는 너무 심하게 억제되어 대화를 따라가거나 말을

> 하기도 힘들 정도였다. 그는 동료들과 일상적인 교류할 때도 비슷하게 느꼈기 때문에 그들을 피했다. 자기 사무실에 혼자 있을 때면 그는 늘 자신이 '그때 이렇게 말했어야 했는데….' 라는 생각에 빠졌다.

그는 유능한 다른 사람에 비해 자신이 부적절하다고 여겼고, 이런 사람은 자신을 우습게 볼 것이라고 생각했다. 수치심이 그의 정서를 지배하고 있었다. 그의 자아기능에서 지각은 내면에 몰입되어 있어 다른 사람이 그에게 어떤 반응을 보이는지를 알아차리지 못할 지경이었다. 또한 인지기능은 그가 다시 혼자 있게 될 때까지 무력화된 상태였고, 수치심의 정서는 조절되지 않았으며, 행동은 심하게 억제되어 말을 하지 못할 정도였다. 그리고 그는 자신에 대한 기대도 잘 조절하지 못했다. 한편 그는 은밀하게 보상적인 대상관계를 간직하고 있었다. 끊임없는 자기 개선 노력이 끝나게 되는 때에 그가 어떤 모습일지 그리고 어떤 느낌을 갖게 될지에 대해 비밀스럽고 과대한 환상을 갖고 있었던 것이다.

L씨의 문제에 접근하는 한 가지 접근방법은 약물치료가 자신과 다른 사람에 대한 그의 느낌이나 다른 사람과 함께 있을 때 그의 사고와 행동에 영향을 미치는지 살펴보기 위해 그가 느끼는 불안을 약리적으로 치료하는 것이다. 이런 접근방법은 발표에 대한 두려움 같은 단순한 공포증 사례에 효과가 있을 수 있다. 그러나 L씨의 문제는 일생 동안 지속되었고 모든 심적인 영역에 영향을 미쳤기 때문에 그는 심리학적으로 문제를 해결하고 싶어 했다. 따라서 정신과

의사는 우선 심리치료를 가장 주된 치료접근으로 택했다.

> 2년간의 치료를 통해 L씨는 방어하기 위한 목적으로 자신이 가족 구성원을 이상화했고 자신을 평가 절하했다는 것을 이해하게 됐다. 그는 자신을 변화시켜 미래에는 자신의 '완벽한' 가족의 일원이 될 수 있을 것이라는 희망을 갖기 위해 부모와 형과 누이들을 신격화했으며, 모든 관계 문제에 대한 책임을 자신에게로 돌렸다는 생각을 하기 시작했다.

Fairbairn(1943)은 이런 태도를 도덕적 방어라고 지칭했다. 어린 아이들은 자신의 안전을 위해 좋은 대상을 절실히 필요로 하기 때문에 자신이 나쁘고 그들의 양육자는 좋은 사람이라고 생각하는 것이 그들에게는 더 안전하다고 Fairbairn은 믿었다. 만약 인간이 죄인이고 신은 무한히 선한 존재라면 구원에 대한 희망을 하느님에게 둘 수 있다. 만약 신이 무한히 사악하고 인간이 선하다면 희망은 없을 것이다. 다른 이론가도 이런 개념에 대해 논의했다(Grotstein & Rinsley, 1994).

L씨는 도덕적 방어를 통해 가족 중 자신에게 문제가 있지만 자기 개선을 통해 궁극적으로 형과 누이들처럼 완벽에 가까운 수준에 도달할 수 있다고 믿었다.

> 치료과정에서 마침내 L씨는 다른 가족도 각자 약점과 결점을 갖고 있고, 그들과 그 자신이 이것을 모두 그에게로 돌렸던 것이 아닌가 하고 생각하게 됐다. 가족과 그들에 대해 그가 갖고 있던 이상화된 내적

이미지를 보호하려고 그가 가족을 위해 그 짐을 지고 온 것일 수도 있다. 이와는 다른 방식의 개념화도 가능했다. 어쩌면 그는 신체적 그리고 성적 경쟁의 공격적인 감정을 다루는 방법으로, 죄책감 때문에 수동적으로 복종하거나, 또는 실패하고 또 가족의 기대에 부응하는 삶을 살지 않음으로써 승리를 꾀하려 했는지도 모른다. 어쩌면 그는 부모와 형과 누이들의 비난과 동일시하고 놀림을 당할 때에만 관계를 맺고 있다는 느낌을 가졌을지 모른다. 또는 그는 또래가 자신을 희생양으로 만들고 지배하도록 유도하고, 은밀히 자신이 그들보다 도덕적으로 우월하다고 느꼈는지도 모른다. 그는 2년에 걸쳐 이 모든 가능성을 어느 정도 탐색했다.

자신의 고군분투를 이해하고 받아 주는 치료자에게 자신에 대해 솔직하게 이야기함으로써 그는 상당한 진전을 보였다. 그는 어렸을 적 관계와 현재 주변 사람과의 상호작용을 구별했다. 그는 자신에게 노력과 끈기 그리고 경쟁의 중요성을 가르쳐 준 가족을 가치 있게 여기기 시작한 한편, 그들이 그들 자신의 약점 때문에 이런 가치를 지나치게 강조했을 수도 있음을 깨달았다.

마침내 그는 직장에서도 동료들이 그가 하는 말에 실제로 관심을 가지고 있다는 것을 알아차리게 됐다. 사실 그의 상사는 그가 사업상 논쟁거리나 갈등에서 물러나 있다가 회의가 거의 끝날 무렵 도전적이지 않는 방식으로 자기 의견을 제시하는 능력을 높이 평가했다. 상사는 그것을 외교적이고 말없는 강인함으로 여겼지 소심함이라 생각하지 않았다. L씨가 회의 도중 자신이 더 이상 아이가 아니며 회의에 참석한 사람들은 그의 부모나 형, 누이가 아니기 때문에 그들에게 자기 의견을 말할 수 있다는 사실을 스스로에게 계속 일깨우는 데 많은 시간을 보냈다는 사실을 상사는 알 리가 없었다.

Fairbairn 식으로 말하면(Grotstein, 1994; Sutherland, 1989), L씨는 더 이상 내적 관계로 이루어진 폐쇄된 시스템에 갇혀 있지 않고 내적 관계와 외부의 관계를 오가는 좀 더 열려 있는 변증법적인 상호작용을 할 수 있게 되었다. 그러나 이런 변화에는 여전히 L씨의 의식적인 정신적 노력이 필요했다.

> 늦여름에서 초가을쯤 이런 변화는 직장에서의 개선과 사회생활에서의 대단한 진전을 가져왔다. 8월에 그의 유머감각과 장난기 섞인 자기주장은 친구와 동료를 즐겁게 했다. 그는 심지어 데이트도 시작했다. 그러나 12월에 그는 그때까지 노력해서 얻은 기반을 거의 모두 잃었다. 그는 자신이 가까스로 직장과 여자 친구에게 매달려 있고, 그가 자신에 대해 얼마나 부정적인 느낌을 갖고 있는지를 다른 사람에게 숨기면서 겨우 버티고 있었다. 기분 상태가 악화되면서 그는 자신을 드러내지 않는 이전의 관계방식으로 되돌아갔다. 수치심이 그의 삶을 압도했고 그의 자아는 이런 마음의 틀을 떨쳐 내지 못했다.
>
> 정신과의사는 자신의 기록을 면밀히 검토한 후 시간의 추이에 따라 나타나는 어떤 패턴이 있음을 발견했다. 그리고 L씨에게 매일 아침 20분 동안 동절기 백색광 치료를 받도록 처방했다. 이런 접근은 L씨의 기분을 호전시켰고 낮이 짧은 겨울에 그가 심리적인 성장을 지속해 나가는 데 도움이 됐다.

정신과의사는 기존의 접근을 포기하고 L씨가 어렸을 적 그의 어머니가 했던 알레르기 치료법 같은 어떤 새로운 의학적 설명에 의존했던 것인가? 환자와 의사 두 사람 모두가 볼 때 그럴 가능성은 없는 것 같다. 그렇지만 그들은 위약(僞藥) 효과의 가능성과 치유를 바라는 마술적인 소망뿐만 아니라, 겨울이 갖는 다양한 상징적 의미와 겨울과 관련된 기억의 논의가 필요했다.

환자의 자기 존중감 문제는 언제나 계절성 정동장애(seasonal affective disorder)와 관련된 것이고, 가족이 그를 대했던 태도와는 무관한 것이었을까? 어린아이의 정서와 투사, 동일시, 인지적 왜곡에 의해 그리고 성인으로서 겪은 경험과 선택된 기억에 의해 채색되어 환자가 지각한 가족은 역사적 현실에 대한 다른 어떤 주제와 마찬가지로 복잡하고 또한 논란의 여지가 있다. 이 환자는 심리치료 없이 광선치료만으로도 개선이 되었을까? 어쩌면 뉴멕시코(미국 남서부 멕시코와 경계지역에 위치한 곳으로 주로 반건조성과 건조성 기후로 일조량이 풍부함-역주)로 이주하는 것이 그의 표면적 문제를 해결해 주었을지도 모른다. 원인을 알 수 없는 근원적인 내면세계는 변하지 않고 그대로이겠지만 말이다.

원인과 결과를 밝히는 것은 늘 복잡한 문제다. 심리학적 이론과 마찬가지로 신경학적 이론도 시간이 지나면서 달라진다. L씨 사례는 정신과의사가 종국에는 올바른 치료방법을 발견했다는 것을 입증하려는 의도로 제시했다기보다는, 대상관계이론을 일반 심리치료와 정신과치료에 적용함으로써 정서를 변화시키는 물리적 방법을 다른 사람과의 관계 속에 있는 환자의 자기에게 영향을 주는 하나의 방법으로 이해할 수 있다는 점을 보여 주고자 한 것이다.

벤조디아제핀과 같은 일반적인 중추신경안정제도 특히 불안과 같은 감정에 영향을 미치고 안녕감을 느끼게 해 준다. 알코올도 이와 유사하게 작용하여 때로는 실제 상황에 맞지 않게 다른 사람이 친밀하게 느껴지는 들뜬 감각을 유발한다. 불행하게도 안정제는 기분에 직접적으로 영향을 줄 뿐만 아니라 자아기능에도 영향을 미친다. 안정제를 과다하게 복용하면 지각과 인지, 정서 조절, 충동 통제 그리고 심지어 운동 조절 기능까지도 저하된다. 또한 안정제는 중독성이 있기 때문에 약물에 대한 갈망을 유발하고, 이런 갈망은 환자가 매우 가치 있게 여기는 내적 대상관계가 사람이 아닌 약물과의 관계로 형성되는 결과를 초래한다.

반면에 항우울제는 자아기능을 거의 손상시키지 않는다. 이것은 문제의 원인을 환자의 관계에서 찾을 수 있는 경우에도 환자의 기분을 화학적으로 변화시키기 위해 특별히 고안된 약물이다.

> 중년여성인 M씨 부인은 지난 10년간의 결혼생활이 갈등의 연속이었다고 했다. 남편은 그녀를 떠났고, 한 달 뒤에 그녀는 심리치료를 시작했는데, 처음에는 남편이 돌아오도록 하기 위해 결혼생활 문제에 그녀 자신이 기여한 부분을 인식하고 있음을 남편에게 보여 주려는 목적이었다. 그러나 나중에는 자신의 상실을 이겨 내기 위해 치료를 계속했다.
>
> 몇 개월 후 상실에 대한 그녀의 비탄은 본격적인 우울증으로 발전했다. 그녀는 사회 생활을 멀리하며 삶이 무가치하다고 생각했고 자살에 대한 생각에 빠졌다. 그런데 항우울제가 환자의 기분에 긍정적인 영향을 미쳐 그녀는 다시 친구들을 만나기 시작했고 치료를 계속하면서 그

녀에게 필요했던 사회적인 지지와 격려를 얻을 수 있었다.

그녀의 우울은 외부의 관계 때문에 생겼을지도 모르지만, 정서에 대한 직접적인 개입이 그녀에게 도움이 됐다. 제4장에서 논의했던 I씨 부인의 사례는 항우울제로 환자의 기분과 다른 사람에 대해 느끼는 방식을 환자가 치료와 일상생활에서 보이는 자아기능에 영향을 미친 또 다른 예를 보여 준다.

감각

이 책뿐만 아니라 다른 정신치료에서도 일반적으로 감각보다는 정서에 초점을 맞출 것을 강조한다(Robinson, 1995). 다른 사람과 관계하면서 자신에 대해 어떤 느낌을 가진다는 것은 인간성의 본질 그 자체다. 하지만 감각은 때때로 삶에서 아주 중요한 역할을 한다. Freud(1923)는 "자아 중 가장 우선되고 중요한 자아는 신체적 자아다."(p. 26)라고 말했다. 이 인용문에서 Freud가 사용한 자아라는 용어는 의심할 여지없이 **자기**(self)를 의미한다. 즉, 자기라는 느낌의 본질은 바로 신체와 그것의 감각에서 비롯된다는 것이다. 대상관계 이론가도 유아의 발달에서 감각이 차지하는 중요성에 대해 언급해왔다. 예컨대 Rinsley(1987)는 자기-대상의 구조가 어떻게 자율신경과 내장(內臟) 수준에서의 지각(autonomic-visceral percepts)에서 발생할 수 있는지를 논의했다. 최초의 자기경험에 관한 논의에서 Stern(1985)은 부모와의 관계에서 유아가 경험하는 후각과 촉각에 관한 연구를 언급했다. 감각은 분명히 유아의 발달에서 중요한 요소로 여겨져 왔다. 그러나 성인치료에서는 감각의 경험이 대체로 무시되어 왔다. 하나의 예외가 있다면 그것은 정신분석 초기부터 중요하게 여겨졌던 주제, 즉 심리적 경험이 어떻게 신체화 증상으로 전환되는가에 관한 연구였다.

심지어 성인에게도 감각은 다른 사람과의 관계에서 자신이 어떤 사람인지에 대한 자각에 중요한 영향을 미친다.

> 55세의 배관 건설업자인 N씨는 어느 눈 오는 날 몸을 심하게 떨면서 자신의 내과 주치의의 따뜻한 진료실로 들어왔다. 그는 건강해 보였고 콜레스테롤 수치를 지속적으로 체크하고 있었다.
>
> "오늘 하마터면 못 올 뻔 했어요, 선생님. 난 눈이 싫어요." 의사와 친분이 깊은 쾌활하고 호의적인 이 남자는 먼 곳을 응시했다. 그의 눈에서 초점이 사라지며 태도 전체가 달라지고 목소리는 단조로워졌다.
>
> "아시다시피 난 한국전에 참전했었죠. 중공이 갑자기 전쟁에 끼어든 후에 우리는 북한에서 빠져나와 후퇴하고 있었는데, 그때 추웠던 게 진짜 추위였죠. 아마 선생님은 바깥에서 추위에 그렇게 오랫동안 있는다는 게 어떤 건지 모르실 거예요. 난 얼마간은 총에 맞지 않을까 하고 걱정했는데, 나중에는 추위에 대한 생각만 들었어요. 그러다 곧 총에 맞더라도 즉사할 수만 있다면 아무런 상관이 없겠다는 생각이 들었어요. 총에 맞아 그 꽁꽁 얼어붙은 땅에 누워 있어야 하는 게 정말 싫었어요. 난 계속 움직였죠. 왜냐하면 그 추위에서 벗어나고 싶었으니까요. 그런데 점점 더 추워졌어요. 마치 추위가 내 일부가 되는 것 같았어요. 바람 속에 날아오는 얼음과 땅 위에 있던 얼음이 내 몸 구석구석까지 얼게

만드는 것 같았죠. 마치 내 뼈가 얼음 덩어리가 되는 것처럼 말이죠. 그러다 더 이상 추위가 날 괴롭히지 않았어요. 마치 내가 더 이상 사람이 아닌 것처럼요. 더 이상 추위를 느낄 수 없었어요. 내가 얼음 그 자체가 되어 버린 것 같았어요."

그는 "그 추위 때문에 딴 사람이 됐어요."라고 말했다. 그러고 나서 그는 원래의 자기로 되돌아오는 것처럼 보였다. "뭐, 지금은 그래도 따뜻하네요. 그리고 선생님은 바쁜 분이시니. 자, 이 낡은 심장이 좀 더 오래갈 수 있게 할 수 있는지 보도록 하죠. 콜레스테롤 수치는 어때요?"

정서 상태의 변화가 필연적으로 자기의 다른 측면의 변화를 가져오는 것처럼 감각도 동일한 결과를 초래할 수 있다. N씨의 예에서 환자는 추위가 어떻게 마침내 다른 모든 것을 해체했는지를 묘사했다. 그의 자기와 대상 그리고 정서-감각은 경계가 없는 하나의 실체, 즉 추위로 와해됐다. "난 얼음 그 자체였어요."라고 한 그의 말은 마치 그가 추위를 느끼는 별개의 개체가 아니라 추위 그 자체였다고 하는 것 같았다. 당시 그의 운동감각은 정상적인 상태로 남아 있었다. 그렇지 않았다면 그는 살아남지 못했을 것이다. 그러나 그 외 다른 자아기능은 전반적으로 손상되었던 것 같다. 이 사건은 영구적으로 그를 바꾸어 놓았다. 그는 추위와 적막한 공허를 그의 내면에 영구히 지니게 되었다. 전반적인 건강과 강인함에 힘입어 그는 때때로 그것에 대해 다른 사람에게 이야기하고 그런 뒤 자신의 의지로 그 상태에서 빠져나올 수 있었다. 그가 전적으로 차가운 대상관계에서 빠져나올 수 있게 한 핵심적인 요인은 현재 실제로 존재하는 온기였다.

그렇다면 지속적인 고통이 있는 사람들은 어떠한가? 그들은 고통에 압도되거나 고통 자체가 되어 버린 상태에서 어떻게 빠져나올 수 있는가?

> O씨는 엉덩이와 척추까지 전이된 전립선암으로 고생하고 있었다. 이 성공한 상점주인은 삶의 많은 도전에 효과적으로 대처해 왔고 그리고 그 과정에서 자신뿐만 아니라 다른 사람을 배려했다. 어느 날, 그를 맡아 돌보게 된 젊은 인턴이 그에게 고통스러운지 물었다.
>
> "고통이 엄청나죠. 비코딘이 고통을 조금 누그러뜨려 줘서 잠시 눈을 부칠 수 있지만 약효가 점점 떨어져요. 그러면 성질이 나빠지고 다른 모든 사람과 나 자신이 정말 싫어요. 아내와 같이 있을 수도 없어요. 정말 성질 나쁜 놈이 되거든요. 아내가 옆에 있기만 해도 짜증이 나요. 그래서 대부분의 시간을 내 방에서 혼자 지내요."

그가 묘사한 것은 성마른 정서 상태와 자신이나 다른 사람을 싫어하게 만든 자신의 감각이었다. 이런 상태에서 그의 자아는 자신을 다른 사람에게서 고립시키는 데 쓰였다. 그의 경험은 자신과 다른 사람에 대한 깊은 무의식적인 경험은 아니었다. 그러나 이것은 초기 아동기에 겪은 후 누그러지지 않은 고통에서 비롯되었음직한 어떤 방식으로 그의 내적 관계에 영향을 주었다. 모든 사람은 과거에 느꼈고 무의식적 차원에서 기억되는 귀앓이나 복통을 내면에 지니고 있을 수 있다. 그것은 유아로서는 끊임없이 계속된다고 느껴졌을지도 모르는 통증이다. Melanie Klein(Segal, 1964)의 대상관계이론에서는 O씨의 고통이 과거에 내면화되어 좋은 젖가슴의 표상인 아내에게 새롭게 재투사된 나쁜 젖가슴의 표상으로 이해될 수 있다. Bion(1962)의 체계에 따르면 환자는 자신의 고통을 다스리기 위해 아내에게 투사적 동일시를 시도한 다음, 자신이 원하지 않는 자기-대상 투사(self-object projection)에서 벗어나기 위해 아내에게서 거리를 두려고 시도했을지 모른다. 그리고 대상관계에 대한 Fairbairn(1954)의 생각을 적용해 보면, 자기 방으로 들어가 버리는 O씨의 행위는 아내가 자신의 기분을 더 좋게 만들어 주지 못하는 데 대해 화를 내는 것에서 자신의 이상화된 대상을 보호하려는 상징적인 분열성적 시도라고 볼 수 있다. 아내를 보호하지 않는다면 그는 잠재적으로 좋은 대상인 아내에 대한 자신의 내적 이미지를 파괴해 버리는 파국적인 경험을 할 수도 있으며, 이런 경험 때문에 심리적으로 무존재와 무의미 그리고 혼돈이라는 '블랙 홀'로 빠질 수도 있었다(Grotstein, 1990). O씨가 인턴과 나누었던 대화는 심리치료나 정신분석이 아니었고, 그속의 이론적 주제가 정리되지도 않았다. 그럼에도 불구하고 이 몇 마디 말 속에서 이 환자에게 가장 관련성이 큰 자기경험을 볼 수 있었다. 또한 환자의 말은 자기-타인 경험의 변화가 어떻게 이루어질 수 있는지에 대한 핵심 단서를 보여 준다.

O씨와 그의 아내 그리고 의사들은 치료가 그를 완전히 고쳐 줄 가능

성이 희박하다는 사실을 받아들였다. 그러나 그들은 계속해서 희망을 가졌다. 그들은 한편 고통과 기능의 상실 그리고 경제적인 손실에도 불구하고 그의 삶은 의미 있고 가치 있다는 건전한 인식을 갖고 있었지만, 동시에 그의 병이 자연적인 경과를 거쳐 죽음으로 끝날 것이라는 사실을 수용했다. 그들은 더 이상 치료를 위한 항암약물치료를 시도하지 않았다. 다만 고통이 너무 커졌을 때 척추에 생긴 종양의 크기를 줄이기 위해 방사선 치료와 항암약물치료를 했다.

몇 주 후 치료를 통해 신경뿌리에 가해지는 압력이 줄어든 다음에는 인턴이 보기에 이 환자는 전혀 다른 사람이 되어 있었다. 그는 차분하고 느긋해 보였으며 다른 사람에 대한 온화한 관심도 보여 주었다. "선생님처럼 젊고 활동적인 분이 이렇게 병든 수많은 사람을 돌보는 일은 정말 힘들 거예요. 선생님은 염려할 필요가 없어요."라고 그가 말했다. "고통이 심하지 않을 땐 나 같은 사람에게도 그리 나쁘지만은 않아요. 난 자식들을 다 키웠어요. 걔네들은 잘 살아요. 아내도 먹고 살 수 있고요. 우린 꽤 괜찮은 삶을 살았어요. 지난 몇 달 동안 하느님과 화해하고 당신 같은 훌륭한 젊은 사람의 도움을 받을 수 있어서 난 운이 좋다고 생각해요."

고통이 없을 때 O씨는 남을 돌보는 사람의 역할을 계속 유지하기는 했으나 온전한 대상관계성으로 되돌아왔다. 그는 자신을 어려움에 직면할 수 있는 사람으로 묘사했다. 그는 자신의 삶과 그리고 가족과 친구, 즉 아내와 자녀 그리고 의사 속에서 의미를 발견할 수 있었다. 그의 정서는 평화로움과 감사함인 것으로 보였다.

불행하게도 때때로 만성적 고통, 특히 다른 면에서는 건강한 젊은 사람의 고통에 대해 내과적이거나 외과적인 해결책을 찾지 못하는 경우가 있다. 이들에게는 중독이 문제가 될 수 있다. P씨가 그런 경우였다.

42세 여성인 P씨는 지난 10년 동안 거의 매일 밤 낯선 가해자들이 미로와 같은 복도를 따라 자신을 쫓아오면서 찌르고 꼬집고 불이 붙은 물건을 자기 몸속으로 집어넣는 꿈을 꾸었다. 치료 초기에 그녀는 안에서는 고통의 창들이 자기 존재의 핵으로 좁혀 들어오고, 밖에서는 밝은 후광으로 빛나고 있는 그림으로 자신을 나타냈다. 타는 듯한 고통이 그녀의 존재 전체를 감쌌다.

1주 2회의 탐색적 치료에서 그 고통이 청소년 초기에 그녀가 겪었던 난폭한 강간을 연상시킨다는 것이 드러났다. 성인 초기에 그녀는 산업재해로 기계에 짓눌리는 부상을 입었고, 이로 인해 척추가 골절되는 상황은 예전의 강간을 떠올리게 했다. 그녀에게는 수술과 부목 그리고 뒤이어 이루어진 물리치료가 부가적인 침해로 여겨졌다. 전이로 인해 심리치료도 마찬가지로 정신적인 충격을 주는 경험으로 느껴졌다. 의사와 물리치료사는 그녀가 불평하는 문제에 대해 그들이 해 줄 수 있는 것이 별로 없어 좌절하게 되었고 그녀의 불평을 무시했을 때, 그녀는 자신이 부모 양쪽에게서 각기 다른 방식으로 버림받고 소홀히 다루어졌다고 느꼈듯이 이 의료진에 의해서도 무시된다고 느꼈다.

그녀의 어려움과 관련된 대인관계 측면을 직접 다루는 일은 별로 효과가 없었고, 치료자는 마침내 신체적 고통이 이 여성의 삶을 지배하고 있는 한 이 여성은 개선되거나 크게 변화할 수 없을 것이라는 가능성을 심각하게 고려하게 됐다.

암환자였던 O씨와는 달리 P씨 부인은 어렸을 때 삶이 불행했다. 산업재해로 척추 하부가 골절되기 전까지 그녀는 그나마 부모에게서 얻어 낼 수 있었던 긍정적인 것으로 비교적 잘 버텨 냈었다. 그러나 골절 이후 고통이 그녀의 자기 경험 전반에 스며들었다. 어떻게 해서 이런 고통이 덫에 걸린 듯 꼼짝하지 못하고 상처입고 이해받지 못한다고 느꼈던 어릴 적 기억을 되풀이하는가에 대해 그녀는 통찰하게 되었지만, 이런 통찰은 무력하고 박해받는 그녀의 대상관계, 낙담하고 고통스러운 정서-감각 그리고 무력화된 자아기능에 어떠한 변화도 일으키지 않았다. 그녀의 자아기능은 자신의 어려움을 말하고 무기력함을 입증하는 데에 집중되어 있었다.

이 환자가 겪는 고통의 심리내적이고 대인관계적인 의미를 밝히는 것이 그녀의 고통을 조금이나마 덜 수 있고, 그 결과 그녀가 좀 더 효과적으로 기능할 수 있을 것이라는 희망을 치료자가 버렸을 때, 오히려 그녀의 문제가 다소 개선되었다. 치료자와 환자가 처음에는 매주 한 번, 나중에는 한 달에 한 번씩으로 통찰치료에서 지지치료로 치료접근을 바꾸자, 그녀는 악몽 속에서 새로운 등장인물을 만들어 갔다. 이 인물은 처음에는 거의 나타나지 않았지만 이후 고정적으로 등장하는 인물이 되었다. 이 인물은 남자인 그녀의 치료자를 나타내는 우호적인 현존(現存)이었고, 그녀를 괴롭히는 악마적인 인물의 영향을 받지 않았으며, 크게 도움이 되지는 않았지만 간헐적으로 나타났고 안도감을 주었다. 그 후 그녀는 사회 활동을 넓혀 갔고, 자신의 일상적인 기능을 개선시켜 나갔다.

환자와 치료자 모두 치료의 원래 목적에 비추어 볼 때에는 이 치료가 실패라고 여겼다. 하지만 그녀는 치료자에게 말하는 것을 정말 좋아했고, 어려움을 호소하는 것이 불편감을 견디는 데 도움이 된다고 느꼈다. 그녀는 계속해서 지지적인 심리치료를 받았다.

치료에서의 실패는 성공만큼 우리에게 유익한 정보를 줄 수 있다. P씨 부인은 비록 어릴 적 삶이 너무 파괴적이고 감당할 수 없어서 되풀이되는 악몽을 꾸었을 수도 있지만, 외상에서 비롯된 지속적인 신체적 고통 때문에 파괴적인 자기-타자 경험 속에 갇혔을 가능성이 컸다. 만약 그녀의 부상을 효과적으로 치료할 수 있는 내과적이거나 외과적인 치유법이 발견되었다면, 치료는 전혀 다른 방향으로 전개되었을 가능성도 있었다. 그러나 치료나 고통을 경감시키는 효과적인 방법에 대해 가졌던 모든 희망은 사라졌다. 이런 경우 의사와 치료자는 환자의 감각이 너무 전반적으로 확산될 수 있어 그 앞에서는 의사와 환자 모두 무력할 수밖에 없다는 사실을 받아들이는 것 외에는 아무것도 할 수 없을지 모른다. 그럴 때 의사가 할 수 있는 일은 환자와 함께 무력감을 견뎌 내는 것이다.

자아기능

교육관련 연구 전체뿐만 아니라 수많은 자아심리학, 아동정신의학, 아동발달 문헌에서는 자아기능을 키우고 증진하며 이것에 초점을 두는 것을 강조한다. 어린 운동선수들을 지도하는 코치는 정서 조절, 선수 자신의 기대 및 다른 사람이 이들에게 거는 기대의 조절뿐 아니라 이들의 지각과 운동 그리고 인지적 기능에 영향을 미치려고 노력한다. 환자도 종종 자신의 심리치료자를 멘토나 코치로 부르기도 한다.

심지어 정신분석을 공식적인 기법으로 채택하는 심리치료자도 자아기능에 직접 영향을 미치지만, 그 방식이 흔히 눈에 띄지 않고 논의되지 않을 뿐이다. 환자가 자신의 꿈을 기술한 후 치료자가 "무엇이 마음에 떠오르나요?"라고 묻는 단순한 질문은 연상이라는 자아기능을 활용하도록 주문한다. "그런 일이 일어났을 때 느낌이 어땠나요?"라는 질문은 인지나 지각이 아닌 정서에 대한 기억을 암시한다. "내가 말없이 있으면, 이런 상황이 당신이 어머니와 놀고 싶었을 때 어머니가 책을 읽으셨던 일이 떠오르나 봅니다."라는 해석은 치료 중에 겪는 현재의 경험과 과거의 기억을 비교하고 대비시키는 통합적 자아기능을 암시한다.

이처럼 미묘한 방식으로 자아기능에 영향을 미침으로써 환자를 분석할 뿐 아니라 환자에게 직접 영향을 미친다. 자아기능을 활성화하려는 노력은 정신분석과는 달리 많은 심리치료에서는 분명하고 직접적으로 시도된다.

해리장애가 있는 여성 환자인 Q씨는 치료자에게 "매번 치료회기가 끝나면 난 마음이 불편해져서 멍한 상태로 몇 시간씩 이리저리 다녀요.

그러다 보면 하루 온종일이 걸리기 때문에 직장으로 돌아갈 수 없어요."라고 말했다.

그저 치료 중에 나온 대화의 내용만이 아니라 치료가 진행되는 방식에 대한 어떤 것이 그녀의 사고를 방해했을 수 있다. 다행스럽게도 치료자는 그녀의 욕구를 알아차리고 반응해 주었다.

"아마 당신을 힘들게 하는 주제에 대해 우리가 이야기할 때에는 당신이 자신을 추스를 수 있도록 회기를 끝내기 전 마지막 몇 분이 필요한 것 같아요. 그렇게 한번 해 보시겠어요?"라고 치료자가 물었다.

자신을 추스른다는 것은 정서를 조절하는 자아기능으로 볼 수 있다.

환자가 이런 자아기능을 활용해 보도록 치료자가 제안했을 뿐만 아니라 환자 스스로 회기가 끝나갈 무렵 시계를 봄으로써 이것을 시도하기 시작했다. "치료를 마무리하는 데 시간을 몇 분 정도 할애해야 할 것 같아요."라고 환자가 말하곤 했다. 그러면 그들은 일상적인 활동과 오후 남은 시간 동안의 그녀의 일정에 대해 이야기를 나누곤 했다. 곧 치료자는 자신이 하는 말의 속도를 조절하기 위해 어떤 말을 할 필요가 없이 이따금씩 시계를 쳐다보기만 했다. 그러면 환자는 차분해지고 자신을 추스르고 일상적인 활동에 대해 생각하기 시작하곤 했다.

자아심리학에서 마음을 불편하게 하는 기억이나 환상 또는 감정을 접어 두는 것은 억제라는 방어기제에 해당한다. 애석하게도 방어는 무엇인가 인위적이고 피상적인 것이라는 의미를 내포하게 된 반면, 강력한 감정을 의식적으로 자각하는 것은 흔히 어쩐지 좀 더 진솔하고 진실된 것으로 여겨지게 되었다. 대상관계 접근에서는 억제란 마음을 불편하게 만드는 어떤 것을 의식적이고 능동적으로 접어 두고, 일시적으로 다른 것에 주의를 기울이려고 결정하는 것을 의미한다. 이때 저변의 기제는 욕동이나 충동의 억제가 아니라 주의를 다른 곳으로 옮기고자 하는 인지적인 노력이다. 어떤 목적을 위해 자아가 대상관계의 상태나 마음의 구조를 바꾸는 것이다.

회기 내에서 강도를 조절하기 시작하고 난 몇 주 후, 치료자는 Q씨가 다시 한 번 마음을 불편하게 하는 기억과 환상에 대해 말하고 있음을 알게 되었다.

환　자: 모든 사람에게 배신당한다는 느낌이 들어요. 그런 일이 계속 반복해서 일어나요. 학교 선생님이 동성연애 관계로 날 끌어들이려고 유혹했을 때, 어머니는 내가 그 선생님과 지나치게 많은 시간을 보낸다는 걸 알고 있었어요. 그런데 그 이유가 뭔지 어머니가 왜 궁금해하지 않았을까요?

치료자: 그러니까 당신은 두 사람 모두에게 배신당했다고 느꼈군요.

환　자: 네, 그래요. 그러고 나서 다시 최면술사에게 말려들었죠. 그가 그런 일을 지어내고 자신의 성적인 환상으로 나를 혼란스럽게 해서 내가 그게 내 기억이라고 생각했는지, 아니면 그런 환상이 진짜 학대에 대한 기억이라는 그의 말이 맞는지 모르겠어요. 어쨌든 그 사람은 날 도와줄 수 없었어요.

치료자: 당신의 어머니가 당신을 도와줄 수 없었던 것처럼 말이죠. 그리고 당신은 나도 당신에게 도움을 줄 수 없을까 봐 염려하는군요.

환 자: 그래요. 그런데 이제 몇 분 남지 않았어요. 선생님이 나를 한꺼번에 도와줄 수 없다는 것도 알아요. 그러는 동안 난 먹고 살기 위해 일을 해야 해요. 다음 시간에 우리는 이것에 대해 좀 더 이야기할 수 있을 거예요. 그렇죠?

치료자: 그래요. 오늘 오후에는 무슨 일이 있나요?

환자는 자신이 무력할 뿐 아니라 자신을 이용했거나 소홀히 대했던 사람에게 배신당했다고 느낀다는 사실을 다소 혼란스럽게 묘사했다. 치료자는 환자가 치료자인 자신도 그녀를 도울 수 없을 것이라고 느꼈음을 말함으로써 전이 기대(transference expectation)의 한 부분을 언급했다. 배신당한 대상관계(the betrayed object relationship)라고 부를 수도 있는 이것이 Q씨의 삶을 지배하고 있는 것처럼 보였다. 치료자는 전이의 다른 부분, 즉 신체적으로나 정신적으로 치료자에 의해 성적으로 이용당할 수도 있다는 Q씨의 예상에 대한 언급은 나중으로 미루었다.

전이에 대한 부분적인 해석으로 환자는 안심했는지도 모른다. 해석 그 자체만으로도 환자가 기억하고 있는 관계와 현재의 삶 간의 차이점을 그녀에게 보여 줬을 것이며, 따라서 그녀가 스스로 진정하는 데 도움이 되었을 것이다. 치료자가 몇 주 동안 매 회기를 마칠

때쯤 회기를 중단하고 다음 회기까지 환자가 자신의 무해한 일상생활에 대해 생각해 보게 권장했기 때문에 환자는 치료자의 이런 구조화와 동일시하기 시작했을 가능성이 매우 높았다. 그녀가 자신의 자아를 개입시키기 시작하면서, 그녀는 무력하고 배신당한 대상관계에서 벗어나 자신이 안전한 작업관계에서 자신감 있게 자신의 활동에 집중할 수 있는 효율적인 사람이라고 보는 자기이미지를 가지게 되었다.

자아기능과 자기를 서로 다른 것처럼 구별해서 기술하는 것은 사실을 왜곡할 소지가 있다. 각 회기가 끝날 무렵에 환자가 노력한 부분을 자아기능이 아니라 자기의 의지적 행위로 묘사하는 것이 더 나을 수도 있다. 그럼에도 불구하고 정서적으로 개입되지 않은 채 환자가 스스로 할 수 있는 자율적이고 건설적인 활동을 하도록 돕는 전문용어를 갖는 것은 중요하다. 환자가 파괴적인 내적-외적 관계에 대한 집착을 잠시나마 내려놓고 유용한 과제를 성취할 수 있는 능력을 치료자가 가치 있게 여기면, 이런 치료적 태도는 환자에게 확신을 주고 또한 유익할 수 있다. 치료자가 집요하게 감정에 초점을 두기보다 환자의 일상적인 활동에 대해 단순히 질문하는 것만으로 이런 활동에 가치를 둔다는 것을 전달할 수 있다.

전통적인 자아기능을 묘사할 수 있는 별개의 용어는 특정한 정신적 활동을 주의 깊게 서로 구별할 수 있는 하나의 틀을 제공한다. 이런 치료적 개입은 다음에 계속되는 Q씨의 사례에서 볼 수 있듯이 기억의 문제를 다루는 데 매우 중요한 역할을 하게 된다.

환　자: 이전에 받았던 치료를 생각하면 정말 혼란스러워요. 무슨 일이 있었는지 모르겠어요. 이전에 그 학교 선생님과 있었던 일이 무엇인가는 알고 있어요. 하지만 최면상태에 빠진 이후에 이런 이상한 느낌이 들기 시작했어요. 내 머리 위를 누군가가 맴돌고 있는 이미지가 보였어요. 그리고 엉덩이에 찌르는 듯한 통증이 느껴졌는데, 마치 직장이 찢어지는 것 같았어요.

치료자: 학교 선생님에 대한 당신의 기억은 일상적인 것 같이 보이는데, 어떻게 해서 그 기억은 환상이 아니고 현실로 여겨지나요?

환　자: 그땐 청소년이었어요. 그 무렵 일어났던 일은 모두 기억하고 있어요. 난 그 선생님과 친구처럼 지냈어요. 수업시간 중의 선생님 모습과 그분이 살았던 곳 그리고 그 외 그때 일과 관계된 모든 걸 기억해요. 또한 청소년기에서 성인이 되어서까지 내내 이런 기억이 떠올랐다 사라졌다 했던 것도 기억나요.

치료자: 그 일과 최면치료에서 일어났던 일이 뭐가 다른가요?

환　자: 최면치료는 이상했어요. 아무런 이유도 없이 불쑥 이런 이미지가 나타나고 이런 느낌이 들었어요. 그 어떤 것과도 아무런 연관성이 없었어요.

치료자: 그래서 그게 환상이었다는 거군요?

환　자: 네. 그런데 그게 어떤 무의식적인 기억과 관련되어 있는지 아닌지는 확실히 모르겠어요.

치료의 이 시점에서 환자는 기억하거나 환상에 빠졌다기보다 그녀가 기억하고 있는 어떤 것에 대해 생각하고 있었다. 그녀는 학교 선생님과의 관계에 대해서는 실제로 기억하고 있는 것 같았다. 그 기억에는 명료함과 맥락 그리고 지속성이 있었다. 그녀는 또한 최면 치료와 그 치료와 관련된 환상과 감정도 기억했다. 그런데 이 경험은 분명한 기억이라기보다는 내적인 지각, 즉 어떤 즉시적인 환영과 감각에 가까운 것으로 보였다. 이처럼 맥락에 맞는 연속성이 결여되어 있다는 점이 환상과 꿈, 즉 내적 지각의 특성을 이룬다. 물론 내적인 지각과 기억이라는 자아기능 간의 구별이 항상 분명한 것은 아니다. 어떤 때에는 기억이 생생하게 떠오른다. 어떤 사람은 그림, 얼굴, 심지어 책의 어떤 페이지에 쓰여 있는 숫자까지도 눈앞에 생생하게 떠올릴 수 있다. 또 어떤 사람은 노래와 목소리의 음색을 기억에 떠올릴 때, 그것을 귀로 들을 수 있다. 비록 내적인 지각과 기억이 이렇게 서로 겹칠 수도 있지만, 치료자는 환자를 이해하고 그들의 경험세계의 의미를 파악하기 위해 이 둘을 구별하는 별개의 개념을 가지는 것이 여전히 중요하다. Q씨는 계속해서 다음과 같이 말했다.

환 자: 어쩌면 앞으로도 절대 알 수 없을지도 몰라요. 선생님과 같은 심리학자도 어떤 기억이 진짜인지 아닌지 구분하는 방법을 알아내지 못했다고 생각해요.

치료자: 그건 매우 복잡한 주제죠. 하지만 당신에게는 그게 그저 어떤 학문적인 관심사가 아니죠. 그런데 당신은 이런 불확실성을 갖고 살아야 하니, 다른 사람과 함께 있을 때 안전하다고 느끼기가 어렵겠어요.

치료자는 인지와 불확실성을 견디는 능력에 대한 이야기에서부터 환자의 관계, 즉 '다른 사람과 함께 있을 때 안전하다고 느끼기'에 대한 이야기로 대화의 초점을 옮겼다. 이 시점에서 환자는 현재 치료자를 포함해서 심리학자도 마찬가지로 불확실성을 견뎌야 한다고 생각하고 안심하는 것 같았다. 환자가 일단 안전하다고 느끼고 인지적으로 혼란스럽지 않게 되었을 때, 치료자는 불확실성이 환자에게 불러일으키는 불편감의 대인관계 측면으로 다시 초점을 옮겼다.

역동적 치료와는 달리 행동적, 인지적 그리고 심리교육적 치료접근은 거의 전적으로 자아기능만을 다루고 정서와 내면의 관계에 대해서는 주의를 덜 기울인다. 이런 경향은 제2장에서 언급했던 메닝거 클리닉의 한 정신과의사가 우울증 환자에게 규칙적으로 일과 운동시간을 지킬 것을 권장했던 데서 찾아볼 수 있다. 제정신이 아니거나 정신착란 상태에 있는 환자의 소재 인식을 간호사가 돕는 일은 이들의 자아기능을 조력하는 것이다. 정신분열증 환자가 요리강습에 참여하도록 도와주는 직업치료사 역시 비슷한 서비스를 제공한다. 이런 조력전문가가 자아기능을 돕거나 그런 기능을 사용하도록 권장하는 개입에 내포된 대인관계적 측면에 관심을 두어야 하는 것처럼, 역동적 접근을 하는 치료자도 내면적 관계와 감정을 다룰 때 자율성과 자기의 의지적 측면 그리고 자기의 자아기능의 중요성을 인식해야 한다.

약리학적으로 보면, 인지적 주의집중과 지각적 주의집중을 조절하는 자아기능은 메틸페니데이트와 그 외 다른 흥분제의 영향을 받을 수 있다. 이런 약물은 정서 상태에도 직접적으로 영향을 미친다. 신경이완제는 자아기능에 복합적인 효과를 미치는데, 어떤 기능은 촉진시키지만 다른 기능은 저해한다. 중추신경안정제는 일정 수준 이상 투여되면 대부분의 자아기능을 저해한다. 약물이 자아기능에 미치는 영향에 관한 구체적인 내용은 이 책의 범위를 벗어난다. 그러나 약물이 영향을 미친다는 점을 인식하는 것은 중요하다.

대상

개인심리치료자는 환자의 외부 대상을 다루지 않는다. 외부대상에 대한 개입은 가족치료나 집단치료, 사회복지, 가족을 위한 교육 등의 접근에 속한다. 환자는 개인치료에서 자신의 내면세계를 꺼내놓는데, 이런 내면세계는 치료자와 이야기하는 과정에서 묘사되고 재현된다. 이런 이유 때문에 Kernberg(1992)와 같은 대상관계 정신분석가는 지금-여기에서의 전이를 강조한다. 순간순간의 전이관계는 치료에서 생생하게 드러나며, 이런 관계는 환자가 다른 사람과의 관계에서 경험하는 자신에 대한 감정을 변화시키도록 도움을 줄 수 있는 중요한 통로를 제공한다. 하지만 전이관계 외에도 치료자와 환자는 Greenson(1971)이 실제 관계(the real relationship)라고 명명하고, Adler(1985)가 개인적인 관계(the personal relationship)라고 명명했던 관계를 갖게 된다.

대상관계접근에서는 혼란되고 또 혼란을 유발하는 내적인 대상에 영향을 미칠 수 있는 주된 방법이 두 가지 있다. 하나는 치료자가 전이를 해석하는 것이고, 다른 하나는 개인적인 관계에서 담아내는 기능(a containing function)을 하는 것이다. 전이를 다루지 않은 채 다양한 내적인 대상을 인지적으로 바꾸려고 시도하는 것은 최상의 경우 환자에게 무익한 결과를 가져오고, 최악의 경우에는 위험하거나 파괴적인 결과를 초래할 수 있다.

욕동이론에서 전이란 욕동 에너지가 원래의 대상에서 분석가로 전가되는 것을 뜻한다. 대상관계이론에서 전이는 환자의 내면에 있는, 관계에 대한 일련의 기대와 감정이 현재의 외적 관계로 전가되는 것이다. 해석은 내적인 혹은 과거의 관계를 외적인 혹은 현재의 관계와 구별한다.

> 이 장 앞부분에서 언급했던 34세의 환자 L씨는 운동을 잘하는 형과 누이들 그리고 이후에는 직장에서 동료와의 관계에서 평생 열등감을 안고 살았다. 그의 치료자는 먼저 어렸을 적 그를 비웃었던 형과 누이들과의 상호작용이 내면화된 것과 현재 직장에서 그가 동료와 실제로 외적으로 교제하는 것을 그가 구별하도록 도우려고 시도했다. L씨는 치료자와 함께 어쩌면 동료가 자신을 멸시하지 않는지도 모른다는 가설을 세울 수 있었지만, 이런 개입은 그에게 감정적인 힘을 갖지 못했다.

치료자의 이런 접근은 환자가 형과 누이들과 관련된 감정을 동료에게 전가했다는 점에서 환자의 전이를 다루기는 했다. 그러나 이 치료는 집단치료나 직장 체제에 대한 개입이 아니었기 때문에 그의 직장 동료는 당시 그 치료에 함께하지 않은 상황이었다. 자신의 내면 세계에 대한 환자의 보고만 있을 뿐이었다. 결과를 놓고 보면 치료자는 L씨가 현재 동료 관계와 과거에 형과 누이들과 맺었던 관계를 인지적으로 구별하는 자아기능의 활용을 권장하고 있었는지도 모른다. 치료자는 또한 두 개의 내면적인 대상관계에 대한 지각을 바꾸거나 이것에 영향을 미치려고 시도한 것일 수도 있다. 이런 접근이 어떤 점에서는 유익했을 수도 있지만, 결과적으로는 이 환자를 강력하게 감정적으로 움직일 수 있었던 것은 아니었음이 밝혀졌다. 돌이켜보면 환자가 상황을 어떻게 보아야 하는지를 환자보다 자신이 더 잘 알고 있다고 치료자가 생각했다는 점에서 환자의 형과 누이들이 그랬던 것처럼 치료자도 환자에게 우월감을 느꼈다는 것을 암시했기 때문에, 이런 접근은 심지어 치료실에서 그 순간 일어났던 전이를 교묘하게 강화했을지도 모른다. 결국 환자의 이런 전이가 더 강력해졌다.

L씨는 업무 회의에서 발언한 후에 자신이 얼마나 창피했는지에 대해 다시 한 번 언급했다. "당신의 형과 누이들이 그랬던 것처럼 직장 동료도 당신을 멸시한다고 확신하나요?" 라고 치료자가 물었다.

L씨는 "그 말씀을 계속하시네요. 아마 선생님은 내가 자신감을 갖기만 하면 만사가 괜찮을 거라고 생각하시나 봐요. 선생님은 직장동료와

잘 지내시겠죠. 아마도 주말에 골프를 치고 겨울에는 스키를 타러 가고 친구도 많으시겠죠. 자신감을 갖는다는 게 선생님한테는 쉽겠지만 나에겐 어려워요."

L씨는 치료자와의 '실제 관계' 에서 치료자가 말할 때 그 목소리에서 조급함을 감지했을 수 있다. 그러나 L씨는 치료자의 사생활에 대해서는 잘 알지 못했다. L씨가 치료자에 대해 말한 내용은 오히려 그의 형과 누이들의 생활과 놀랄 정도로 유사했으며, 따라서 이것은 전이에 의해 채색된 것이었다. 심지어 L씨가 치료자에 대해 말한 내용이 치료자의 실제 모습과 어느 정도 일치한다 해도 그의 반응은 내면의 어떤 관계로 인해 촉발된 것으로 보였다. 그 당시 환자는 감정에 휩싸여 자기보다 우월하고 이상화된 어떤 대상, 즉 치료자와의 관계에서 자신이 약하고 평가 절하된다고 느꼈다. 현재 활성화되고 생생하게 느껴지는 이 관계는 전이에 대한 해석과 담아내기를 통해 영향을 받을 수 있었다. 감정적인 차원에서 행사될 수 있는 힘은 현재의 순간에 있었다. 그런데 이런 힘은 치료자와 환자가 어느 정도 거리를 두면서 직장에서의 문제에 대해 논의할 때는 존재하지 않았었다.

"아마 당신은 당신의 형과 누이들처럼 내가 인기있는 운동선수이고, 내가 당신에게 '그냥 해 봐라.' 라고 말하고 있다고 생각하나 봐요."

전이를 지적함으로써 치료자는 환자가 통찰을 갖게 되도록, 즉 사람들이 그의 내적 대상과 다를 가능성이 높은 때에도 그들을 내적인 대상으로 본다는 점을 깨닫도록 유도했다. 이런 통찰만으로도 환자에게 도움이 될 수 있었다. 하지만 이런 통찰은 실제로 그의 내적인 대상관계를 바꿀 수는 없었을 것이다. 치료자와 환자 간에 발생하는 전이가 갖는 치료적 가치는 그것이 생생하게 느껴질 정도로 즉시성이 있다는 점에서 나올 뿐만 아니라, 환자가 예상하는 것과 다르게 치료자가 반응함으로써 환자의 내적인 관계를 실제로 변화시킬 수 있는 가능성에서 나온다. 환자는 자신이 전이를 통해 외부로 전가했었던 것을 이제 다소 변형된 형태로 다시 내면으로 받아들일 수 있다. 이전에 치료자는 환자에게 '그저 자신감을 가지라.' 고 요구하기보다 정서적으로 그를 이해하려고 노력했던 것이었다. 치료자의 이런 태도는 환자에게 다른 사람과 함께하는 새로운 방식을 만들어 주었으며, 이것은 전이에 대한 해석이 갖는 담아내기의 측면이다.

Bion(1962)은 담아내기(containment)라는 용어를 만들어 냈는데, 이것은 부모나 치료자가 어떤 정서적인 경험을 공감하고 내면화하는 행위, 소위 그런 경험을 심리적으로 소화하는 것, 즉 그 경험을 변형시키고 그것에 의미를 부여하며, 어떤 말이나 행동을 통해 상대에게 되돌려주는 행위를 뜻한다. 원래 Bion은 그 용어를 투사적 동일시(자기의 외현화)의 맥락에서 사용했지만, 이것은 전이현상(대상의 외현화)에도 동일하게 적용할 수 있다. 전이와 투사적 동일시는 어느 정도는 인위적인 구분이다. 왜냐하면 대상관계에서는 자기와 대상이 항상 짝을 이루고 있으며 때때로 서로 뒤바뀔 수도 있기 때문이다.

L씨의 예에서 치료자는 환자가 예상하고 있던 역할에 따르지 않고 치료자를 '무조건 자신감을 갖는' 방법을 아는 사람으로 보는 환자의 이상화를 받아들이지 않으면서 담아내는 기능을 수행했다. 즉, 치료자는 환자를 정서적으로 이해하려고 노력했던 것이다.

> "글쎄요. 확실히 알 수는 없겠죠. 하지만 선생님은 내게는 꽤 자신감이 있어 보여요. 그건 괜찮아요. 무능한 사람이 날 도와주기를 바라지는 않으니까요."라고 환자가 말했다.
>
> 치료자는 앉은 의자에서 몸을 뒤로 기댔다. 그는 잠시 혼란스러웠고 이러지도 저러지도 못하겠다고 느꼈다. 그러고는 다음과 같이 말했다. "아마 실제로 당신은 나를 자신감 있고 유능한 사람으로 보는 게 나은가 봐요. 그래야 내가 당신을 도와줄 수 있을 것이라고 생각하고요. 그런데 만일 내가 그런 사람이라면 당신은 내가 당신을 무시하고 무능한 사람으로 본다고 생각하겠죠."
>
> "맞아요. 그게 바로 내가 자라면서 경험해 온 방식이에요."라고 그가 대답했다. "어느 쪽이든 난 이러지도 저러지도 못했죠." 그는 계속해서 형과 누이들과 상호작용했던 방식을 보여 주는 몇 가지 예를 들었다. 그는 스스로에 대해 자신감을 느끼는 사람들이 그의 능력에 대해서도 확신할 수 있을 것이라고 한번도 믿어 본 적이 없었다. 그러나 치료자는 환자가 이 문제를 해결해 갈 수 있다는 확신을 보여 주었고, 그런 확신은 치료자의 음성과 태도를 통해 전달되었다.

환자에 대한 치료자의 확신은 담아내기 과정의 한 부분으로 간주될 수 있다. 이전의 저서(Hamilton, 1990)에서 나는 그것을 긍정적인 투사적 동일시라고 설명했다. 그것은 또한 실제적 또는 치료적 관계(Greenson, 1971)의 한 측면으로 간주될 수도 있다. 이 주제는 1950년대 이후 매우 방대한 문헌에서 다루어져 왔다. 대상관계 학파에 속하든 속하지 않든 간에 오늘날 대부분의 정신분석가는 치료자가 환자에게 내면화되는, 적어도 치료자의 분석적인 기능 그 자체의 형태로라도 내면화되는 새로운 외부 대상이 됨으로써 어느 정도 환자의 내면 세계에 영향을 미친다는 점을 인정하고 있다.

때때로 치료자는 좀 더 직접적으로 환자에게 그들을 돌봐 주고 가치 있게 여기는 새로운 혹은 대안적인 대상이 되려고 할 수도 있다. 지지적인 치료에서 치료자는 환자를 격려하거나 칭찬하거나 혹은 조언하거나 비판하거나 도와줄 수 있다. 이런 행위는 때때로 유익할 수 있지만 다른 때에는 겉으로 보이기와는 달리 복잡해질 수 있다. 치료자가 환자를 직접적으로 도와주려고 시도할 때 그런 행위에 치료자가 의도하지 않았던 의미가 부여되는 수가 있다. 예컨대 치료자는 환자의 과거에서부터 되풀이되어 오던 어떤 패턴을 유익하지 않은 방식으로 부지불식간에 반복할 수도 있다. 이런 이유 때문에 많은 치료자는 표현적인 치료를 할 때보다 지지적인 치료를 할 때 치료가 더 복잡해지고 어렵다는 것을 알게 된다.

사업가인 R씨는 명망 있는 가문 출신이었다. 금욕적이고 도덕적인

> 삶의 태도를 가졌던 그의 부모는 자신과 자녀들의 정서와 신체적 감각을 둘 다 무시했다. 그들은 은근한 형태라 해도 엄격한 예의범절을 선호했다.
>
> 한 회기에서 이 환자는 평소 그가 말할 때 보이던 편안함을 보이지 않았다. 그는 다소 산만한 태도로 의자에서 앉은 자세를 바꾸면서 사업적인 교류와 가족생활에 대해 이야기했다. 그리고 안색이 창백해 보였다.
>
> "불편하신가요?" 라고 치료자가 물었다.
>
> "아, 아무것도 아니에요. 어제 보트를 탔는데 허리를 삐끗했어요."
>
> "저 의자에 앉으시면 어떨까요?" 라고 치료자가 단단한 책상 의자를 가리키며 물었다. "당신이 앉아 있는 그 의자는 너무 푹신해요. 허리가 불편한 사람에게는 아주 나쁘죠."

치료자는 그저 환자의 감정을 이해하는 것만이 아니라 환자의 신체적 편안함에도 주의를 기울이는 사람처럼 행동했다. 그의 말은 지지적이었다. 환자는 그런 말을 자기 부모가 보여 준 양식과는 현저하게 다른 태도인 염려해 주는 마음으로 받아들일 수도 있었을 것이다. 그럼에도 불구하고 그런 말 자체로는 환자에게 큰 도움이 되지 않았다. 환자는 성공한 사람이었기에 사람들이 자신을 배려하면서 대우하는 데 익숙했고, 그런 대우는 그의 내면적인 삶을 변화시키지 못했다.

게다가 환자는 치료자도 자신의 부모처럼 다소 금욕적이고 도덕적인 사람으로 보는 전이를 경험하고 있었다. 정서적인 측면과 신체적인 측면에서 치료자가 환자의 감정에 관심을 보여 주는 행위는 환자에게 부모처럼 여겨지는 사람에게서 자신이 이해받고 돌봄을 받을 수 있다는 점을 상기시켜 주었다. 이런 요인 때문에 치료자의 제안에는 어떤 감정적인 의미가 부여됐다. 반면 치료자의 제안은 환자의 자존심에 대한 모욕이나 과잉보호, 치료에서 고통스러운 다른 현실을 피할 수 있는 기회나 치료에서 이루어지는 일종의 타협, 또는 환자를 지배하고 내심 우월한 태도로 그에게 호의를 베푸려는 의도로 보일 수도 있었다. 치료자의 제안이 환자에게 어떤 의미로 받아들여졌는지는 분명하지 않았다.

R씨는 자리를 옮기려 하지 않았다. "아, 여기 있어도 괜찮을 겁니다." 라고 그가 말했다.

"내가 당신이 불편해하는 걸 알아차리고 다른 의자를 권한 게 불편하신가 봐요." 라고 치료자가 말했다.

그들은 그의 신체적, 감정적 생활에서 그의 부모가 보여 준 반응에 대해 논의했다. 그는 고통을 무시할 수 있는 자신의 능력을 자랑스러워하고, 그런 것을 가르쳐 준 부모에게 감사하는 마음을 가짐과 동시에, 동정을 받고자 하는 은밀한 소망이 있다는 사실에 다소 수치스러워했다.

회기가 끝날 무렵 환자는 "선생님이 허리문제를 도와줄 수 있는 분을 소개해 주실 수 있겠네요. 어젯밤에 잠을 잘 수 없었어요." 이 신사는 자신의 정신과의사에게 근육이완제나 진통제를 처방해 달라고 요구하지 않았을 것이다. 그는 역할에 대해 지나칠 정도로 자각하고 존중했지만, 자신의 정신과의사가 다른 의사를 소개해 주는 것은 허용할 수 있었다. 정신과의사는 이에 응했다.

환자의 불편감과 그 불편감에 대해 언급하기를 주저하는 마음을 단지 알아차리기보다 환자에게 실질적인 도움을 주겠다고 제안한 것이 예상치 못한 그리고 아직 그 의미가 탐색되지 않은 방식으로 치료에 변화를 가져왔다. 이 사례에서는 이런 제안이 결과적으로 잘 해결되었지만, 항상 그런 것은 아니다.

여성 환자 S씨의 경우 직접적인 도움은 실제로 치료를 곤경에 빠지게 했다.

S씨 부인은 남성 심리학자인 자신의 치료자에게 남편이 지배적이며 자기를 통제하려고 한다고 되풀이해서 불만을 토로했다. 그녀는 자신이 남편보다 돈을 더 많이 버는데도 남편이 가정경제를 지나치게 긴축적으로 운영해서 자존심이 상했다. 남편은 또한 그녀의 감정을 존중하지 않는 태도로 성관계를 요구했다. 또한 그가 아이들을 너무 심하게 벌한다고 그녀는 생각했다. 그녀는 화가 나면 이혼하자고 위협했다가 철회하기를 되풀이했다. 남편 또한 때로 이혼하자고 위협했다.

치료자는 "당신은 이혼을 자주 고려하지만 동시에 남편이 당신을 떠날까 봐 두려워하기 때문에, 이혼하면 발생할 현실적인 문제가 뭔가를 알아보기 위해 변호사와 이야기해 보는 것이 좋겠습니다."라고 말했다. 치료자는 환자가 현실적인 대안들이 무엇인지를 알게 되면 두려움과 무력감을 덜 느끼게 될 것이라고 생각해서 이런 말을 했던 것이었다.

그런데 환자는 치료자의 조언을 잘못 해석해서 그가 이혼하라고 조

> 언한 것으로 결론 내렸다. 그녀는 치료자가 결혼 생활에 대한 헌신의 중요성을 이해하지 못한다고 생각했다. 그래서 치료자를 신뢰할 수 없다고 말했다. 그러고는 치료를 받으러 돌아오지 않았다.

이 경우 S씨는 치료자의 조언이 유익하다고 여기지 않았고, 오히려 그런 조언이 헌신의 결여에서 나온 것으로 보았다. 담아내기와 전이의 해석을 통해 도움을 주는 것이 실제적인 조력자의 역할을 채택하는 것보다 그 결과를 훨씬 더 잘 예측할 수 있는 것 같다. 물론 이런 조력은 지지적인 치료자의 역할의 범위에 분명 들어 있다.

자기

자기만 따로 떼어 내어 직접적으로 그것에 영향을 미친다는 것은 얼핏 논리적으로 불가능한 것처럼 보인다. 치료자는 외부 대상인데, 이 점은 어떤 제3자가 보아도 쉽게 인정할 수 있는 사실이다. 분리된 사람은 정서-감각과 자아기능을 통해 자기에 대한 환자의 주관적 감각에 영향을 미친다. 그러나 모든 대상관계이론에서 자기와 대상은 어느 정도 상호교환이 가능한 것으로 이해되고 있다. 누가 누구인지가 불분명한 이런 현상은 심지어 건강하고 타인에게서 심리적 분화가 꽤 잘 이루어진 사람에게도 나타나는데, 이를 묘사하기 위해 다양한 용어가 만들어져 왔다. 이런 복잡성과 연관된 뉘앙스를 가리키는 용어의 예를 들면, 대인관계의 장(interpersonal field)

(Sullivan, 1953), 자기대상(selfobject)(Kohut, 1971), 이중적 합일체 (dual unity)(Mahler et al., 1975), 공생관계(symbiosis)(Mahler et al., 1975), 자기-대상(self-object)(Hamilton, 1988) 그리고 상호주관성 (intersubjectivity)(Stolorow et. al., 1992)이 있다. 투사적 동일시 (projective identification)(Klein, 1946), 담아내기(Bion, 1962) 그리고 공감(Kohut, 1971)은 상호적이고 자기-대상 사이에 존재하는 유동성을 가진 기제로 간주되어 왔다.

앞서 제시한 L씨의 예에서 환자는 자신이 형과 누이들처럼 자신감을 갖기를 치료자가 원한다고 말했다. 그게 아니라면 치료자는 무능력한 사람이어서 자신을 도와줄 수 없다고 그는 보았다. 그 시점에서 치료자는 혼란스럽고 이러지도 저러지도 못하겠다고 느꼈다. 그 순간을 좀 더 상세하게 기술하자면, 치료자는 환자의 어렸을 적 경험이 어떠했을지에 대해 공감해 주었다. 치료자는 자기 내면을 들여다보고 혼란스럽고 궁지에 몰려 있다는 자신의 느낌에 주목했다. 그 소년은 틀림없이 형과 누이들을 우러러 보고 그들처럼 되는 방법을 배우기를 원했을 것이다. 그러나 그가 그들을 우러러보면 그는 자신이 약하고 열등하다는 그들의 비난에 동의할 수밖에 없었다. 그 자신이 혼란스럽고 동시에 궁지에 몰린 듯한 느낌을 가졌을 것임에 틀림이 없었다.

공감은 지금까지 충분히 그리고 복합적으로 정의되어 왔다 (Lichtenberg et al., 1984). 이것은 다른 사람을 이해하는 방편으로 자신을 다른 사람의 감정적인 처지에 두거나 혹은 자기 내면을 들여다

보는 방식이 될 수 있다. 이 둘 중 어떤 방식이 되든 간에 치료자는 자신의 감정이 환자의 감정과 똑같거나 어느 정도 같다고 느낀다. 융합과는 달리 각 개인의 경계가 완전히 상실되지는 않는다. 공감은 서로 분리되지만 동시에 동일하다고 느끼는 감각이다.

L씨의 경우 공감은 자연스럽게 이루어졌다. 치료자는 혼란스럽고 이러지도 저러지도 못하겠다는 느낌이 어떻게 해서 생겨났는지에 대해 조금이라도 인지적으로 이해하기도 전에 갑자기 그런 감정을 느꼈다. 치료자가 자신의 공감적 통찰을 환자에게 전했을 때 환자는 이해받은 느낌이 들었다. "맞아요. 그게 바로 내가 자라면서 늘 느꼈던 거예요. 어느 쪽이든 난 이러지도 저러지도 못했죠."라고 말했다.

대상에 관해 논의했던 앞 절에서 치료자와 환자 간의 이런 상호작용은 전이로 간주됐다. 자기심리학 관점에서 보면 치료자가 환자를 공감하고 그런 공감을 전하기 때문에 그는 자기-대상 기능을 수행한다고 볼 수 있다. 치료자는 환자를 위해 환자의 자기를 지탱해 주고 가치 있게 여겨 준다. 이런 개입은 자기-대상 기능이라고 부를 수 있다. 즉, 치료자가 외부대상으로 남아 있으면서 동시에 환자를 위해 내면을 들여다보고 감정을 인식하는 자기-기능을 수행하는 것이다. 만약 환자가 이해받았다고 느껴서 치료자의 공감을 받아들인다면, 환자의 자기 감각과 자기 존중감은 치료자에 의해 직접적인 영향을 받을 수 있다. Stolorow와 그의 동료 연구자(1992)들은 이와 관련이 있는 상호주관성이라는 개념을 정교화했는데, 이 개념은 자기심리학에 기초를 두고 있으며 치료자가 자기-대상으로 기능하면서 어떻게 직접적으로 환자에게 영향을 미치는지를 이해하는 데 도움이 되는 유사한 이론을 제공한다.

앞서 예로 든 치료자가 한 말을 전이에 대한 해석으로 보는 것과 자기-대상 기능으로 보는 것 간에 어떤 내재적인 모순은 없다. 이 두 가지는 사실 하나의 동일한 개입에 속하는 서로 관련성이 깊은 측면이다. 전이에 대한 해석을 통해 치료자는 환자가 외부 대상인 자신을 마치 환자 자신의 형과 누이들에 대한 내적인 대상 표상인 것처럼 경험하고 있다는 점을 환자에게 지적해 준다. 한편 자기-대상의 기능 수행을 위해 환자가 내적인 대상과의 관계에서 그리고 치료자와의 관계에서 어떻게 느낄 것인지를 이해하는 방편으로 치료자는 자신의 내면을 들여다본다. 우리는 자기와 대상이 동시에 될 수 있다.

자기심리학적인 접근은 감정적으로 강력한 반면에 자기와 자기 간의 상호교류를 지나치게 강조하여, 마치 독심술이나 자동적인 소통이 일어나는 것처럼 치료자의 마음속에 있는 심리적 경계를 흐리게 할 수 있다. 좀 더 복잡하기는 하지만 이에 대한 대안으로 치료에서 이루어지는 자기와 자기 간의 상호교류를 좀 더 명료하게 기술하면서 자기와 타자 간의 경계를 좀 더 분명하게 인식하는 이해의 틀이 있다.

L씨의 치료자가 갑자기 혼란스럽고 이러지도 저러지도 못할 것 같다고 느꼈을 때, 그는 환자가 자신을 어떤 해결할 수 없는 딜레마

에 빠뜨렸다고 생각하고, 유능하고 자신 있게 환자를 돕고자 하는 자신의 시도를 좌절시킨다고 불쾌하게 느꼈을 수도 있다. 하지만 이 대신 치료자가 보여 준 반응은 덫에 걸린 것 같은 자신의 느낌이 환자의 느낌과 일치하는 것이 아닐까 하고 궁금해하는 것이었다. 투사적 동일시 개념을 적용해 보면, 치료자는 환자가 원하지 않는 자기의 한 측면(혼란스럽고 이러지도 저러지도 못하는 어린 소년)을 치료자에게 투사하고, 동시에 치료자 마음속에 그런 느낌이 일어나도록 하는 방식으로 행동했다고 추정해 볼 수 있다(Gabbard, 1989; Grotstein, 1981; Ogden, 1982). 이런 이해방식에 따르면 L씨는 치료자가 혼란스러운 딜레마에 빠졌다고 느낄 때까지 상충되는 기대를 갖도록 자극함으로써 치료자의 감정을 유발했다고 볼 수 있다. 치료자는 환자의 투사를 안으로 받아들이고 그것과 동일시했으며, 그것과 화해하고 열등함의 증거가 아니라 어려움에 대한 이해로서 그 투사를 환자에게 되돌려줌으로써 그것을 변화시켰다. Bion(1962)은 이런 식으로 안으로 받아들이고 심리적으로 소화하며, 투사된 정서와 자기경험을 되돌려주는 과정을 담아내기라고 불렀다.

치료자가 이해한 바를 환자가 수용했을 때 환자는 자신이 이전에 투사했었고, 이제는 딜레마가 이해되고 견뎌질 수 있다는 치료자의 확신에 찬 기대에 의해 그 성질이 변한 것을 다시 내면으로 받아들였다. L씨가 그랬던 것처럼 환자가 치료자의 이해와 확신에 동일시하면, 환자의 자기는 담아내기라고 불리는 이런 투사적 동일시와 내사적 동일시의 순환적 과정에 의해 약간 혹은 상당히 변화될 수 있다.

환자가 내사적 동일시를 경험할 때 치료자는 투사적 동일시를 한다(Hamilton, 1990). 치료자는 자신에게 던져진 어려움은 이해 가능하고, 해결 가능하거나 혹은 견딜 수 있는 것이라는 자신의 확신을 환자에게 투사하고 환자 안에 있는 그런 감정과 동일시한다. L씨가 자기 자신의 한 부분(이러지도 저러지도 못하는 어린 소년)을 투사함으로써 투사적 동일시를 했을 때, 치료자는 내사적 동일시를 했다.

투사적 동일시와 내사적 동일시의 개념을 사용하면, 은유적으로 표현해서 치료자는 자기의 측면을 환자와 교환하는 과정을 통해 환자의 자기에 직접적인 영향을 줄 수 있다는 가설을 세울 수 있다. 치료자는 공감과 자기대상 기능이라는 개념에만 의존하기보다 담아내기라는 개념을 사용하는 것이 더 낫다고 여길지도 모른다. 담아내기 개념은 두 사람 사이의 경계를 개념적으로 명료하게 해 준다. 그러나 이 모든 개념은 치료적으로 강력하고 감정적으로 매우 끌리지만 반드시 어느 정도의 불확실성을 염두에 두고 적용해야 한다. 만약 치료자가 공감이나 내사된 감정이 환자에게 속한 것이라거나 환자에게서 나온 것이라고 지나치게 확신하게 되면, 그 결과 밀착(enmeshment)이 일어날 수 있다. 치료자는 환자의 자기감각을 손상시키는 방식으로 그런 감정을 잘못 귀인시킬 수 있고, 그 결과 환자에게 소외감이나 혼란, 자존감의 저하 또는 더 심각하게는 해리상태의 악화까지도 유발할 수 있다. 이에 대한 구제책으로 치료자는 환자에게 일어나고 있는 경험에 대한 자신의 직관적인 느낌을 수정하는 데에 항상 열린 마음을 가져야 하며, 환자가 자기 자신의 감정을 정확하게 전달하게 될 것이라는 확신에 찬 기대를 표현할 수 있어야 한다.

2. 결 론

내가 제안하는 대상관계이론에서는 치료자는 환자를 도울 수 있는 다양한 치료적 접근에 초점을 맞출 수 있다. 각각의 접근이 환자의 서로 다른 측면을 강조하면서도, 각각의 개입은 환자 전체에 영향을 미친다. 예컨대, 전이의 해석을 통해 치료자는 환자가 다른 사람들을 어떻게 경험하는지에 영향을 미칠 뿐 아니라, 그들 자신을 어떻게 경험하는지, 즉 그들이 어떻게 느끼고 생각하며 행동하는지에도 영향을 미친다. 전이의 해석은 역동적인 치료이론에 근거한 심리치료에서 핵심적인 요소로 남아 있다.

한때 많은 정신과의사가 약물 사용을 통해 정서를 치료하는 방법을 환자의 정서가 자아를 압도하여 심리치료만으로 다가갈 수 없었던 경우에 제한하여 적용했다. 그러나 항우울제와 항불안제의 효과가 커지고 이런 약물에 대한 일반인의 수용 수준도 높아져 이제 정신과의사들은 이런 약물치료를 치료의 위험성과 이점 그리고 대안적인 접근을 논의하는 초기부터 제공해야 한다는 부담을 느낀다. 그러나 약물은 치료관계와 전이를 복잡하게 만들 수 있다. 치료자의 약물치료 제안에 대해 환자는 이것이 자신에게 유익하고 치료자가 자신을 이해하고 있다고 느끼는가, 아니면 자신을 낮추어 본다고 느끼는가 혹은 어떤 내재적인 결함을 확인하는 행동으로 받아들이는가? 나와 동료들이 다른 문헌에서 논의했던 것처럼(Hamilton et al., 1994) 대상관계이론의 관점에서 보면 약물치료와 관련된 주제는 극도로 복잡해질 수 있다.

교육적이거나 다른 기법으로 자아기능에 직접적으로 영향을 주는 접근은 전이와 투사적 동일시를 심각하게 간과할 위험이 있다. 이런 접근은 치료자가 환자를 통제하려 하거나, 내심 우월한 자세로 환자에게 선심 쓰듯 하거나 혹은 환자의 정서적인 주관성에 치료자가 조율하지 못하게 될 수 있다. 그럼에도 불구하고 치료적 개입을 고려할 때 치료자는 반드시 환자의 자아상태와 인지적, 지각-운동 능력에 내재하는 한계를 인식해야 한다.

자기-자기 간의 교류에 초점을 두는 접근은 자기-대상 간의 경계를 흐리게 하고, 뇌의 신경생리학적 측면과 구조적 측면에 기인한 자아기능의 한계를 간과하며, 일상생활의 현실을 무시하고 주관적인 측면을 지나치게 강조할 위험이 있다. 그러나 이런 개입은 직관적으로 민감하고 감정적으로 강력한 것으로 드러날 수 있다. 때때로 이런 개입은 어떤 환자에게 접근하는 유일한 통로를 제공하며, 치료자가 주의를 기울이든 기울이지 않든 간에 이런 현상은 아마 어느 정도는 항상 일어날 것이다.

지금까지 대상관계가 네 가지 요소로 구성된 것으로 개념화하여 논의했는데, 이런 논의는 한편 환자가 하나의 통합된 개체가 아니라는 잘못된 인식을 조장할 수 있지만, 다른 한편 그 어느 것 하나도 간과하지 않고 한 사람의 다양한 측면을 인식하는 개념적인 틀을 제공한다. Beahrs(1982)는 다른 이론적 관점에서 이런 접근을 '통합성과 다중성' 이라고 명명하였다.

제6장 이 론

이 책에서 내가 제시한 대상관계이론은 네 가지 면에서 이전의 개념화와 다르거나 혹은 그것에 내용을 첨가한 것이다. 첫째, 이 이론은 자아기능을 대상관계에 재도입했다. 둘째, 이 이론은 어떤 기본적인 혹은 근원적인 대상관계를 찾는 대신 개인의 현재 경험에서 드러나는 몇몇 패턴을 기술하여, 몇 가지 특정한 주제를 공통적인 것으로 인정하면서도 동시에 무한한 다양성을 허용한다. 셋째, 순간순간 달라지는 마음 상태의 변화를 기술한다. 넷째, 타인과 관계하

---

* 이 장은 *Bulletin of the Menninger Clicic*에 실렸던 Hamilton(1995)의 글을 보완한 것이다.

는 자기가 매순간뿐만 아니라 평생에 걸쳐 발전하는 하나의 개체라고 이해한다.

이전의 장에서는 이런 설명이 어떻게 임상에 적용되는가에 초점을 두었는데, 이 장에서는 몇 가지 이론적인 주제를 다룰 것이다. 모든 임상적인 실제에는 반드시 어떤 이론적 근간이 있으며, 기저에 있는 이런 가정의 역사를 살펴보는 일은 매우 생산적일 수 있다.

1. 대상관계패턴

Freud는 천재성을 발휘하여 사람들은 누구인지, 그들은 어떻게 생각하고 느끼는지 그리고 무엇이 그들을 움직이는지에 대해서 인간적이고 수용적인 해석을 만들어 냈다. 그의 정신분석 기법은 환자와 치료자에게 똑같이 기억과 꿈 그리고 자기와 타인에 대한 느낌을 탐색할 수 있는 새로운 자유를 부여했다. 그는 전이와 투사 그리고 동일시를 통해 내적인 환상과 외적인 관계가 개인적인 차원에서 교류되는 현상에 대한 이해를 제공했다.

Freud의 심리학적 이론은 자기 발견의 과정 가운데 그의 개인적인 경험에서 나온 것인데, 필연적으로 19세기 서구 사조에서 보편적이었던 기계적인 추상적 개념에 의존할 수밖에 없었다. 예를 들면, Freud(1905b)는 욕동의 목적과 대상을 나타내기 위해 본능이라는 19세기 생물학적 개념을 사용했다. 즉, 욕동은 주체의 내부에서 생겨나고, 또 주체의 욕동을 만족시킨 결과 어떤 대상에 리비도가 집중됐을 때에만 그 대상은 의미를 가지게 된다(Brenner, 1973). 이와 같이 실증주의적이고 선형적인 인과관계를 상정하는 이론은 19세기에서 20세기 초반까지의 과학적 사고와 의학적 사고의 특징을 이루었다. Freud 이론에서 관계는 욕동의 우연한 부산물 그 이상은 아니었다.

Fairbairn(1954)은 Freud의 관점에 반대했고, 유아는 태어나면서부터 본래부터 대상과 관계하는 존재로 보았다(이와 유사한 맥락에서 Winnicott[1965]은 "세상에 유아라는 존재는 없다."[p. 39n]라고 했다. 이 말은 아기는 홀로 존재할 수 없고 오직 부모와의 관계에서만 존재한다는 뜻이었다[Stolorow et al., 1992]). Fairbairn은 더 나아가 대상과 관계하는 자기에 대한 분명한 이해를 발달시켰는데, 이것은 욕동이론과 전적으로 양립할 수는 없는 이론이었다(Greenberg & Mitchell, 1983). Fairbairn은 원초아와 자아 그리고 초자아로 이루어진 Freud의 정신구조를 버리고 그것을 자신의 구조로 대체하여, 중심대상(a central object)에 관계하는 중심자아(a central ego), 흥분시키는 대상(an exciting object)에 관계하는 리비도적 자아(a libidinal ego) 그리고 거부하는 대상(a rejecting object)과 관계하는 반리비도적 자아(an antilibidinal ego)를 설명한다. 이런 관계 요소가 성격을 구성한다. 에너지는 비인격적인 욕동의 저장소인 원초아가 아니라 리비도적이거나 혹은 반리비도적인 자기에 속한다. Sutherland(1989)는 자아에 대한 Fairbairn의 해석이 자기심리학과 다른 분야에서 사용되는 것처럼 현재 미국에서 사용되는 용어인 **자기**(self)와 많은 부분에서 일치한다고 보았다. Fairbairn은 Anna Freud(1936)와 Hartmann(1964)이 설명했던 형식적인 자아기능에는 전혀 관심을 두지 않았다.

오랫동안 리비도적 대상과 거부하는 대상에 대한 Fairbairn의 이론이나 좋은 젖가슴과 나쁜 젖가슴에 대한 Klein의 생각은 미국의 자아심리학자 사이에서 널리 통용되지 않았으나, 영국의 중도 학파(the British middle school)(King, 1983)는 이를 수용하고 토론 주제로 삼았다. 그러나 미국에서 경계선 장애에 대한 관심이 일어났을 때, 이런 환자가 겪는 자기-타인 경험에서의 두드러진 변화가 대상관계 개념을 통해 설명된다는 것이 밝혀졌다. Kernberg(1975, 1976)와 Masterson(1976, Masterson & Rinsley, 1975) 그리고 Rinsley(1978)는 각각 이런 환자에게서 나타나는 전적으로 좋고 전적으로 나쁜 것으로 분열된 대상관계단위(all-good and all-bad split object relations units)를 설명했다.

이런 대상관계단위는 실제로 어떤 단위가 아니라, 자기와 정서-욕동 그리고 대상과 관련된 마음의 상태다. '단위' 에 대한 서술은 간단하고 과도하게 구성요소로 분리되어 있는데, 이런 서술은 기억하기 쉬운 용어와 쉽게 파악할 수 있고 미리 하나의 묶음으로 만들어진 개념을 선호하는 미국 임상가의 취향에 맞았다. 그들은 영국과 유럽 그리고 남미 이론가가 보여 주는 복잡하고 늘 변하며 의미의 조합과 변경으로 가득 찬 유동적인 에세이 양식에 의지하지 않고, 단위와 같은 표현에 대해 서슴없이 논의하고 의학문헌과 심리학 문헌에 그것을 끼워넣을 수 있었다. 그렇지만 미국 임상가가 아무리 하나의 묶음으로 만들었다 해도, '대상관계단위' 라는 단순한 단어는 한 무리의 다양한 의미와 감정적인 뉘앙스를 갖고 미국에 들어왔다.

Rinsley(1978, 1982)는 전적으로 좋은(즉, 채워 주는, rewarding) 대상관계단위와 전적으로 나쁜(즉, 채워 주지 않는, withdrawing) 대상관계단위 그리고 중심 자아와 Fairbairn의 리비도적, 반리비도적 그리고 중심 대상관계 간의 역사적이고 이론적인 관계에 대해 설명했다. Rinsley는 Mahler의 개념에 의존하여 분리와 개별화 과정을 통해 전적으로 좋고 나쁜 대상관계가 온전한 대상관계로 통합되고 중심 자아가 공고하게 된다는 것을 보여 주었다. 또한 그는 좋고 나쁜 젖가슴과 좌절시키는 대상은 충족시켜 주는 대상의 또 다른 측면일 뿐이라는 우울한 양태(the depressive position)에서 이루어지는 자각에 대한 Klein의 생각이 공헌한 바를 인정했다. Ogden(1986)은 대상관계단위라는 용어를 사용하지 않고 이와 비슷한 과정에 대해 기술했다.

Kernberg(1976)는 대상관계에서 자기와 대상을 이미지나 표상(representation)으로 여긴 것으로 보이는데, 이는 Jacobson(1964)의 해석과 비슷하다. 그는 자기이미지를 자율적이거나 의지적 혹은 자기성찰을 하는 것으로 보지는 않는다. 하지만 자기가 어떻게 자아기능에 영향을 주고 변화시키는지는 언급하고 있다(Kernberg, 1982). Kernberg의 이런 구분은 일부 대상관계이론에서 개인을 그 속에 다양한 작은 사람이 살고 있거나 혹은 악마에 사로잡힌 존재로 묘사하는 것처럼 보인다는 자아심리학자의 비판에 대한 답을 준다. 그러나 그는 명료함을 얻은 대신 사람들이 특정한 자기 경험으로 내몰리거나 혹은 그런 경험과 동일시된다고 느낄 때 갖는 주관적인 감각이라는 개념을 희생시켰다. 극단적인 경우에 경계선 환자는 어떤 순간 그들의 대상관계의 자기가 바로 자신이라고 느끼고, 그들이 다른 때에는 다르게 느끼고 행동한다는 사실을 완전히 잊는 경우가 흔히 있다. 좀 더 건강한 사람의 경우도 마찬가지로, 표상으로서 자기이미지는 다소 가공적이고 의지를 가진 인격체를 묘사하기에는 너무 흐릿한데, 그 이유는 특히 정체감은 때에 따라 다소 변하기 때문이다.

Kernberg(1976)는 그가 제시한 대상관계단위에 명시적으로 욕동을 분명히 포함시키는데, 이것은 욕동 개념을 전적으로 거부하고 원초아를 하나의 구조적인 요소로 처리해 버렸던 Fairbairn의 입장과는 달랐다. Fairbairn(1954)은 원초아를 비인격화된 욕동의 저장소를 나타내는 개념으로 보고, 욕동이 관계 외부에 존재한다고 믿지 않았다. 따라서 Kernberg가 대상관계를 자기와 정서-욕동 그리고 대상으로 구성된 것으로 개념화한 것은 얼핏 보기에 욕동을 대상관계 속으로 재도입하는 것 같다. 만일 그렇다면 욕동과 그것의 주관적인 표출인 정서는 자기와 대상을 한데 묶는, 말하자면 카텍시스(cathexis)를 부여할 것이다.

자아심리학과 대상관계이론을 통합하려는 시도로 Kernberg는 욕동이 항상 자기이미지 및 대상이미지와 관련된 것이라고 주장하며 욕동의 개념을 보존한다. 자기와 대상은 관계 내에 있는 것이다. 이렇게 욕동을 강조하는 것은, 원래 성적인 욕동을 가리키는 용어인 리비도를 리비도적 자아라는 개념의 일부로 보존한 Fairbairn의 해결책과 가깝다. 그러나 Fairbairn은 더 급진적으로, 리비도적(형용사)은 보존하면서 리비도적이라는 용어 자체는 유지하지만 원초아라는 생물학적 욕동 개념과 비인격화된 리비도(명사)는 명백하게 거부한다.

Rinsley와 Grotstein과 달리 Kernberg는 자신과 Fairbairn 이론 간의 유사점을 강조하지 않았다. 그럼에도 불구하고 Kernberg는 결국 자신의 욕동 개념을 Freud(1905b)나 Anna Freud(1936)의 개념보다 Fairbairn과 더 비슷하게 바꾸었다. 그는 욕동을 정서가 공고해진 것으로 정의하게 됐고, 이때 정서는 항상 자기표상 및 대상표상과 관련되어 있다. 따라서 Kernberg의 사상에서는 자기 및 타인에 관련된 감정이 일차적인 것이 되는 반면, 욕동은 이런 감정적 관계가 이차적으로 공고화되고 표출된 것이 된다. 이런 해석은 본능을 가장 중요한 것으로 여기고, 정서와 관계는 욕동 해소의 만족이나 좌절에서 유발되는 것으로 여기는 자아심리학과 욕동이론의 본능 개념을 실제로 뒤바꿔 놓은 것이다.

이전 장에서 언급한 바와 같이 Kernberg는 욕동을 재정의함으로써 그 개념을 정신분석학적 사상에서 제거한 것으로 보인다. 만약 욕동이 본능적 충동이 아니라 정서를 뜻한다면, 왜 그것을 욕동이라고 부르는가? Kernberg가 욕동의 개념과 대상관계이론을 성공적으로 조화시키지 못했다고 Greenberg와 Mitchell(1983)이 지적한 것은 타당하지만, 이들은 미국의 자아심리학자가 자아심리학 용어를 유지하면서 대상관계이론이 기여하는 바를 고려하고 활용하기 시작하도록 하는 데 Kernberg의 해석이 얼마나 성공적이었는지를 과소평가했을지 모른다. Kernberg가 공헌한 바의 핵심은 정서와 동기가 항상 자기 및 대상과 짝을 이룬다고 이해한 것과, 이전에 본능이라고 불렸던 개념이 비인격적이고 신체와 분리된 힘이 아니라 인격적인 정서나 감정이 공고화된 것으로 여기는 것이 낫다고 이해한 것이다.

자기심리학(Kohut, 1971) 입장에서는 최초의 정신적 삶에서 서로 분리되고 반대를 이루는 구도를 기술하지 않고, 자기는 처음부터 단일한 것임을 강조한다. 그럼에도 불구하고 자기심리학은 대상관계 패턴을 내포한다. 자기는 공감을 통해 자기를 지탱시켜 주는 자기-대상과 관계한다. 자기-대상의 존재는 자기 안에서 응집성을 유지하기 위해 생애 전반에 걸쳐 필요한 것으로 간주된다. 비록 아주 깔끔하게 묶이지는 않지만 이런 개념화는 대상관계와 비슷해 보인다. 즉, 감정이 정서적인 의사소통이라는 점에서 자기는 항상 정서에 의해 대상과 관련되어 있다. Kohut은 개인이 관계 밖에서 존재할 수 있다는 것은 불가능하다고 생각하고, 자아와 욕동의 개념 둘 다를 필요로 하지 않았다. 하지만 그는 과대한 전이와 이상화 전이 그리고 반영적 전이가 보편적이거나 근원적인 관계패턴에 대한 증거라는 점은 인정한다.

유아와 부모의 생리에 대한 연구들을 다룬 Daniel Stern(1985)의 저서는 유아는 원래 응집적이고 분리되어 있고 관계 속에 있지만, 타인과의 관계에서 응집성을 유지하기 위해 부모의 정서적 조율과 적절하게 반응하는 능력에 의존하는 존재라고 보는 Kohut의 개념화를 지지한다. 불가피하게 일어나는 조율의 실패는 자기-파편화(self-fragmentation)와 양극화(polarization)를 유발하는데, 개인과 대상은 이에 대처해야 한다. Kohut과는 달리 Stern은 '단위' 내에서의 유아의 자기-타인 경험을 기술했는데, 그는 이것을 일반화된 상호작용의 표상(representations of interactions that have been generalized, RIGs)이라고 부른다. Stern은 쉽게 외울 수 있는 머리글자를 제시했지만 단위 개념의 복잡성과 유동성을 부인하지 않는다. 좀 더 인지적이고 자아심리학적인 관점에서 Horowitz(1979, 1991, 1992)는 경험적 연구를 수행해 왔고, 대상관계에서 마음의 상태와 사람에 대한 도식에 대해 기술했다.

Horowitz의 접근을 제외한 대상관계에 대한 이 모든 접근은 자기와 타인 간의 근원적인 관계를 찾아서 낙원과 같은 본래의 순수함의 정수(精髓)를 찾아 쫓거나, 혹은 소외나 상실된 낙원이라는 본래의 유아적인 문제를 찾아 쫓는데, 어느 것을 추구하는가는 저자의 강조점에 따라 다르다. 우리는 과학적인 정보에 근거하고 철학적으로 최첨단이라고 여겨지는 정교한 이론을 갖고 있음에도 불구하고, 비극적 인류가 가진 본래의 순수함이나 혹은 죄를 지은 인류의 원죄를 추구하려는 강력한 욕구를 계속 갖고 있을지도 모른다. 사실 어쩌면 우리 모두가 어느 정도는 그리고 때에 따라 순수하기도 하고 죄를 짓기도 하고 또한 비극적인지도 모른다.

『대상관계 이론과 실제: 자기와 타자(Self and Others)』에서 나는 근원적 관계의 관점에서 초기 아동기 발달에 대해 기술했다. Mahler와 Kernberg 그리고 Rinsley의 연구에 크게 의존하면서 아동 발달의 자폐적 단계와 뒤이은 공생기의 이중적 합일체, 분리-개별화의 시작 그리고 분열된 대상관계가 통합과 분화 그리고 온전한 대상관계로 발전해 나가는 과정을 기술했다. 이 책의 2쇄를 출간할 때 나는 Stern(1985)의 연구가 자폐를 유아 발달의 한 단계로 보는 개념에 심각한 의문을 제기한다는 점을 인정했다. 부모를 위한 지침을 제공하는 문헌에 쓰거나 학습을 위한 목적으로 몇 개의 일반적인 패턴을 개략적으로 기술하는 것은 유용할 수 있으나, 이제 나는 이런 발달단계 가운데 어떠한 단계든 순조롭고 순차적으로 전개된다는 것에 대한 확신이 전혀 없다. 사람들은 심지어 유아조차도 다른 사람과 관계하면서 자신에 대해 많은 경험을 하고, 아울러 투사와 내사를 통해 누가 자기이고 누가 대상인지를 때때로 바꾸고 모호하게 하는 능력도 함께 갖고 있는 것으로 보인다. 임상적으로, 적어도 성인에게서는 환자가 자신과 타인에게 갖는 다양한 의식적, 무의식적 경험과 이런 경험이 기억과 전이, 역전이 그리고 현재의 관계에 어떤 관련을 갖는가를 연구하는 것이 관계성의 궁극적 혹은 기본적 단위를 찾는 것보다 더 유용한 것으로 보인다.

나의 연구는 내적 힘에 의해 좌우되는 단일한 자기라는 개념에서 더욱 멀어져 생애 초기부터 관계의 중요성을 인정하는 쪽으로 옮겨 왔는데, 이런 관계가 어떤 것인지 혹은 과거에 어떠했는지에 대한 확신은 없다. 아동이 할 수 있는 경험의 종류는 아마 전적으로 좋은 단일한 관계에서 전적으로 나쁜 단일한 관계로 바뀌거나 혹은 파편화된 자기에서 응집된 자기로 바뀌는 것이 아니라 좀 더 복잡한 양식으로 변동할 것이다. 성인 치료에서는 내면화되고 일반화된 관계에 대한 Stern(1985)의 개념이나 마음의 상태라는 Horowitz(1992)의 개념이 가리키듯이, 무한히 다양한 대상관계를 분명하게 볼 수 있다. Grotstein(1990)이 아무것도 존재하지 않는 무(無)의 심연이나 블랙홀이라고 부르는 관계조차도, 비록 그것이 부재로 특징되는 불행한 관계이고 어쩌면 공생적 합일체의 역(逆)이라 해도, 그것은 여전히 관계며 고려할 가치가 있다.

통합된 성인기 건강에 대한 어떤 이상형을 좇는 것은 근원적인 관계를 찾으려는 것만큼 무익한 일일지도 모른다. 성숙한 사람은 다른 사람과 함께하는 어떤 단일하고 균형 잡힌 방식을 갖고 있지 않을 수도 있다. 즉, 중성화된 에너지와 조절된 욕동 내에서 쉽게 동요하지 않는 이상적이고 성숙한 자아는 존재하지 않을 수 있다. 건강한 성인조차도 타인과의 관계에서 겪는 자기의 경험이 달라지는 것으로 보인다. 이 같은 변화의 일부는 여러 학자에 의해 논의되어 왔는데, Kohut(1971)은 자기를 지탱시켜 주는 자기-대상의 가용성에 따라 달라지는 자기의 경험을 강조했고, Ogden(1986)은 사람들이 일생 동안 분열성적 양태와 우울한 양태 사이를 오가는 현상에 대해 기술했으며, Horowitz(1991)는 마음의 상태를 논의했고, Grotstein(1994)은 일생 동안 지속되는 내적 대상관계의 활성 상태를 언급했으며, Gabbard(1994)는 성인기에도 자기에 대한 감각이 변동할 수 있으며, 그 변동의 정도가 많은 사람이 편안하게 인정할 수 있는 것보다 더 클지도 모른다고 주장했다.

Beahrs(1982)가 지적하듯이, 관계 구도가 달라질 수 있는 것으로 설명한다고 해서 모든 사람이 다중 성격이나 경계선적 파편화를 가졌음을 암시하거나, 혹은 모든 변화를 자각하는 어떤 상위의 자기(Self)에 대한 감각(Horowitz & Zilberg, 1983)이라는 개념을 배제해야 할 필요는 없다. 좀 더 성숙하고 건강한 사람은 분명히 자기-타인 상태에서 덜 극적이고 혼란스러운 변동을 경험하고, 좀 더 통합되고 미묘하며 복잡한 자기감을 갖고 있다. 반면에 건강한 사람도 성숙한 '구조를 가진' 개인에게 존재한다는 중성화된 자아 에너지라는 이상(理想)이 시사하는 것보다 내적 관계에서 더 큰 변동을 경험할 수 있다. 안정성에 대한 이런 이상은 일생 동안의 새로운 경험과 새로운 관계, 새롭고 점차적으로 복잡해지는 자기와 타인에 대한 감각, 계속되는 심리적 그리고 어쩌면 영적인 성장에 대해 지나치게 억제되고 닫혀 있을 수 있다.

2. 자 아

Freud(1923)는 자아라는 용어를 매우 다양한 의미로 사용했다. 그는 일반적인 독일어 명사인 'Ich'를 사용했는데, 이것은 '나(I)'와 '자기(self)'를 의미한다. 때에 따라 자아는 타인이 보는 사람, 자기 이미지, 마음의 집행 기구, 개인 의지의 근원, 혹은 원초아와 자아 그리고 초자아 구도 내의 어떤 구조적인 요소를 뜻할 수 있다. Freud 저서를 영어로 옮긴 『표준판전집(*English Standard Edition*)』에서 Strachey(Freud, 1923)는 'Ich'를 기술적인 의미로는 '자아(ego)'로 옮기고, 더 일상적인 목적으로는 '나'(I)와 '나를'(me) 그리고 '자기'(self)를 사용했다. Freud가 자아라는 용어를 다양한 의미로 사용하기는 했지만, 그의 구조이론에 따르면 자아는 원초아 욕동의 압력과 초자아의 도덕적 요구 그리고 외적 현실의 요구를 의식적으로 그리고 무의식적으로 조절하는 기능을 수행하는 마음의 집행 기구라고 정의된다.

자아를 자기의 구조와 기구로서의 구조로 구별하는 것은 Hartmann(1964)에 이르러서야 명확해졌다. 그는 지각과 인지, 충동조절, 운동 그리고 양심의 요구 영역에서 변별하고 통합하며 조합하고 균형 잡는 기능을 강조했다. 그는 그것 자체로 되돌아가는 원초아의 충동에서 파생된 것이 아니라 태어날 때부터 존재하고 신경생리학적으로 결정된 정신적 과정이라는 뜻의 자율적인 자아기능

(autonomous ego function)이라는 새로운 용어를 만들어 냈다. 이 '자율적인' 자아기능은 정신적 과정과 어떤 유사점이 있는데, 이 과정은 심리학에서 연구됐고, 정신상태 검사에서 기술됐으며, 신경심리학 검사에서 구체화되고 표준화되었다. 그러나 Hartmann은 자아를 원초아와 자아, 초자아의 구도 속에 유지시켜 무의식적 갈등을 고려함으로써 자아에 역동적인 의미와 힘을 부여했다. 비록 그는 자아를 자기이미지로 묘사하기는 했지만, 집행 기능만큼 이런 개인적인 자기에 초점을 두지는 않았다(Allen, 1977). 그 결과 그의 이론은 개인적이고 주관적인 측면을 희생시키고 기계적인 성격을 띠게 되었다.

Jacobson(1964)은 자신의 저술에서 내적 표상으로서 자기의 중요성을 재도입했다. 그녀는 결정하고 행동하는 힘을 가진 것으로 자기를 기술하지는 않았다. 자기는 자아에 의해 창조되고 지각된 이미지로 남아 있었다. 그럼에도 불구하고 그녀가 개인적 자기에 대한 자아의 감각을 강조한 것은 자아심리학에서 주관적이고 개인적인 측면의 중요성을 되살렸다.

Kernberg(1976)는 Jacobson이 미친 영향을 기꺼이 인정했다. 그는 자신의 생각이 발전하게 됨에 따라 자기를 자아에서 기원하는 자기표상의 총합으로 정의하게 되었다(Kernberg, 1982). 그는 체계로서의 자아(system ego)에 대한 Hartmann과 Jacobson의 정의에 의존하는 것으로 보이는데, 여기에 자아에 포함되면서 반사적으로 자아에 영향을 주는 자기에 대한 개념을 추가했다. 즉, 자기는 자아 내에 있는 한 구조면서 동시에 자아기능, 특히 현실 검증과 대상관계의 유지에 영향을 미친다.

초기 발달과 원초적인 성격 구조에 관한 글에서 Kernberg는 원초아와 자아 그리고 초자아 구조 내에 있는 자아가 아니라, 대상관계에 있는 자기를 강조했다. 반면에 그는 오이디푸스와 오이디푸스 이후의 발달 그리고 신경증적 문제에 관해 저술할 때는 삼원구조, 즉 원초아와 자아, 초자아 내에 있는 자아를 강조했다(Kernberg, 1992). 그는 대상관계구조(자기, 정서, 대상)에서 삼원구조(원초아-자아-초자아)로 초점을 바꾸어야 할 필요성에 대해서 복잡하게 설명했다. Kernberg는 이런 변화의 과정을 구조화(structuralization)라고 부르고 있지만, 대상관계 개념에서 삼원구조 개념으로 바꾼 이유가 전통적인 자아심리학에 대한 충성 때문일 가능성을 제외하고는 불분명하다. 자아기능을 대상관계 내로 통합하는 것이 아닌 대상관계를 자아기능 내로 통합하려는 시도는 좀 더 성숙한 개인에 대해 논의할 때 Kernberg가 자신의 이론적인 입장을 바꾸도록 기여한 한 가지 요인일 수도 있다.

Federn(1952)의 뒤를 이어 Rinsley(1982)는 자아감정(ego feelings)과 내적 자아경계와 외적 자아경계에 대해 논의했다. 이 개념들은 자아기능뿐만 아니라 주관적인 자기감을 함축하고 있다. Rinsley는 때로 자아와 자기라는 단어를 실제로는 구별하지 않은 채 각각 별개로 사용한다. 그는 자기는 대상관계단위를 논의할 때, 그리고 자아는 다른 경우에 사용하는 경향이 있다. 예를 들면, 그는 쾌락자아(pleasure ego)와 자기를 포함한 충족시키는 혹은 전적으로 좋은 대상관계단위 간의 동맹에 대해 논의한다. 개인이 성숙해 감에 따라 현실자아(reality ego)와 건강하거나 통합된 혹은 온전한 대상관계단위가 성숙한 자기를 다시 한 번 포함시키는 동맹을 형성한다. Fairbairn의 리비도적 자아와 같다고 Rinsley가 보는 쾌락자아는 현실자아로 변형되는데, 그는 현실자아를 Fairbairn의 중심자아와 같은 것으로 간주한다. Rinsley는 그가 선호하는 것으로 보이는 Fairbairn의 사상과 비교할 때 외에는 전통적인 구조이론을 거의 논의하지 않는다. Kernberg와 달리 그는 오이디푸스기의 구조 이론을 유지하기 위해 대상관계이론을 배제하지 않는다.

자아와 자기에 대한 중복되는 정의는 모호하다. 비록 회색 지대와 모호함이 본래 존재하기는 하지만, 이론은 임상가와 이론가가 다 같이 어떤 문제나 현상의 다양한 측면에 대해 명확하게 생각할 수 있도록 하기 위해 인위적이고 일시적으로 모호함을 제한하는 추상적인 개념에 기초하여 만들어진 것이다. Freud 자신이 때로 불명확했다 하더라도 신중하게 고려하지 않은 채 포괄성을 위해 명확성을 희생시켰던 것은 현명하지 않은 처사로 보인다.

모호함은 또한 교묘한 지적인 술책을 허용하여 내적인 모순이나 혹은 외적인 자료나 경쟁적인 이론과의 갈등을 은폐할 수 있다. 예를 들면, 진정한 의미의 양립이 아니라 자아심리학과 대상관계이론 혹은 자기심리학 간에 조화가 있는 것 같은 외양을 만들어 냄으로써 모호함은 이론적인 모순을 흐리게 할 수 있다. 그런 상황에서 조화의 외양은 모순을 다루기 위한 건설적인 시도를 방해할 수 있다.

나는 『대상관계 이론과 실제: 자기와 타자』(1988)에서 자아와 자기 간의 구별을 명확히 하여 Hartmann과 Jacobson의 사상을 따르는 노선에서 좀 더 앞으로 나아갔다. 나는 대상이 아닌 자신과 관련된 어떠한 주관적인 감각도 자기감으로 보았다. 자신의 자아에 관한 개념조차도 자기이미지로 간주했다. 자아는 "지각, 기억, 인지, 감정, 행동, 그리고 양심의 요구 영역에서 변별하고 통합하고, 균형 잡고 그리고 조직하는 일련의 정신적 기능을 가리키는 추상적인 개념"으로 정의했다(pp. 28-29).

그러나 자아와 자기 간의 이런 명확한 구별은 그 나름의 어려움을 초래한다. 한 가지 주된 문제는 관찰하는 자아(observing ego)의 개념에서 그것이 갖는 성찰의 의미가 배제되는 것이다(Hamilton, 1988). Allen(1977)은 이처럼 예리한 구별은 관찰되는 것과 관찰하는 것이 동일한 것이라고 묘사할 여지를 주지 않는다는 점을 지적한다. 이전에 내가 제시했던 정의에 따르면, 사람들은 자신의 자아기능을 관찰할 수 없고 자신의 자기표상만을 관찰할 수 있다. 명확함을 강조한 결과 주관적인 경험이 잘못 기술되게 된 것이다.

이런 초심리학적이고 용어상의 문제 외에도 자기와 자아를 이론적으로 명확히 구분하는 접근은 임상적으로 단점이 있다. 정신분석가와 심리치료자는 응집된 자기감의 결여가 자아기능의 광범위한 결함과 관련 있다고 말한다(Kernberg, 1975; Knight, 1953). 반대로 자기나 정체성에 대한 융통성 있고 전체적인 감각이 있는 환자는 자아기능 또한 대개 일반적으로 더 효율적이다. 시간을 두고 지켜보면 개인 내에서도, 개인 간에 관찰되는 것과 유사하게 자기와 자아기능 간의 일치가 있는 것 같이 보인다(Brown, 1989).

자기와 자아를 분명히 구별하든 혹은 구별하지 않든 간에, 어느 쪽 접근에도 임상적, 이론적 어려움이 따른다. 이런 난제를 해결하는 한 가지 방법은 유기적으로 전체적인 마음 상태나 대상관계 구도를 기술할 때 자기와 대상, 정서-감각과 함께 자아기능을 포함시키는 것일 수 있다. 이렇게 하면 자아와 자기는 본래 서로 관련되어 있으면서도 분명히 구별되는 용어가 된다. 그리고 정서-욕동보다 정서-감각이라는 용어가 더 나은 것으로 보이는데, 이 두 용어는 모두 욕동에 대한 19세기 개념이 아닌 감정을 가리키며 후자는 정서적인 차원의 감정을, 전자는 신체적인 차원의 감정을 가리킨다. 욕동이라는 용어는 어떤 힘에 이끌리는 것 같은 주관적인 감각을 가리킨다는 점만, 즉 그것이 어떤 정서나 감각을 가리킨다는 점만 유용한 것으로 보인다.

3. 대상관계상태

임상적 이론에서 대상관계에 자아기능을 추가함으로써 대상관계 상태를 중심이 되는 구조적 요소로 만드는 접근은 몇 가지 장점이 있다. 이런 이론은 자아와 자기에 대해 분명하게 그리고 분리해서 정의를 내리면서도 이들을 관련된 개념으로 만든다. 임상적으로 이런 접근은 근래 자기심리학 접근에서 보편적인 것이고, 대상관계이론에 영향을 받은 치료자 사이에서도 흔히 나타나는 것으로, 자기에 배타적으로 초점을 두는 경향을 조정할 수 있는 방법을 제공한다. 또한 인지적인 혼란을 포함한 심리적 혼란의 일화를 나타내기 위해 자기심리학자가 사용하는 자기파편화 개념에 구체성을 더해 준다.

대상관계의 한 요소로 자아를 추가하는 접근은 주로 "관계적/구조적 모델"(Greenberg & Mitchell, 1983, p. 407)에 뇌기능과 이론적으로 관련시키는 연결고리로서 자아를 재도입하는 것인데, 이것은 Hartmann(1964)이 처음 제안했던 방식이다. Fairbairn의 사상에 공감하는 임상가는 내가 자아기능이라 부르는 것에서 일어나는 변화는 기능하는 자기(the functioning self)와 관련시켜 전적으로 설명이 가능하다고 설득력 있게 주장할 수도 있다. 그러나 자기와 분리되지만 관련되는 개념으로서 자아를 추가하는 것은 뇌기능에서의 변화가 어떻게 자기 경험을 포함하는 대상관계에 영향을 미치는가를 고려하는 데 필요한 용어를 제공해 준다(Hamilton, 1995). 하지만 이런 접근은 아직 Greenberg와 Mitchell이 욕동/구조 모델(the drive/structure model)과 관계/구조(relations/structure) 모델이라고 기술한 접근을 통합하려고 시도하지는 않는다. 그 대신 이 접근은 욕동/구조 모델에서 나온 한 가지 유용한 요소를 관계/구조 모델에 추가한다. 즉, 이것은 대상관계에 욕동이 아니라 자아를 첨가한다. 관계를 자아에 포함시키기보다 자아를 관계에 도입함으로써 이 이론은 분명히 관계/구조 이론으로 남아 있지만, 자아기능에서의 단기적이거나 일시적인 변화를 이해할 수 있는 틀을 제공한다. 또한 동일한 틀을 적용하여 오이디푸스기 이전과 이후의 개인을 기술할 수 있기 때문에 이론적이고 임상적인 면에서 경제적이다.

다른 모든 이론과 마찬가지로 이 이론적 틀에도 몇 가지 약점이 있다. 이 틀은 복잡하며 여러 요인을 동시에 생각하기를 요구하는데, 이것은 임상적으로 어려운 기술이다. 또한 이 틀은 구체적인 기술적 개념정의에 의존하는데, 그 결과 환자와 치료자 간의 인간적인 상호작용에 매우 중요한 보편적인 일상 언어의 가치를 손상시킨다. 게다가 이 틀의 주요 가정은 아직 철저하게 검증되지 않았고 심지어 논의되지도 않은 상태다.

이 틀에서는 자기와 대상, 정서-감각 그리고 자아기능이 함께 변화하며, 이것은 타당함을 입증하거나 반증할 수 있는 임상적으로 관찰 가능한 현상이라고 가정한다. 이런 변화의 예시는 앞의 몇 개의 장과 Horowitz(1992)의 저서에 포함된 일부 사례에 소개되어 있지만, 이 정도의 소수 사례로는 충분하지 않다. Kernberg(1976)가 정서는 항상 자기 및 대상과 관련된다고 주장했던 것처럼 여기에서는 변화하는 대상관계는 항상 자아기능 상태의 변화를 동반한다고 가정한다. 이런 현상에는 임상 장면에서의 관찰을 통해 좀 더 체계적으로 확증하는 작업이 필요하다.

이 이론적 틀이 갖는 또다른 어려움은 이 책에서 논의된 구성개념이 원초아와 자아 그리고 초자아를 성숙한 개인에게 존재하는 구조적 단위로 보는 오랫동안 유지된 개념과 양립할 수 없고 또한 이런 개념은 기존의 삼원구조 모델을 자기와 정서-감각, 대상 그리고 자아기능이라는 새로운 구조의 심리학으로 대체할 가능성을 불러일으킨다는 점에서 비롯된다. 이 새로운 모델에서는 구조 모델에서 초자아라고 불리는 것의 역할은 충분히 논의되지 않았다. 하지만 개인이 선호하는 다양한 자기이미지(자아 이상, ego ideals)에 대한 자아 조절과 사람들이 서로 어떻게 대해야 하는가에 대한 일련의 가치로 초자아를 대체할 가능성이 이 모델에 내재한다. Freud(1923)가 본래 설명한 초자아 개념이 Fairbairn의 구조 이론과 완전한 조화를 이룰 수 없는 것처럼, 그것은 여기에서 제시된 이론과도 완전한 조화를 이룰 수 없다. 왜냐하면 내가 제시한 접근은 사람들이 어떻게 생각하고 느끼며 서로 관계하는가에 대해 기존과는 다른 이해를 제공하기 때문이다. 나의 관점으로는, 도덕성은 관계와 분리된 어떤 추상적인 원칙이 아니라 이전의 특정한 관계 경험과 그런 관계에 대한 생각에 기초하여 자신이 타인을 어떻게 대해야 하는지, 타인이 자신을 어떻게 대해야 하는지, 또 스스로를 어떻게 대해야 하는지에 관해 갖는 일련의 경험과 기대다.

유대-기독교 전통의 비유를 사용하여 십계명에 의해 정해진 도덕성을 욕동이론의 관점에서 생각해 볼 수 있다. 즉, 도덕성은 자신이 두려워하는 우월하고 절대적으로 강력한 힘을 가진 아버지와 동일시하며 순종하지 않으려는 민족이 마지못해 내면화한 일련의 추상적 원칙이다. 관계 심리학의 관점에서 보면 시내(Sinai)산에서 계시된 도덕성은 신과 인간 사이의 사랑의 유대, 신과 개인, 신과 사람들 그리고 사람 간의 유대에 관한 개인적인 계약이다. 이런 도덕성은 관계에서 파생된 관계에 대한 일련의 기대다.

대상관계이론을 자아심리학과 조화시키는 데에서의 어려움은 이 책에서 제시된 기본가정, 즉 성숙한 자아기능 그리고 결과적으로는 자기 경험이 변동하는 폭이 대부분의 임상가가 생각하는 수준보다 더 클 것이라는 가정 때문에 더욱 커진다(Gabbard, 1994). 이것 역시 앞으로 체계적인 타당화 작업이 이루어져야 할 관찰 가능한 현상이다.

4. 결 론

이 책은 자아심리학의 유용한 개념을 유지하면서 그것을 대상관계이론에 재도입해야 하는 임상적인 문제로 시작했다. 이런 문제를 풀어 가는 과정에서 이제까지 받아들여진 것보다 더 넓은 범위의 임상 집단에 대상관계 개념을 적용하게 되었다. 이런 과정에서 사람을 어떻게 개념화해야 하는가라는 주제가 제기되었다. 사람은 기계적인 힘과 추상적인 조절 체계 및 구조의 집합체인가? 나의 접근은 이런 공식화가 우리 인간성의 핵심적인 측면을 놓친다는 것을 보여준다. 이 책에서 기술된 바와 같이 사람은 항상 관계 속에 있다. 우리의 인간성은 바로 우리의 관계다. 모든 개인은 타인과 관계하는 자기며, 자아기능은 그 관계 속에서 어떤 역할을 한다는 점에서만 중요한 의미를 갖게 된다.

우리의 이론이 너무 기계적인 속성을 띄게 되면 환자를 비인격화할 위험이 발생한다. 그럼에도 불구하고 우리는 타인에 의해 비인격적으로 고려될 수 있고, 또한 우리 스스로를 그렇게 고려할 수 있다는 사실은 여전히 존재한다. 자아심리학과 같은 비인격적인 사고 체계의 유용한 면을 유지하는 한 가지 방법은 관계를 비인격적인 체계의 부수현상으로 여기지 않고, 이들 체계를 관계의 맥락에 두는 것이다. 이 책에서는 사람이 타인과의 관계에서 존재한다는 점이 그 어떤 것보다 중요하고 우선시된다. 정신과정을 포함한 모든 것은 관계의 맥락 안에서 고려되어야 한다.

그러나 예상 밖으로 자아기능을 대상관계에 도입하는 접근은 자아기능이 자기-타인 관계 및 정서와 함께 달라진다는 주장으로 이어지게 되었다. 사람들, 심지어 성숙한 사람조차 이런 변동을 겪는다고 보는 관점은 다소 불편함을 주고 동요를 불러일으키는데, 이 때문에 일부 저자는 상위의 자기(a supraordinate Self)를 가정하게 되었다(Horowitz & Zilberg, 1983). 여기에서 자기(Self)는 항상 대상과의 관계 안에서 고려된다. 따라서 우리가 상위의 자기라는 존재를 받아들인다면, 상위의 대상(a supraordinate Object)의 가능성 또한 고려해야만 한다.

대답하지 못한 질문이 아직 많이 남아 있다. 현재로서는 사람들이 자기와 타인과의 관계에서, 내적으로 그리고 외적으로 어떻게 생각하고 느끼고 행동하는지에 대해 몇 가지 생각을 기여했다는 것으로 어쩌면 충분할지 모른다. 대부분의 정신역동적 이론은 인간 마음에 대한 일반적이고 완전한 심리학이 되려고 시도하지는 않았다 (Freud, 1914). 내가 제시한 대상관계이론과 치료적인 접근 또한 완전하지는 않다. 그럼에도 나는 이 이론이 몇 가지 새로운 생각과 흥미 있고 유용한 접근을 제공하기를 희망한다.

참고문헌

Adler, G. (1985). *Borderline Psychopathology and Its Treatment*. New York: Jason Aronson.

Adler, G. (1992). Psychotherapy of the narcissistic personality disordered patient: two contrasting approaches. In *From Inner Sources: New Directions in Object Relations Psychotherapy*, ed. N. G. Hamilton, pp. 195-212. Northvale, NJ: Jason Aronson.

Allen, J. G. (1977). Ego states and object relations. *Bulletin of the Menninger Clinic* 41: 533-538.

Beahrs, J. O. (1982). *Unity and Multiplicity: Multilevel Consciousness of Self in Hypnosis, Psychiatric Disorder, and Mental Health*. New York: Brunner/Mazel.

Bion, W. R. (1962). *Learning from Experience*. London: Heinemann.

Brenner, C. (1973). *An Elementary Textbook of Psychoanalysis*, rev. ed.

New York: International Universities Press.

Brown, L. J. (1989). A proposed demography of the representational world (revised version). Felix and Helene Deutsch Prize Paper. Boston Psychoanalytic Institute and Society.

Dewain, M. J. (1992). Adding medications to ongoing psychotherapy: indications and pitfalls. *American Journal of Psychotherapy* 46: 102-110.

Fairbairn, W. R. D. (1943). The repression and the return of bad objects (with special reference to the "war neuroses"). In *Psychoanalytic Studies of the Personality*, London: Tavistock and Routledge & Kegan Paul, 1952.

Fairbairn, W. R. D. (1954). *An Object Relations Theory of the Personality.* New York: Basic Books.

Fairbairn, W. R. D. (1958). On the nature and aims of psychoanalytic treatment. *International Journal of Psycho-Analysis* 39: 374-385.

Fairbairn, W. R. D. (1963). Synopsis of an object-relations theory of the personality. *International Journal of Psycho-Analysis* 44: 224-225.

Federn, P. (1952). *Ego Psychology and the Psychoses.* New York: Basic Books.

Freud, A. (1936). *The Ego and the Mechanisms of Defense.* New York: International University Press.

Freud, S. (1905a). Fragment of an analysis of a case of hysteria. *Standard Edition* 7: 3-122.

Freud, S. (1905b). Three essays on the theory of sexuality. *Standard Edition* 7: 136-243.

Freud, S. (1914). On the history of the psychoanalytic movement. *Standard Edition* 14: 1-66.

Freud, S. (1923). The ego and the id. *Standard Edition* 19: 3-66.

Gabbard, G. O. (1989). Splitting in hospital treatment. *American Journal of Psychiatry* 146: 444-451.

Gabbard, G. O. (1994). *Psychodynamic Psychiatry in Clinical Practice: DSM-IV Edition*. Washington, DC: American Psychiatric Press.

Greenberg, J. R., and Mitchell, S. A. (1983). *Object Relations in Psychoanalytic Theory*. Cambridge, MA: Harvard University Press.

Greenson, R. R. (1971). The "real" relationship between the patient and the psychoanalyst. In *The Unconscious Today: Essays in Honor of Max Schur*, ed. M. Kanzer, pp. 213-232. New York: International Universities Press.

Grotstein, J. S. (1981). *Splitting and Projective Identification*. New York: Jason Aronson.

Grotstein, J. S. (1990). Nothingness, meaninglessness, chaos, and the "black hole": I. Meaninglessness, nothingness, and chaos. *Contemporary Psychoanalysis* 26: 257-290.

Grotstein, J. S. (1994). Endopsychic structure and the cartography of the internal world: six endopsychic characters in research of an author. In *Fairbairn and the Origins of Object Relations*, ed. J. S. Grotstein and D. B. Rinsley, pp. 174-194. New York: Guilford.

Grotstein, J. S., and Rinsley, D. B., eds. (1994). *Fairbairn and the Origins of Object Relations*. New York: Guilford.

Guntrip, H. J. S. (1969). *Schizoid Phenomena, Object Relations and the Self*. New York: International Universities Press.

Hamilton, N. G. (1988). *Self and Others: Object Relations Theory in Practice*. Northvale, NJ: Jason Aronson.

Hamilton, N. G. (1989). A critical review of object relations theory.

American Journal of Psychiatry 146: 1552-1560.

Hamilton, N. G. (1990). The containing function and the analyst' s projective identification. *International Journal of Psycho-Analysis* 71: 445-453.

Hamilton, N. G. ed. (1992a). *From Inner Sources: New Directions in Object Relations Psychotherapy*. Northvale, NJ: Jason Aronson.

Hamilton, N. G. (1992b). Splitting and projective identification among healthier individuals. In *From Inner Sources: New Directions in Object Relations Psychotherapy*, ed. N. G. Hamilton, pp. 85-97. Northvale, NJ: Jason Aronson.

Hamilton, N. G. (1994). Object relations theory. In *Encyclopedia of Human Behavior*, vol. 3, ed. V. S. Ramachandran, pp. 321-332. San Diego: Academic Press.

Hamilton, N. G. (1995). Object relations units and the ego. *Bulletin of the Menninger Clinic*. 59: 416-426.

Hamilton, N. G., Sacks, L. H., and Hamilton, C. A. (1994). Object relations theory and pharmacopsychotherapy of anxiety disorders. *American Journal of Psychotherapy* 48: 380-391.

Hartmann, H. (1964). *Ego Psychology and the Problem of Adaptation*. New York: International Universities Press.

Horowitz, M. J. (1979). *States of Mind*. New York: Plenum.

Horowitz, M. J. ed. (1991). Person Schemas and Maladaptive Interpersonal Patterns. Chicago: University of Chicago Press.

Horowitz, M. J. (1992). Formulation of states of mind. In *From Inner Sources: New Directions in Object Relations Psychotherapy*, ed. N. G. Hamilton, pp. 75-97. Northvale, NJ: Jason Aronson.

Horowitz, M. J., and Zilberg, N. (1983). Regressive alterations of the self concept. *American Journal of Psychiatry* 140: 284-289.

Jacobson, E. (1964). *The Self and the Object World*. New York: International Universities Press.

Karasu, T. B. (1992). The worst of times, the best of times. *Journal of Psychotherapy Practice and Research* 1: 2-15.

Kernberg, O. F. (1975). *Borderline Conditions and Pathological Narcissism*. New York: Jason Aronson.

Kernberg, O. F. (1976). *Object Relations Theory and Clinical Psycho-Analysis*. New York: Jason Aronson.

Kernberg, O. F. (1982). Self, ego, affects, and drives. *Journal of the American Psychoanalytic Association* 30: 893-917.

Kernberg, O. F. (1984). *Severe Personality Disorders: Psychotherapeutic Strategies*. New Haven: Yale University Press.

Kernberg, O. F. (1992). An ego psychology-object relations theory approach to the transference. In *From Inner Sources: New Directions in Object Relations Psychotherapy*, ed. N. G. Hamilton, pp. 29-51. Northvale, NJ: Jason Aronson.

King, P. H. M. (1983). The life and work of Melanie Klein in the British Psycho-Analytical Society. *International Journal of Psycho-Analysis* 64: 251-260.

Klein, M. (1932). *The Psycho-Analysis of Children*. London: Hogarth.

Klein, M. (1946). Notes on some schizoid mechanisms. *International Journal of Psycho-Analysis* 27: 99-110.

Klein, M., and Riviere, J. (1964). *Love, Hate, and Reparation*. New York: W. W. Norton.

Knight, R. P. (1953). Borderline states. *Bulletin of the Menninger Clinic* 17: 1-12.

Kohut, H. (1971). *The Analysis of the Self*. New York: International Universities Press.

Kohut, H. (1977). The Restoration of the Self. New York: International Universities Press.

Langs, R. (1980). *Interactions: The Realm of Transference and Countertransference*. New York: Jason Aronson.

Lewy, A. J., Sack, R. L., Miller, L. S., and Hoban, T. M. (1987). Antidepressant and circadian phase shifting effects of light. Science 235: 352-354.

Lichtenberg, J., Bornstein, M., and Silver, D. (1984). *Empathy*, vols. I and II. Hillsdale, NJ: Analytic Press.

Mahler, M. S., Pine, F., and Bergman, A. (1975). *The Psychological Birth of the Human Infant*. New York: Basic Books.

Masterson, J. F. (1976). *Psychotherapy of the Borderline Adult: A Developmental Approach*. New York: Brunner/Mazel.

Masterson, J. F., and Rinsley, D. B. (1975). The borderline syndrome: the role of the mother in the genesis and psychic structure of the borderline personality. *International Journal of Psycho-Analysis* 56: 163-177.

Modell, A. H. (1968). *Object Love and Reality: An Introduction to a Psychoanalytic Theory of Object Relations*. New York: International Universities Press.

Modell, A. H. (1994). Fairbairn's structural theory and the communication of affects. In *Fairbairn and the Origins of Object Relations*, ed. J. S. Grotstein and D. B. Rinsley, pp. 195-207. New York: Guilford.

Ogden, T. H. (1982). *Projective Identification and Psychotherapeutic*

Technique. New York: Jason Aronson.

Ogden, T. H. (1986). *The Matrix of the Mind: Object Relations and the Psychoanalytic Dialogue*. Northvale, NJ: Jason Aronson.

Ogden, T. H. (1994). The concept of internal object relations. In *Fairbairn and the Origins of Object Relations*, ed. J. S. Grotstein and D. B. Rinsley, pp. 88-111. New York: Guilford.

Rinsley, D. B. (1978). Borderline psychopathology: a review of aetiology, dynamics and treatment. *International Review of Psycho-Analysis* 5: 45-54.

Rinsley, D. B. (1982). *Borderline and Other Self Disorders*. New York: Jason Aronson.

Rinsley, D. B. (1987). A reconsideration of Fairbairn's "original object" and "original ego" in relation to borderline and other self disorders. In *The Borderline Patient*, vol. 1, ed. J. S. Grotstein, M. F. Solomon, and J. A. Lang, pp. 219-232. Hillsdale, NJ: Analytic Press.

Robinson, R. G. (1995). Mapping brain activity associated with emotion. American Journal of Psychiatry 152: 327-329.

Rubens, R. L. (1994). Fairbairn's structural theory. In *Fairbairn and the Origins of Object Relations*, ed. J. S. Grotstein and D. B. Rinsley, pp. 151-173. New York: Guilford.

Scharff, J. S., and Scharff, D. E. (1992). *Scharff Notes: A Primer of Object Relations Therapy*. Northvale, NJ: Jason Aronson.

Segal, H. (1964). *Introduction to the Work of Melanie Klein*. New York: Basic Books.

Stern, D. N. (1985). *The Interpersonal World of the Infant: A View from Psychoanalysis and Developmental Psychology*. New York: Basic

Books.

Stolorow, R. D., Brandchaft, B., and Atwood. G. E. (1992). Intersubjectivity in psychoanalytic treatment. In *From Inner Sources: New Directions in Object Relations Psychotherapy*, ed., N. G. Hamilton, pp. 181-193. Northvale, NJ: Jason Aronson.

Sullivan, H. S. (1953). *The Interpersonal Theory of Psychiatry*. New York: W. W. Norton.

Sutherland, J. D. (1989). *Fairbairn's Journey into the Interior*. London: Free Association Books.

Symington, N. (1994). The tradition of Fairbairn. In *Fairbairn and the Origins of Object Relations*, ed. J. S. Grotstein and D. B. Rinsley, pp. 211-221. New York: Guilford.

Tolpin, M. (1971). On the beginnings of a cohesive self: an application of the concept of transmuting internalization in the study of the transitional object and signal anxiety. *Psychoanalytic Study of the Child* 26: 316-352. New Haven, CT: Yale University Press.

Wallerstein, R. S., ed. (1992). *The Common Ground of Psychoanalysis*. Northvale, NJ: Jason Aronson.

Winnicott, D. W. (1949). Hate in countertransference. *International Journal of Psycho-Analysis* 30: 69-74.

Winnicott, D. W. (1953). Transitional objects and transitional phenomena: a study of the first not-me possession. *International Journal of Psycho-Analysis* 34: 89-97.

Winnicott, D. W. (1965). *The Maturational Processes and the Facilitating Environment*. New York: International Universities Press.

Winnicott, D. W. (1968). *The Family and Individual Development*. London: Tavistock.

찾아보기

인 명

내 용

저자 소개

N. G. Hamilton

정신과의사. 미국 Oregon 대학교에서 학부와 의학 공부를 마쳤고, 동 대학교에서 의학 박사 학위를 취득했다. 이후 Menninger School of Psychiatry 및 Topeka Institute for Psychoanalysis에서 대학원과정을 마쳤다. 또한 Menninger Clinic에서 정신과수련의 과정을 거친 후 Menninger Clinic의 임상교수와 Oregon 대학교 병원 정신과교수를 지냈다. 대상관계이론 분야에서 활발한 저술활동을 해 왔고, 현재는 개업의로 정신과치료와 심리치료를 하고 있다.

역자 소개

김진숙

경북대학교 사범대학 교육학과 교수. 미국 Western Michigan 대학교 상담자교육 및 상담심리학과 상담심리학 전공으로 석 · 박사 학위를 받은 후 Western Michigan 대학교 대학상담센터 상담원과 한국청소년상담원 상담교수를 지냈다.

김창대

서울대학교 사범대학 교육학과 교수. 서울대학교 대학원 교육학과 상담전공 석사 학위, 미국 Columbia University의 Teachers College 상담심리학과 석 · 박사 학위를 받은 후 한국청소년상담원 상담교수와 계명대학교 교육학과 교수를 지냈다.

이지연

인천대학교 대학원 교육학과 교수. 계명대학교 대학원 교육학과 상담심리학전공 석사 학위, 이화여자대학교 대학원 심리학과 상담심리전공 박사 학위를 받은 후 서강대학교 상담교수와 이화여자대학교 심리학과 교수를 지냈다.

윤숙경

연세대학교 대학원 심리학과 석사 학위, 서울대학교 대학원 교육학과 박사과정을 수료하고, 서울대학교와 연세대학교 그리고 여러 청소년 상담기관에서 상담을 해 왔으며, 인천대학교, 안양대학교, 청주교육대학교 등에서 강의하였다.

심리치료에서 대상관계와 자아기능
THE SELF AND THE EGO IN PSYCHOTHERAPY

2008년 1월 25일 1판 1쇄 발행
2024년 11월 20일 1판 9쇄 발행

지은이 • N. Gregory Hamilton
옮긴이 • 김진숙 · 김창대 · 이지연 · 윤숙경
펴낸이 • 김 진 환
펴낸곳 • (주) 학지사
04031 서울특별시 마포구 양화로 15길 20 마인드월드빌딩 5층
대표전화 • 02) 330-5114 팩스 • 02) 324-2345
등록번호 • 제313-2006-000265호
홈페이지 • http://www.hakjisa.co.kr
인스타그램 • https://www.instagram.com/hakjisabook

ISBN 978-89-5891-570-6 93180

정가 14,000원

역자와의 협약으로 인지는 생략합니다.
파본은 구입처에서 교환하여 드립니다.